# 米国高等教育の拡大する個人寄付

福井文威

東信堂

# はじめに

2008年1月、大学の卒業を2ヶ月後に控えていた頃、図書館で1つの新聞記事に出会った。

「日本では冷たい社会だと思われているアメリカは、実は日本よりもっと温かい。 –中略– 日本人が市場での競争を恐れるのは、そんな日本社会の冷たさゆえではないか」。

これは、当時のハーバード大学政治学部准教授のマルガリータ・エステベス・アベ氏が朝日新聞に寄稿した「市場化の先に 個人尊重の旗を掲げよ」という論考の一説である。アベ氏の指摘は、競争社会と思われがちなアメリカ社会には、市場とともに大きな非営利部門が共存しており、それが社会維持機能を果たす上で極めて重要な役割を担っているというものであった。

私が大学生活を過ごしていた頃の日本の政権は小泉内閣であり、経済財政諮問会議を中心に経済改革が推し進められ、「市場化」、「競争原理」、「規制改革」といったキーワードがマスメディアでも連日取り上げられていた。大学や教育セクターもその例外ではなく、「高等教育の市場化」という流れが強調されていた時代だったように思う。そんな時期に読んだアベ氏の論考は、大学生の私にとっては印象深いものがあり、市場メカニズムの役割が強調される米国の教育システムの社会規定条件をいまいちど捉え直してみたい、そんな思いにかられたのである。

大学院に進学し、研究を続ける中で私の関心を強く惹きつけたのが米国の教育研究活動を支える「寄付」という現象であった。なぜ、米国の高等教育システムにおいては寄付が大きな役割を果たしているのか。そもそも、米国において大学への寄付は歴史的に一貫して現在の寄付水準を保ってきたのか。

過去の文献資料に当たりだして気がついたことは、その変数が時代によって特異な動きを示していることであった。つまり、寄付は、決して一定の水準で推移しているわけではなかったのである。では、特定の時期に寄付が拡大しているのだとすれば、その要因は何であるのか。その要因を追い求める過程で判ったことは、大学への寄付の拡大には連邦政府の政策的関与が深く起因していることであった。では、それを促す政府の政策は、米国においてどのように社会的に認知され変遷してきたのか。本書は、そのような一つ一つの疑問から出発し、歴史資料や統計資料を自らの足で収集し、これを分析し、2014年4月に東京大学大学院教育学研究科に提出した博士論文『米国の高等教育における個人寄付の拡大に関する研究』である。この度、上梓するにあたって内容を更に緻密にするために必要に応じて加筆を施した。

　この研究に取り組むにあたって重視したことが2つある。1つは、従来から指摘されるキリスト教の宗教的伝統に基づく米国の「寄付文化」という言葉をいったん脇に置き、社会科学的視点から高等教育と個人寄付の問題を検証することである。無論、寄付というものは、その国の文化的背景の上に根ざすことは認めざるを得ず、そのことをなんら否定するものではない。しかし、ひと口に「寄付文化」という言葉が強調され過ぎることで、それ以外の要素、すなわち、大学機関の努力や当該国の制度的枠組みの特徴やそのインパクトが覆い隠されてしまうのであって、それが却って米国の高等教育の寄付の実態を見えなくさせてしまっている。

　いまひとつは、米国の高等教育と寄付の問題を大きな「時間軸」の中で捉えようとした点である。本書は、米国高等教育機関における最新の寄付募集のノウハウなどを紹介することを目的とするものではない。もちろん、米国の洗練された寄付募集活動などは、日本の大学関係者も学ぶべきことは多く、既に様々な情報誌等がそのような貴重な情報を提供してくれている。むしろ、本書で重視したのは、米国高等教育が巨額の寄付を集めるに至った歴史的変遷を解き明かすことである。本書で示すように、米国の高等教育は、現在の高い水準の寄付を一貫して維持して来たわけではなく、1980年代から1990年代に個人寄付を拡大させた事例として捉える必要がある。この拡大が一体

何によってもたらされたのか、それを描くことが本書の主題である。

　結論を少し先取りして言ってしまえば、この高等教育への個人寄付拡大の背景には1980年代から1990年代の資本市場の拡大とともに、好景気時に資本市場で拡大した株式などの資産を寄付へと誘導する「評価性資産に対する寄付控除制度」が複合的に機能しており、政策が重要な働きをしている。これは、現金のみならず、株式をはじめとする評価性資産の寄付が米国高等教育において重要な役割を果たしていることを示唆するものである。

　この研究成果は、思いがけず行政当局から関心を持たれることとなった。2014年頃から政策担当者が集う勉強会などで情報提供をさせて頂くことになり、2016年12月には内閣府総合科学技術・イノベーション会議から注目して頂き、内閣府のワーキンググループで評価性資産寄付の重要性など本研究成果の一部をお話しさせて頂く機会を得た。その後、2017年6月9日に閣議決定された「経済財政運営と改革の基本方針2017：人材への投資を通じた生産性向上」、所謂「骨太の方針」には「国立大学に対する評価性資産の寄附の促進策の検討」という文言が入り、現在、その促進策に向けた準備が進んでいると聞く。2008年に研究を開始した当初、「評価性資産の寄付」という言葉は、我が国において一部の専門家の間でしか用いられていなかった言葉であるが、それが政策文書に盛り込まれたことには特別な感慨を覚える。

　本書を通じ、米国の高等教育における寄付に対する理解が一歩深まり、日本の高等教育発展の一助になれば、幸いである。


　　2017年11月

　　　　　　　　　　　　　　　　　　　　　　　　　　福井 文威

**目次／米国高等教育の拡大する個人寄付**

はじめに……………………………………………………………………… i

# 序　論　　　　　　　　　　　　　　　　　　　　　3

第1節　研究の背景と問題認識………………………………………………　3
　第1項　我が国の高等教育研究と寄付………………………………………　3
　第2項　寄付に対する大学経営・政策上の期待と研究の進展　………………　6
　第3項　米国の高等教育という事例…………………………………………　8
第2節　研究の目的と方法……………………………………………………　12
　第1項　本研究の目的…………………………………………………………　12
　第2項　研究課題………………………………………………………………　12
　第3項　研究方法と使用するデータ…………………………………………　16
第3節　本書の構成……………………………………………………………　17

# 第1章　先行研究のレビュー　　　　　　　　　　21

第1節　米国の高等教育に対する寄付の研究系譜…………………………　22
　第1項　1980年代以降の研究の拡大　…………………………………………　22
　第2項　研究系譜………………………………………………………………　24
第2節　寄付の規定要因に関する研究サーベイ……………………………　26
　第1項　研究タイプの整理……………………………………………………　26
　第2項　高等教育機関レベルの寄付収入を分析対象とした実証研究　…………　27
　　（1）環境要因
　　（2）機関要因
　第3項　個人レベルの寄付行動を分析対象とした実証研究　……………………　36
　　（1）資質要因
　　（2）誘発要因
第3節　小括……………………………………………………………………　45

# 第2章　米国の高等教育における個人寄付の概要　50

## 第1節　米国の高等教育財政の枠組み  50
### 第1項　米国の高等教育における資金・資産の流れ  50
### 第2項　米国の高等教育機関の収入構造  52

## 第2節　1970年代から90年代の米国の高等教育財政と寄付  54
### 第1項　1970年代から90年代の高等教育財政  55
### 第2項　高等教育セクターへの寄付総額の推移  58

## 第3節　米国の高等教育における個人寄付の拡大  59
### 第1項　寄付総額の拡大に対する個人寄付の寄与  60
### 第2項　他の非営利団体との比較  63

## 第4節　小括  64


# 第3章　米国の高等教育と連邦寄付税制の変遷　67

## 第1節　連邦寄付税制の構造と高等教育機関の位置づけ  68
### 第1項　連邦所得税の構造と慈善寄付控除制度  69
- (1)　連邦所得税における慈善寄付控除
- (2)　代替ミニマム税　　　.
### 第2項　慈善寄付控除制度が適用可能な団体  73
- (1)　連邦税法における高等教育機関の位置づけ
- (2)　「パブリック・チャリティ」と「民間財団」
### 第3項　高等教育への寄付に対する税制優遇措置の内容  76

## 第2節　1960年代後半から70年代の米国の高等教育と連邦寄付税制  79
### 第1項　寄付に対する期待の高まり  82
- (1)　質向上を実現するための財源
- (2)　財政危機に対応していくための財源
### 第2項　連邦寄付税制に対する批判と1969年税制改革法  96
- (1)　1960年代までの慈善寄付控除
- (2)　1969年の税制改革における主な変更
- (3)　慈善寄付控除に対する社会的批判
### 第3項　高等教育関係者の1970年代の声明  102
- (1)　財政危機における寄付の重要性

（2） 自律的・多元的な高等教育システムの確立

（3） 税の公平性に対する反論

第4項 ファイラー委員会の報告書⋯⋯⋯⋯⋯⋯⋯⋯⋯⋯⋯⋯⋯⋯⋯ 114

（1） ファイラー委員会の慈善寄付控除に対する提言内容

（2） 高所得者層の寄付の受け手である高等教育部門

第3節 1980年代から90年代の米国の高等教育と連邦寄付税制 ⋯⋯ 120

第1項 レーガン政権の税制改革⋯⋯⋯⋯⋯⋯⋯⋯⋯⋯⋯⋯⋯⋯⋯⋯ 122

（1） 1981年経済再生法

（2） 第2期レーガン政権による税制改革

第2項 公聴会における高等教育関係者の証言と1986年税制改革の帰結 ⋯ 129

（1） 大学の教育研究の質に影響を及ぼす評価性資産寄付

（2） 定額控除選択者への慈善寄付控除制度が高等教育に与える影響

（3） 税制改革全体の方針に対する高等教育関係者の意見

（4） 1986年税制改革法による評価性資産寄付控除制度の制限

第3項 1986年税制改革が高等教育に与えた影響とその後の政策転換 ⋯⋯ 138

（1） 1990年包括予算調整法による一部制限の解除

（2） 高等教育関係者の動きと1992年歳入法の帰結

（3） クリントン政権の誕生と評価性資産寄付控除制度の再修正

第4節 小括⋯⋯⋯⋯⋯⋯⋯⋯⋯⋯⋯⋯⋯⋯⋯⋯⋯⋯⋯⋯⋯⋯⋯⋯⋯ 163

# 第4章 米国の高等教育における個人寄付の時系列分析　178

第1節 経済状況と連邦寄付税制が高等教育に対する個人寄付に
与える影響 178

第1項 経済状況と連邦寄付税制の影響に着目した先行研究 ⋯⋯⋯⋯⋯ 179

第2項 課題設定⋯⋯⋯⋯⋯⋯⋯⋯⋯⋯⋯⋯⋯⋯⋯⋯⋯⋯⋯⋯⋯⋯ 182

第2節 連邦寄付税制が個人寄付に影響をもたらすメカニズム⋯⋯⋯ 182

第1項 寄付の租税価格という概念⋯⋯⋯⋯⋯⋯⋯⋯⋯⋯⋯⋯⋯⋯⋯ 182

（1） 現金を寄付した場合の税制優遇措置

（2） 評価性資産を寄付した場合の税制優遇措置

第2項 仮説⋯⋯⋯⋯⋯⋯⋯⋯⋯⋯⋯⋯⋯⋯⋯⋯⋯⋯⋯⋯⋯⋯⋯⋯ 185

第3節 分析に用いるデータ⋯⋯⋯⋯⋯⋯⋯⋯⋯⋯⋯⋯⋯⋯⋯⋯⋯⋯ 186

第1項 使用する変数⋯⋯⋯⋯⋯⋯⋯⋯⋯⋯⋯⋯⋯⋯⋯⋯⋯⋯⋯⋯ 186

*viii*

| | | |
|---|---|---|
| 第2項 | 単位根の検定 | 188 |
| 第3項 | 推計モデル | 192 |
| 第4節 | 分析結果と考察 | 193 |
| 第1項 | 記述統計と相関係数 | 193 |
| 第2項 | 時系列分析の結果 | 195 |
| 第5節 | 小括 | 197 |

# 第5章　米国の高等教育における個人寄付のパネル分析　201

| | | |
|---|---|---|
| 第1節 | 時系列分析の課題 | 201 |
| 第1項 | 機関要因を考慮した分析の必要性 | 201 |
| 第2項 | 高等教育機関類型別分析の必要性 | 202 |
| 第3項 | 政策要因・経済要因・機関要因を考慮した先行研究 | 203 |
| 第2節 | 分析に用いるデータ | 208 |
| 第1項 | パネルデータセットの構築 | 209 |
| 第2項 | 母集団とサンプル数の関係 | 209 |
| 第3項 | 使用する変数 | 211 |
| (1) | 高等教育機関別の個人寄付額 | |
| (2) | 機関要因 | |
| (3) | 経済要因 | |
| (4) | 政策要因 | |
| 第4項 | 多重共線性の問題 | 221 |
| 第3節 | パネル分析の方法 | 223 |
| 第1項 | 分析モデル | 223 |
| (1) | プーリング回帰モデル | |
| (2) | 固定効果モデル | |
| (3) | 変量効果モデル | |
| (4) | 検定方法とその結果 | |
| 第2項 | 攪乱項に関する前提 | 227 |
| (1) | 攪乱項の自己相関の検定 | |
| (2) | 分散不均一性の検定 | |
| (3) | 検定方法とその結果 | |
| 第4節 | パネル分析の結果と考察 | 229 |

第1項　私立大学に関する分析結果 …………………………………… 229
　(1)　私立博士研究型大学
　(2)　私立修士型大学
　(3)　私立学士型大学
第2項　州立大学に関する分析結果 …………………………………… 237
　(1)　州立博士研究型大学
第3項　全大学をサンプルとした分析結果 ……………………………… 240
第5節　小括 ………………………………………………………………… 242


# 第6章　結　論　247

第1節　結　論 …………………………………………………………… 247
第2節　本研究の課題 …………………………………………………… 253


文献目録 ……………………………………………………………………… 257
あとがき ……………………………………………………………………… 275
索引 …………………………………………………………………………… 279

米国高等教育の拡大する個人寄付

# 序　論

　本研究の目的は、米国の高等教育における個人寄付の拡大要因を制度的側面から解明することにある。米国の高等教育の財源が我が国のそれに比べて多くの寄付に依存していることは、かねてから知られているところであり、高等教育に対する寄付行動を誘発するための制度がどのように寄与しているのか、これを解明しておくことは、今後我が国の高等教育セクター全体の財務基盤を堅固に確立させていく上で、極めて重要な課題であると考える。

　こうした問題を主題とした本書の執筆に着手するに当たり、まず、この研究の着想に至った背景について、以下述べていく。

## 第1節　研究の背景と問題認識

### 第1項　我が国の高等教育研究と寄付

　我が国の高等教育政策は、1990年代以降、大学設置基準の大綱化、私立大学の設置認可制度の緩和化、認証評価の制度化、国立大学の法人化をはじめとして数多くの改革が実行に移されてきた。この一連の改革の基本的な方向性は、政府の高等教育に対する規制や役割を軽減させるという意味において、高等教育の「市場化」を進展させるというところにあったとも指摘される（天野、1999；金子、2006；大場、2009）。金子（2006）によれば、高等教育における市場化をどのように捉えるかは、21世紀以降、国際的な高等教育研究の焦点となってきており、特に高等教育の市場化が最も進んだ米国では、この市場化が大きな問題点を含みながらも、不可避的な趨勢と捉えられている傾向にあるとされる（金子、2006、p. 231）。また、同様に、我が国において

も、この高等教育の市場化は、様々な問題を抱えながらも、「今日、日本の大学が有する選択肢は、市場化の方向を維持しつつ現行制度を改善する以外にはない（大場、2009、p. 7）」とも指摘されるところである。

このように、高等教育の市場化が不可避的な趨勢であると広く認識される一方で、市場メカニズムのみに頼った教育改革の限界とともに、それを有効に機能させるための要件として、高等教育に対する「寄付」や「ボランタリズム」の重要性が同時に指摘されてきたことは注目に値する（金子、1999；喜多村、1990）。特に、金子（1999）は、市場メカニズムのみに頼った教育改革の限界を指摘すると同時に、「パブリックな目的に対する私人の無償の寄与という思想」という言葉を用いて、市場化した高等教育を有効に機能させるための要件を、次のように指摘している。

「新しいメカニズムとしてアメリカでの教育がモデルとされる一方で、市場メカニズムを教育にも大胆に導入するという改革の提案がなされている。実際、理論的には市場メカニズムは、現代教育の閉塞的な状況に対する、明快で透明なオールタナティブとしてきわめて魅力的な側面を持っている。また明確に定義された一定の知識技能を与えるための教育サービスの提供については、市場化はすでに着実に進行していることは事実である。しかし他方で、新しい社会が個人に要求しているのは、むしろ幅広い視野に支えられた、ダイナミックな知的能力であって、アメリカの場合をみても、そうした非定型的な能力を形成する教育革新は市場メカニズムそのもののなかから生まれているわけではなかった。それを可能としたのは、むしろパブリックな目的に対する私人の無償の寄与という思想であった。そうしたものが存在しない場で、市場メカニズムの役割を性急に拡大しても、有効な教育革新が生じるとは考えられない（金子、1999、pp. 95-96）」。

また、1980年代の進学需要の低下、政府予算の削減、就職市場の悪化という厳しい環境下における米国の大学の経営行動を分析した喜多村（1990）

も、米国の高等教育における寄付の重要性を早くから見出している。喜多村（1990）は、1980年代の高等教育を取り巻く厳しい環境の中で、米国の大学の生き残りを可能にした要因の1つとして、人が高等教育に対して寄付をするというボランタリズムの精神があったことを、次のように指摘している。

　「アメリカの大学の"生き残り"を可能にした基本的な要因のひとつは、実は意外なところにあるのではないかと私は考えている。ドライで過酷な優勝劣敗の競争社会アメリカにはそぐわないかに見えるような、熱っぽい、ウェットなものの存在である。それは学生の母校愛といったような感情、困っているものには自然に寄付金を出したり、進んで労力を提供するというボランタリズムとして現れてくるものである（喜多村、1990、p. 112）」。

　このように我が国の高等教育研究においては、金子（1999）や喜多村（1990）等により、高等教育システムが有効に機能していく上で寄付やボランタリズムの思想が重要になってくることが指摘されてきた。しかし、当時の高等教育研究においては、「高等教育に対する寄付」の重要性が指摘されることはあっても、それがどのような要因によって規定され、どのような役割を果たしているかといった関心に基づいた研究は立ち遅れており、それらを社会科学的視点より検証した研究の蓄積は、我が国においては極めて不足していたと言わざるをえない[1]。むしろ、日本における寄付研究は、経済学者が中心となり1993年に構成された「NPO研究フォーラム（NPO Research Forum of Japan）」によって推進されてきたことに触れておく必要があるだろう。当研究会は、後に「NPO学会」へと発展し、早くから本間（1993）、山内（1997）をはじめとした研究者によって、日本における寄付の実態についての理論研究、及び、実証研究が手がけられてきた。確かに、国民経済計算上、私立学校は、民間非営利団体に含まれており、NPO研究は、高等教育研究との関心と重なる点も見出せる[2]。事実、教育機関の行動をNPO研究の視点から分析した田中（1988）やJames and Rose-Ackerman（1986、田中訳、1993）の研究がみら

れるが、管見の限り、NPO研究の主な関心事は、「特定非営利法人（NPO法人）」への寄付や運営実態にあり、こうした分野の研究においても、高等教育への寄付に関する分析は不足している。

## 第2項　寄付に対する大学経営・政策上の期待と研究の進展

　以上のように、我が国において高等教育における寄付を分析対象とした研究は、その重要性が指摘されながらも、立ち遅れて来た。しかし、1990年代から2000年前半にかけての一連の大学改革の過程において、我が国の高等教育は、その質的向上が社会的に要請される一方、高等教育を支える主要な財源であった政府補助金が国の財政状況の悪化により拡大させることが困難な状況に陥ったことから、今後、高等教育を支える資金をどのように確保していくかという問題が、喫緊かつ重要な政策課題として浮かびあがってきたのである。

　こうした動きの中、高等教育における寄付の重要性は、高等教育研究者のみならず、政策担当者、及び、大学経営者の間にも顕著に見られるようになり、高等教育に対する寄付の拡大が高等教育政策、及び、大学経営戦略上の重要課題として表出してくることとなったのである。例えば、2008年の中央教育審議会の答申、『学士課程教育の構築に向けて』においては、我が国の大学への寄付の比重の少なさが指摘され、高等教育に対する寄付を促進させるための環境整備の必要性が次のように指摘されている。「我が国の大学は、多くの場合、授業料に依存し、外部からの寄附の比重が少ない。大学自らが、教育基本法の理念の下、社会の発展に寄与する存在として、一層の説明責任を果たしていく必要があるが、同時に、我が国社会全体として寄附の文化を育てていくことが重要な課題である。そのための誘導策として、大学に対する企業や個人からの寄附を優遇する税制上の措置などを積極的に講じていくことを期待したい（中央教育審議会、2008、p. 56）」。

　また、1954年に創設された「IDE大学協会（Institute for Development of Higher Education）」が刊行する高等教育の業界誌『現代の高等教育』においても、その2006年10月号において「大学の寄付金戦略」が特集として組まれ、

高等教育機関の寄付募集の実態が報告されている。更に、近年では、大学経営者を対象とした寄付募集に関するハンドブックやセミナーなどがさかんに刊行されたり、開催されたりしていることからも、その関心の高まりが窺えよう[3]。このように高等教育における寄付の役割が注目される中、高等教育に対する寄付が如何なる役割を果たし、如何なる形で拡大していくことが可能かといった点に関する十分な検討と、それに資する基礎的な研究を進めていくことが高等教育研究においても大いに期待されるところといえよう。

こうした高等教育政策・大学経営戦略上の課題に呼応する形で、我が国においても高等教育に対する寄付募集体制や寄付者の動機の実態を把握しようとする研究が、近年、高まりを見せてきている。例えば、2007年には、東京大学大学総合教育研究センターにより、国内の高等教育機関の寄付募集体制や寄付者の実態調査が行われ、その調査報告書がまとめられている(片山・小林・両角、2007；片山・劉・小林・服部、2009；劉・片山・小林・服部、2009)。また、最近では、卒業生の寄付動機をアンケート調査により把握することを試みた仲西・伊藤・中上(2013)が発表されており、この他に、国立大学法人化前後の寄付金の状況を分析した島(2006)や、実際に大学で寄付募集を行っている担当者や政策担当者から、寄付募集体制に関する実態も報告されてきている(伊藤学司、2006；伊藤邦雄、2006；井原、2006；目黒、2006；西井、2006；佐藤直人、2006；佐藤慎一、2006；渋谷、2006；富山、2006)。

更に、近年、教育史的視点から私立高等教育セクターの寄付募集の実態とその役割を検証した天野(2006)や戸村(2011)により、歴史的視点から我が国の高等教育における寄付の特質を探ろうとする研究も見られる。こうした研究や調査報告により、我が国の高等教育機関の寄付募集の方法や寄付動機が詳らかにされつつある。しかし、高等教育セクター全体に対する寄付が決して大きくない我が国の事象を対象とした研究にとどまる以上、高等教育に対する寄付が如何なる条件下において拡大するのかという点について、これを実証的に検証することが困難であるという限界もまた、同時に抱えているといえよう。

### 第3項　米国の高等教育という事例

このように国内の高等教育機関の寄付募集体制や寄付の実態に関する研究が進展する一方、複数の研究者によって研究対象国として注目されているのが、高等教育における寄付額が先進諸国の中でも突出して多い米国の高等教育事情である（丸山、2002；Proper、2009；金子、2010）。

ここで、米国が注目される理由には、大きく2つの理由があると考えられる。1つは、米国においては、高等教育セクターに対する寄付が巨額であるという点である。それは、例えば、米国の高等教育に対する寄付の規模が実に約3兆円に上り、スタンフォード大学などの有名大学が年間7億ドルもの寄付を集めていることからも明らかである[4]。これに関連して、丸山（2002）が1999年から2000年の米国の高等教育財政について論じる中で、巨額の寄付の実態について触れている（丸山、2002、pp. 194-198）。こうした巨額の高等教育への寄付を、各高等教育機関が、一体どのような方法で集めているのかという関心に基づき、米国の寄付募集の方法に関する調査報告も散見されるようになり、阿部（2004）、片山（2005）、田中（2006）、Reed and Reed（2007、片山他訳、2008）、小林・片山・羽賀・両角（2008）、石田・大槻・杉崎・中野・福島（2011a、2011b）の報告書もまとめられている。

しかし、森（2006）が雑誌『現代の高等教育』の「大学の寄付金戦略」の特集号の巻頭言において、米国の高等教育における巨額な寄付の実態や寄付募集のノウハウが報告されることについて、その重要性を認めながらも、その背景にある歴史や制度的前提に十分注意が払われていないことを指摘し、次のような警鐘を鳴らしている[5]。

> 「『大学と寄付』の問題もまた、その背景とも言うべき社会との関連を無視できない事柄の一つであるように思われる。昨今、このような議論が盛んになるにつれて、方々で諸外国、とくに欧米諸国の先例が引用され、参考にされ、時には手本にさえされている場面に遭遇する。もちろん、寄付という行為に関しては遥かに先達ともいうべき、そのような大学の実情を学ぶことは必要であり有用であるが、えてして基金の規模や

寄付の集め方にのみ視点が注がれ、背景にあるその社会がもつ歴史、庶民の意識、あるいは税制の実情などがまったく無視されていることも希ではない（森、2006、p. 2）」。

　この森 (2006) の指摘に表れているように、我が国の高等教育研究においては、その国の歴史的背景やこれに根を持つ制度を踏まえた上で、大学と寄付の問題に関する分析をおこなっていく必要性が、課題として浮かびあがってくるのである。このことをより具体的にいえば、次のように定式化することが出来ると思う。即ち、「どのように米国の高等教育は寄付を多く集めているのか」という関心に基づき、ある特定年度の断面を切り取って分析するという視点に加えて、「なぜ、米国の高等教育は寄付を多く集めることに至ったのか」という関心に基づき、時系列的な分析を試みる視点を持たなくてはならないということである。

　これを踏まえ、時系列的な視点から米国の高等教育と寄付の問題を観察すると、いまひとつ米国の高等教育における寄付の特質性について見逃してはならない点が見えてくる。それは即ち、米国の高等教育が単純に巨額の寄付を集めているという事実のみならず、米国においては高等教育に対する寄付が実に1980年代から90年代の20年間に急激に拡大した経験をたどるという事実である。

　詳しくは、本書の第2章でその推移を見ていくことになるが、米国の高等教育は、安定して現在の高い寄付水準を保ってきたわけではなく、1970年代には横ばいで推移してきた寄付を、1980年代前半と1990年代に急激に拡大させている。その中でも、特に、高等教育に対する個人からの寄付は、1970年代から1990年代の間に約3倍に拡大している。

　それに対し、我が国の高等教育に対する寄付の動向を入手可能なデータから確認すると、例えば私立高等教育機関に対する寄付は、2008年度878億円であったがこれは1978年度の約1.22倍程度に過ぎず、額も米国のそれと比較して非常に少ない[6]。

　また、英国では、特に2000年代中頃から、高等教育に対する寄付を増や

すための議論が政府レベルで高まっており、高等教育への寄付を拡大させていく上で参考となる事例として米国の事例が取り上げられている。例えば、英国の「教育技能省（Department for Education and Skills）」の「高等教育への寄付に関するタスクフォース・チーム（Task Force on Voluntary Giving to Higher Education）」が2004年に発行した報告書、Department for Education and Skills（2004）では、米国で1973年と2002年の間で高等教育に対する寄付が大きく増加していることに触れ、米国の事例が高等教育への寄付を増やす上で参考になることを指摘している（Department for Education and Skills, 2004, pp. 24-25）。また、「英国高等教育審議会（Higher Education Funding Council for England）」が2012年9月に発行した『イギリス高等教育におけるフィランソロピーに関する報告（Review of Philanthropy in UK Higher Education）』においては、「いくつかの威信のある（英国の：引用者）大学は寄付から恩恵を受けていたが、多くはそのような状態になかった。これは、多くの大学が慈善寄付から恩恵を受けている他国、特に米国と比較すると対照的であった（Higher Education Funding Council for England, 2012, p. 2）」と指摘し、米国の高等教育における寄付の特質性を指摘している。

　こうした事実からすると、米国の高等教育は、他の先進諸国と比較して多くの寄付を受けていることのみならず、寄付を拡大させてきた事例として位置づけられるのである。先進諸国において高等教育における寄付拡大に向けた施策が議論される中、それゆえ1980年代以降の米国の高等教育における個人寄付の長期的変化がどのようなメカニズムに規定されていたのかを解明することは、我が国の高等教育政策にとって極めて示唆的であることは元より、更には高等教育研究において重要な研究課題となってくるのである。

　この米国の高等教育に見られた寄付の拡大現象に我が国で早くに着目したものとして、金子（2010）の論稿と、新日本監査法人（2008）がまとめた『平成19年度文部科学省諸外国の税制等に関する調査研究事業の報告書』の2つが挙げられる[7]。それでは、そこで総括された米国の高等教育における寄付の拡大要因について、しばらく見ていくこととしよう。

　まず、新日本監査法人（2008）は、次のように総括している。「寄付の進展

や基金の膨張の背景に、株価の上昇と、アメリカの世帯所得の向上があり、株価と寄付金額には相関関係があると指摘されている。また、州立、私立を問わず、この時期に大学の経営手法に企業経営の考え方が取り入れられるようになり、その結果、外部資金の導入が進んだという見方もある。一方、連邦政府等による寄付の誘導政策の存在は明らかではない（新日本監査法人、2008、p. 38）」。

　一方、金子（2010）は、米国の高等教育に対する寄付の拡大について、「アメリカのキャピタル・ゲイン課税制度と、おりからの株価の長期的な上昇との複合的な結果であった（金子、2010、p. 14）」としている。

　これら2つの考察から見出されるのは、米国に見られた高等教育に対する寄付の拡大については、「株価の上昇」、「大学の経営努力」、「政策的要因の寄与」という複数の説が指摘されているという点である。ただ、いずれの研究も、定量データを用いて実証的にそのメカニズムを検討したものではなく、これらを実際検証する必要性が残っていることは指摘しておかなければならない。以上を踏まえ、これまでの研究の課題を総括すると、寄付の拡大をもたらした可能性のある「経済要因」、「機関要因」、「政策要因」という相対的な影響力を把握していないため、米国高等教育における個人寄付拡大のメカニズムに関して解明出来ていない点が残っているのである。したがって、高等教育研究が米国の事例から個人寄付拡大のための政策的含意を示すためには、この問題を解決することが不可欠といえるであろう。

　特に「政策要因」については、金子（2010）が制度的視点から高等教育に対する寄付を論じているものの、新日本監査法人（2008）の「連邦政府等による寄付の誘導政策の存在は明らかではない（新日本監査法人、2008、p. 38）」という言葉に現れているように、その研究蓄積は、不足していると言わざるを得ない。それは、先に紹介した森（2006）の指摘にもあったように、近年の高等教育研究においては、米国の高等教育機関の寄付募集の方法に関する調査報告が多くなされる一方で、その背景となる「制度」については、十分な研究が不足していることに起因しているものと思われる。政府が慈善寄付控除制度を通じて高等教育に対する寄付を間接的に補助する仕組みは、我が国に

おいて注目されているが、我が国の財政状況や経済状況に鑑みるに、当該制度の正当性も今後課題となっていくであろう。

それゆえ、1970年代に停滞していた米国の高等教育に対する個人寄付が、1980年代前半、1990年になぜ拡大していったのか検討すると同時に、米国の高等教育に対して寄付を誘発する制度がどのように位置づけられ、高等教育関係者に活用されていたのかを歴史的資料から把握することは、我が国で解明されなければならない重要な研究課題といわなければならないのである。

---

## 第2節　研究の目的と方法

### 第1項　本研究の目的

以上を踏まえた上で、本研究の目的を端的に言い表せば、それは、1970年代から90年代の米国高等教育に着目し、米国の高等教育における個人寄付の拡大要因を制度的側面から解明することにある。こうした研究の目的を達成するために、本研究では、次の2つの研究課題を設定することにする。

### 第2項　研究課題

第1の研究課題は、米国の高等教育関係者が、慈善寄付控除制度をどのように位置づけ、これを活用してきたかを把握しておくことである。我が国の高等教育研究において「制度政策研究」は、長らく中心的な位置を示して来た（金子、2006、p. 1）。具体的には、これまでに授業料政策、補助金政策、奨学金政策、学位制度、学校法人制度等が主な研究対象として扱われ、それらの制度的基盤、その歴史的変遷と特質性に関する知見がこれまで蓄積されてきたといえる。その一方で、慈善寄付控除制度が高等教育システムにおいて如何なる役割を果たしており、高等教育に如何なる影響をもたらしているのかといった点に関しては、十分な関心が払われてこなかったといわざるを得ない。その1つの理由として考えられるのが、慈善寄付控除制度という制度が高等教育セクターにのみ適用される制度ではなく、非営利団体全般に適用される制度であるため、高等教育研究としてその境界を明確に線引きするこ

とが困難であったことが考えられる。そのため、慈善寄付控除制度は、高等教育機関にとって外生的に与えられる制度として捉えられ、その制度的変遷が紹介されることはあっても、当該制度を高等教育機関がどのように位置づけ、それを歴史的に活用してきたかということについては、研究蓄積が不足しているのが現状といわざるをえないのである。確かに、米国では、米国の高等教育と連邦政府の慈善寄付控除制度の関係性を検討した研究として、連邦政府の高等教育機関に対する政策全体を整理するなかで、高等教育機関に影響を与える可能性のある主要な連邦政府の慈善寄付控除制度の内容を概説した Kirkwood and Mundel (1975)、Beckham and Godbey (1980)、Gladieux, King and Corrigan (2005) がみられる。また、量的調査を通じて1986年の税制改革に対する小規模リベラルアーツカレッジの寄付募集担当者の認識を把握することを試み、約8割のリベラルアーツカレッジの寄付募集担当者がネガティブな影響を受けたと回答したとする結果を示した Durney (1991) の貴重な研究もある。しかしながら、管見の限りにおいて、米国の高等教育関係者の慈善寄付控除制度に対する認識について、当時の文献資料から跡づけることを試みた研究は、十分な研究の蓄積があるとはいえない。特に、米国の高等教育における寄付の制度的背景、及び、社会的コンテクストが我が国の高等教育研究で十分把握されていない状況を踏まえると、定量分析により慈善寄付控除制度の影響を検証することのみならず、当時の文献資料からも、米国の高等教育関係者が慈善寄付控除制度をどのように位置づけ、これを活用してきたのかを把握しておく必要がある。

　そこで、本研究は、連邦政府の慈善寄付控除制度の改正議論の経緯、及び、内容に着目した。なぜなら、制度改正を巡る議論の過程の中には、高等教育関係者の慈善寄付控除制度に対する意見が表明されており、その主張内容に米国高等教育における慈善寄付控除制度の位置づけを見出すことが出来るからである。先に示した通り、本稿の主な研究対象は、1970年代から1990年代の高等教育に対する個人寄付の動向をみていくことにあるが、高等教育と連邦寄付税制の変遷をみていくにあたっては、高等教育に対する政府補助金の停滞から寄付への期待が高まった1960年代後半から1970年代の連邦寄付

税制をめぐる改正論議の内容と、実際に慈善寄付控除制度に関して幾つかの改正がなされた1980年代から90年代の改正論議の内容に着目し、その内容分析から米国の高等教育における寄付と税制度の位置づけを探索的に検討することにしたい。1980年代の税制改正の前後のみならず、1960年代後半から1970年代の時期にも視野を広げ、比較的長期間にわたる高等教育関係者の連邦寄付税制に対する主張を文献資料から跡づけていくことで、米国の高等教育関係者が慈善寄付控除制度をどのように位置づけ、これを活用してきたのかがより明確に示されることとなる。

　第2の研究課題は、米国の高等教育における個人寄付の拡大において、「政策要因」が「経済要因」や「機関要因」と比較して、どの程度の影響力を持ったのかを定量的に把握することである。

　先述の通り、国内のこれまでの高等教育研究の動向を確認すると、米国の高等教育が巨額の個人寄付を確保出来た理由に関しては、「株価の上昇」、「大学の経営努力向上」、「政策的要因の寄与」などが指摘されているものの、高等教育における個人寄付の規定要因を社会科学的視点より検証した研究は皆無に等しい。一方、詳しくは第1章で示すが、米国の研究動向に目を転じると、高等教育における個人寄付に影響を与える要因を特定しようとする研究が蓄積されてきていることが確認される。特に、複数の先行研究で指摘されている要因が「株価の変動」であり、1980年代以降の株価の上昇が個人寄付の拡大をもたらしたとする説が存在する[8]。しかし、先行研究は、両者の関係性を現象的に確認しているにとどまっており、その背後にあるメカニズムについて明示していないという点で課題を残したままであった。そのため、潜在的な寄付者は、景気が良くなると自然と高等教育に対して多くの寄付をするという解釈が一部でなされ、個人寄付拡大のための政策的含意が米国の事例より導き出せない状況に陥っていた。

　これを解決するためには、「株価」と「高等教育における個人寄付」が連動するメカニズムに目を向ける必要がある。詳しくは、本稿第4章に示すことになるが、本研究では、この問題を解き明かすに当たり、連邦政府の慈善寄付控除制度の構造に着目することにした。なぜなら、連邦政府の慈善寄付控

除制度においては、価格が上昇した株式等の「評価性資産」を高等教育機関に寄付した場合、寄付した資産の「時価額」を課税対象所得から控除することを認めているため、株価が上昇すればするほど寄付者の税負担が軽減し、寄付に対するインセンティブが向上するという制度設計になっていることが見出されるからである。これより、株価の上昇は、高等教育における個人寄付拡大の十分条件とはならず、連邦政府の慈善寄付控除制度がその前提条件として必要となるという仮説が導かれることになる。それゆえ、本研究では、その妥当性を検証することにしたい。

　以上、2つの研究課題、即ち、(1)連邦議会議事録をはじめとする一次資料を用い、慈善寄付控除制度の制度改正時における高等教育関係者の主張を跡付け、米国の高等教育関係者が慈善寄付控除制度をどのように位置づけ、これを活用してきたかを把握すること、(2)「政策要因」、「機関要因」、「経済要因」が高等教育に対する個人寄付のトレンドに及ぼした影響について検証する上で、「評価性資産に関する慈善寄付控除制度の存在」と「株価の上昇」の複合的要因が高等教育に対する個人寄付の拡大に影響を及ぼしているという仮説に基づき、その妥当性を検証すること、これらの課題解明を図ることである。

　以上の研究課題を通じて本研究で明らかにしようとしている主題は、米国の高等教育に対する個人寄付の拡大に政策要因が強く働いていたということを検証することである。

　この研究は、高等教育の社会規定条件を解明することを課題としてきた国内外の「高等教育研究」に位置するものである。本研究の特色は、第1に、これまで国内の高等教育研究で学術的研究対象として十分に検討されてこなかった「慈善寄付控除制度」に着目し、「慈善寄付控除制度」という視点から米国高等教育の社会規定条件を捉えなおすことにある。また、第2に、米国の高等教育における個人寄付の拡大要因に関して、先行研究で重視されていない変数の影響を検証することにある。

## 第3項　研究方法と使用するデータ

　以上の研究目的を達成するために、本研究で用いた研究方法とデータ・資料について、以下に示しておこう。本研究では、連邦議会本会議、公聴会の議事録や新聞記事をはじめとする文献資料の分析に加え、米国で実施された高等教育機関の寄付収入に関する調査データから再構築したデータセットの2次分析を行った。

　具体的には、1970年代から1990年代の大学団体の報告書、高等教育関係者の講演録、連邦議会本会議事録、連邦議会公聴会議事録、下院上院委員会レポート、連邦議会調査局レポート、連邦議会年鑑、新聞記事(高等教育業界紙、一般紙)等の資料を収集し、慈善寄付控除制度に対する高等教育関係者の認識とともに、連邦議会において行われた慈善寄付控除制度の改正論議の内容分析を行う。なお、上記資料は、米国大使館資料室、米国大学図書館から収集するとともに、Thomas (the Library of Congress) [9]、ProQuest Congressional[10]、LexisNexis Academics[11]、GovernmentTrack[12]、Education Research Information Center[13]をはじめとするデータベース、マイクロフィルムから収集した。統計資料のみならず、こうした文献資料から高等教育への寄付と慈善寄付控除制度に関する連邦政府内外の議論を取り上げることで、米国の高等教育における寄付の役割と、それを支える連邦税法をはじめとする制度の役割が示されることとなる。

　一方、高等教育における個人寄付の拡大に、政策要因、機関要因、経済要因がどのような影響力を与えているか把握するに当たっては、「教育支援カウンシル (Council for Aid to Education)」が1950年代後半から現在に至るまで実施してきた調査から得られた高等教育機関の寄付収入や寄付募集に関するデータを使用する。これは、調査開始年度の1956年度以来、何度か調査項目に変更を加えられてはいるものの、米国の高等教育に対する寄付のデータのうちで、最も長期間にわたるデータが取得可能な貴重なデータである。当該データは、「教育支援カウンシル」が毎年度発行する『教育への慈善寄付 (Voluntary Support of Education)』という報告書に原データが公表されているため、これを利用することで、個別高等教育機関レベルの寄付収入や寄付募集

の取り組み状況を長期間にわたって把握することが出来る。本研究においては、米国の高等教育に対する個人寄付が停滞から拡大へと転換していった1969年度から1999年度の各年度の報告書、『教育への慈善寄付 (Voluntary Support of Education)』を収集した上で、それらを電子化し、大学名を基準に結合した分析用のデータセットを構築した。米国においては、Cheslock and Gianneschi (2008)、Ehrenberg and Smith (2003)、Liu (2006) 等をはじめとして、この調査データを用いた研究が既に幾つか見られるが、本研究では、当該データと連邦政府の税制度の変遷に関する情報を結合することで、先行研究で扱われていない変数に着目し、その結果を比較考察することにする。

---

## 第3節　本書の構成

以下、本書の構成と分析の流れについて示しておく (**図 序論-1**)。

第1章「先行研究のレビュー」では、質量ともに豊富な「高等教育に対する寄付」を分析対象とした米国の研究動向を整理し、この分野の研究課題について言及する。米国の高等教育研究においては、高等教育に対する寄付を規定する要因について把握しようとする研究が1980年代以降に拡大しており、1つの学術的研究対象として確立されてきている。本研究の課題から見ても、こうした米国の研究動向を出来る限り幅広くレビューする必要があり、米国の先行研究で得られている知見と課題を整理した。

第2章「米国の高等教育における個人寄付の概要」では、本稿の議論を進める上で前提となる米国の高等教育財政の枠組み、及び、米国の高等教育における寄付の推移の特徴について、過去の先行研究、及び、公表データより整理した。ここから、米国の高等教育における個人寄付が1980年代以降急激に拡大し、米国の高等教育が質的高度化を図る上で重要な役割を果たしていたことが示されることになる。

第3章「米国の高等教育と連邦寄付税制の変遷」では、1960年代後半から90年代の連邦税法における慈善寄付控除制度の改正論議に着目し、制度改正を巡る議論の過程の中で表明された高等教育関係者の主張内容を分析する

ことを通じて、米国高等教育において慈善寄付控除制度がどのように位置づけられ、活用されて来たか把握することを試みた。ここから、高等教育セクター全体が歴史的に評価性資産に関する慈善寄付控除制度を活用し、その維持に向けて、連邦政府に対し政治的圧力を展開してきたことが示されることになる。

　第4章「米国の高等教育における個人寄付の時系列分析」では、評価性資産に対する慈善寄付控除制度の構造に着目しながら、従来の研究において高等教育への寄付と強く相関することが指摘されてきた「株価」が高等教育における個人寄付に影響を及ぼすメカニズムについて検討する。本章で行う時系列分析の結果から、株価は高等教育に対する個人寄付が急激に拡大するための十分条件ではなく、連邦政府の評価性資産に対する慈善寄付控除制度の構造が媒介することで、これに強い影響を及ぼすことが示されることになる。

　第5章「米国の高等教育における個人寄付のパネル分析」では、高等教育機関別のパネルデータを用いて、時系列分析では扱うことがデータの制約上困難であった変数に着目し、米国の高等教育における個人寄付の拡大要因について検討していくこととする。特に、政策要因、経済要因、機関要因の相対的な影響力を定量的に把握することと同時に、各変数が異なる高等教育機関のタイプにどのような影響を与えているのかが示されることになる。

　第6章「結論」では、各章の分析結果から得られた知見を整理し、本研究の結果から示唆される高等教育研究、大学経営・政策への含意をまとめ、今後の研究課題についても述べることとしたい。

　なお、本書は、これまで筆者が学会機関誌や紀要などに発表した以下の論文、福井（2010、2011、2012）、2014年に東京大学大学院教育学研究科においてまとめた博士論文を加筆しまとめたものである。また、執筆上の表記の方法について、一言ことわっておきたい。注意すべき術語等については、カギ括弧で括ることにしたが、必要に応じて、日本語のみの表記、原語のみの表記、日本語、及び、原語双方にわたる表記と書き分けることにした。これは、統一的に記入することによって、却って煩瑣な印象を与えることを避けるためである。

序論 19

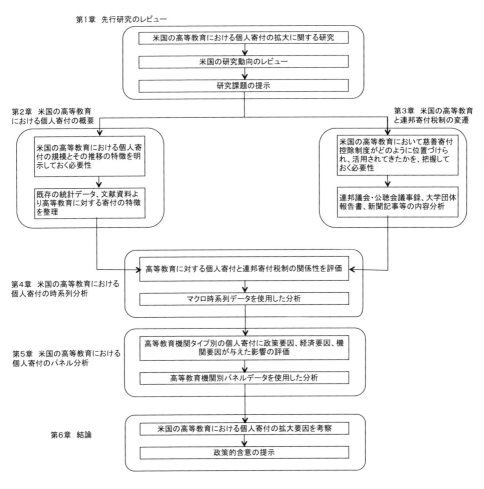

**図 序論-1：分析の流れ**

## 注

1 それは、喜多村(1990)の次の文章にも表れており、当時の高等教育研究においては、高等教育に対する寄付の背景にある卒業生の母校愛などは科学的分析から「漏れてしまう何か」として扱われている。「この本の執筆を通して、絶えず私の念頭を去らなかった一事がある。それは日本や外国の大学の歴史を通じて、おびただしい数の大学の中でなぜあるものは消滅していくのになぜあるものは存続発

*20*

展していくのかというテーマをいくら『科学的』(？)に分析しても、どうしても
そこから洩れていってしまう何かが学校や大学というものの中には厳然として存
在する、という事実である。学校や大学というものは、人口動態や立地条件や学
校の規模や財政という外的要因に規定される部分が少なくないとはいえ、結局の
ところ、学校や大学の生命を支えるものは、よい教授の存在とか、学生をひきつ
ける魅力度とか、学長のリーダーシップの強さとか、教職員の士気とか、卒業生
の母校愛、世間の信用とかいった、数量に表すことの出来ない何かなのである
（喜多村、1990、pp. 112-113）」。

2 非営利団体の要件を我が国の私立大学が満たすかどうか検討した研究として、田
　中（1994）が挙げられる。田中（1994）によれば、我が国の私立大学は、非営利団
　体の要件を満たしていることが指摘されている。

3 例えば、大学経営者向けの寄付募集に関するハンドブックとしては、2008年3
　月に国立大学財務・経営センターより発行された『国立大学法人経営ハンドブッ
　ク第3集』に「第10章大学への寄付金・募金」という章が設けられている。

4 Biemiller（Feburary 15, 2012）の新聞報道を参照した。

5 大学と寄付の問題に関して歴史的視点から検討していく必要性については、天野
　（2006）が同様の指摘をし、慶應義塾、早稲田、立命館の大学史から明治から大
　正期の各大学の寄付募集の取り組みについてまとめている。

6 私学高等教育研究所（2010、p. 132）の基礎表10をもとに、消費者物価指数を用
　いて2008年価格に物価調整し算出した値。

7 我が国以外では、英国の「教育技能省（Department for Education and Skills）」が
　発行した Department for Education and Skills（2004）の報告書の中で、米国で
　1973年と2002年の間で高等教育に対する寄付が拡大したことと、訪問調査が行
　われたフロリダ大学で寄付が増加したことに触れている（Department for
　Education and Skills, 2004, pp. 24-25）。この理由について、Departmet for
　Education and Skills（2004）の報告書では、「米国の寄付に対する文化はイギリス
　とは違う。しかし、これ（米国で寄付が拡大したこと：引用者）の1つの理由は、
　支援を募ることに対する文化の違いである。私たちは、断定的にどちらが重要か
　は言うことが出来ないが、イギリスの機関が支援を募る経験を積んでいくことは、
　寄付を増加させる（Department for Education and Skills, 2004, p. 25）」としており、
　大学の寄付募集努力による影響を強調している。

8 株価と高等教育への寄付が強く相関することについては、Council for Aid to
　Education（2009a）等によって報告されており、我が国でも新日本監査法人（2008）
　や金子（2010）によって紹介されている。

9 http://thomas.loc.gov/home/thomas.php

10 http://congressional.proquest.com/congressional

11 http://www.lexisnexis.com/ap/academic/?lang=ja

12 http://www.govtrack.us/

13 http://eric.ed.gov/

# 第1章
# 先行研究のレビュー

　高等教育に対する政府補助金が停滞する中、如何にして大学の寄付等の外部収入を拡大させるかは、我が国の大学経営・政策上の課題となっている。寄付を拡大させるための制度改正や大学改革の議論において、高等教育における寄付者がどのような事柄に影響を受け、その行動を決定しているかを社会科学的な視点から検証しておくことが求められているところであるが、それへと関心を向けた研究は、我が国においては非常に少ない状況にある。一方、先進諸国の中で寄付が突出して大きな役割を占めている米国高等教育においては、1980年代以降、これに関する実証研究が進展し、多くの研究成果が蓄積されている。

　本研究の課題は、米国の高等教育における個人寄付の拡大要因を制度的側面から解明することにあるが、制度以外の要因、即ち、大学側の寄付募集の努力や経済状況の変化なども寄付者の行動に影響を与えると考えられる。よって、米国の高等教育における個人寄付の拡大要因を探るうえには、出来る限り広範に「高等教育における寄付」の規定要因を研究対象とした研究論文を収集し、そこで扱われている種々の変数について整理しておくことが必要であろう。また、日米の寄付に対する文化的背景の違いに留意する必要はあるものの、上述した問題性を主題としたこうした米国の研究成果の蓄積は、今後の我が国の高等教育研究に有益な視点を提供するものといえよう。

　このような問題認識のもと、本章では、米国の研究動向のサーベイから高等教育における寄付者の行動要因を整理し、そこから導き出される当該研究分野の成果と課題を提示することを目的とする[1]。

　以下、第1節では、高等教育に対する寄付を学術的研究対象とした研究の

変遷を概観する。それを踏まえ、第2節では、高等教育における寄付者の行動要因を検証した実証研究に焦点を当て、その検証結果を要因ごとに整理して提示する。第3節では、本章で示した内容をまとめ、この先行研究の抱える課題と本研究の意義を示す。

## 第1節　米国の高等教育に対する寄付の研究系譜

### 第1項　1980年代以降の研究の拡大

米国の高等教育に対する寄付は、植民地時代から英国のキリスト教的な慈善行為の伝統が米国のカレッジに引き継がれ、当初から大学の創設や経営に寄与してきたとされる（Rudolph、1962、阿部他訳、2003、pp. 180-181）。植民地時代から20世紀初頭の米国高等教育の発展に寄付が果たした役割に関しては、Sears（1922）の『米国高等教育史におけるフィランソロピー（Philanthropy in the History of American Higher Education）』にまとめられており、20世紀初頭の段階で既に、高等教育に対する寄付が学術的研究対象とされていたことが確認出来る。それ以降も、寄付が米国の高等教育を形作る上で有効に機能してきたことを論じたNash and Curti（1965）をはじめとして、高等教育の発展に寄付が重要な役割を果たしてきた米国においては、早い段階から、その役割について論じた研究書が断続的に発表されてきたといえる。しかし、このように寄付に関する研究成果が蓄積されている米国においても、高等教育における寄付者の行動要因を社会科学的視点から把握しようとした研究が質量ともに充実してくるのは、1980年代以降のことである。

まず、米国の研究動向を確認するに当たり、高等教育における寄付を研究対象とした学術論文の数の推移を示しておこう。高等教育研究に関連する主要な米国の学術雑誌[2]に掲載された論文のうち、「寄付」に関連するキーワード（fund raising, donation, donative, donating, donor, voluntary support, alumni giving, charitable giving, philanthropy giving, philanthropy）をタイトル、または、アブストラクトに含む論文を年次別に抽出し、10年ごとにその数をまとめたものが、**図1.1**である。

ここから明らかなように、高等教育研究の主要な学術雑誌に寄付を研究対象とした論文が質量ともに充実してくるのは、1980年代以降のことである。この時期から、『Journal of Higher Education』や『Research in Higher Education』といった高等教育研究の主要な学術雑誌、また『Economics of Education Review』といった教育経済学系の学術雑誌において、高等教育における寄付を研究対象とした論文が発表されている。

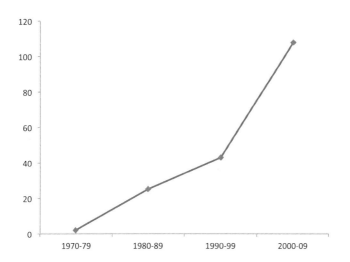

**図1.1：「高等教育に対する寄付」を分析対象とした学術雑誌掲載論文の推移**
出典：学術論文データベース（IngentaConnect, InformaWorld, JSTOR, Project MUSE, ScienceDirect, Springer Link, Wiley Online Library）を利用し作成。

　90年代以降も、論文数は増加し続け、2000年代に入ると、『International Journal of Educational Advancement』といった大学の教育・経営改善を対象とする学術雑誌が創刊され、寄付や寄付募集に関連する論文が集中的に発表されたことで、論文数が飛躍的に拡大した。また、2008年には、米国の「高等教育学会（Association for the Study of Higher Education）」のリーディングスにおいて、寄付を学術的研究対象として扱った論文を集めたAssociation for the Study of Higher Education（2008）が刊行され、高等教育研究において、寄付は、1つの学術的研究対象として確立しつつある。

## 第2項　研究系譜

　それでは、高等教育に対する寄付が学術的研究対象として捉え直されるに至った背景には、どのような事情があったのであろうか。その要因の1つとして指摘されるのが、1973年にジョン・ロックフェラー3世が今後の米国の非営利団体の在り方について検討することを目的として設置した私的委員会、「民間公益活動と社会的要請に関する調査委員会(The Commission on Public Philanthropy and Public Needs、以下、ファイラー委員会)[3]」の調査活動である (Walton and Gasman, 2007, p. xxiii)。当時、米国では、非営利団体の制度上の位置づけをめぐって連邦政府レベルで議論が行われ、特に非営利団体の税法上の優遇措置に対しては、一部から批判がなされていた。そうした批判に対し、非営利団体関係者を中心に構成されたファイラー委員会は、経済学、社会学、法律、高等教育等、多様な分野の専門家を招集し、米国社会における寄付や寄付の受け手である非営利団体を対象とした大規模な調査活動を展開した[4]。ファイラー委員会における調査結果は、1975年に最終報告書がまとめられ、1977年には、3,000ページ以上からなる『研究報告書(Research Papers)』が発刊されている。その中には、高等教育における寄付の役割等をまとめたCheit and Lobman (1975) と Jenny and Allan (1975) の論文が収録されており、非営利団体研究の一貫として、高等教育に対する寄付に関する実態調査が進められていたことが確認出来る。

　ファイラー委員会の一連の調査活動は、経済学や社会学をはじめとする様々な学問分野の研究者に対し寄付や非営利団体を学術的研究対象として扱うきっかけを与えたとされる (Walton and Gasman, 2007, p. xxiii)。事実、高等教育における寄付を分析対象とした1980年代の研究においては、経済学的視点から検証されたものが複数見られ、例えば、当時の税制改正案が高等教育に対する寄付に如何なる影響を及ぼすかシミュレーションを行ったAuten and Rudney (1986)、高等教育に対する寄付が経済学の需要供給モデルによって説明出来るか検証を行ったYoo and Harrison (1989) 等が、その代表として挙げられる。経済学者による高等教育に対する寄付を対象とした研究系譜は、1990年代以降も続いており、この研究分野において一定の割合を占めている。

研究を促進させた第2の要因として指摘出来るのが、政府からの高等教育に対する補助金が1970年代後半から停滞し始めたこと、また18歳人口が1980年代以降に減少することが見込まれたことから、大学経営に対する危機感が広まったことが挙げられる。こうした状況の中、1980年代の大学経営においては、「戦略計画（strategic planning）、マーケティング（marketing）、経営管理（management control）などの企業経営を参考にした経営機能強化論（両角、2010、p. 14）」が重要な位置を占めることとなった。勢い高等教育に対する寄付も、経営危機を乗り越えるための新たな収入源として注目され、それらを如何に効果的に獲得していくかという問題意識が、大学経営戦略上の課題としてより重要な位置を占めることとなったのである。

その結果、高等教育機関に対する寄付者は、如何なる行動をとっているのか、大学の寄付募集担当者の専門職のキャリアや仕事内容は、如何なるものであるのか、大学の寄付募集を、如何に効果的に運営・推進していくのかといった問題関心に寄与するための研究が、高等教育研究者によって多角的に促進されることとなった[5]。高等教育研究者による寄付研究の系譜は、90年代以降も引き継がれ、高等教育に対する寄付者の行動要因を明らかにするという問題関心を中心にした研究が蓄積されてきている。また、同時に、大学組織内の寄付募集の体制や学長や寄付募集担当者の役割に着目した研究（Cook, 1997; Cook and Lasher, 1996; Grunig, 1995; Nehls, 2008）、黒人やヒスパニック系をはじめとする多様なコミュニティからの高等教育への寄付の役割に着目した研究（Gasman, 2002; Mulnix, Bowden, and López, 2002; Tsunoda, 2010）も拡大し、高等教育研究者による寄付研究は広がりを見せている[6]。以上の2つを軸とした研究系譜が今日まで引き継がれることで、この研究分野に厚みが生まれ、「高等教育における寄付」が1つの学術的研究の対象として確立されてきたといえよう。

## 第2節　寄付の規定要因に関する研究サーベイ

### 第1項　研究タイプの整理

　さて、本節では、高等教育機関における寄付者の行動要因を検証した実証研究に焦点をあて、その成果をレビューしていく。この分野の実証研究は、そのアプローチ方法から、2つに大きく分類することが出来るとされる (Liu, 2007, pp. 14-15)。

　1つは、寄付を受領する側、即ち、高等教育機関の寄付収入に分析の視座を置き、それが如何なる要因から影響を受けるかを検証しようとするタイプの研究 (以下、機関レベルの研究) であり、いまひとつは、卒業生をはじめとする寄付者側の行動に分析の視座をおき、それが如何なる要因から影響を受けるかを検証しようとするタイプの研究 (以下、個人レベルの研究) である (Liu, 2007, p. 15)。よって、両者は、高等教育に対する寄付を受領側から見るか、拠出側から見るかという分析アプローチの違いを示すものであるが、その関心は、若干異なる。

　前者の「機関レベルの研究」は、政府政策、社会環境の変化や、高等教育機関の特性や寄付募集努力が各高等教育機関の寄付収入にどのような影響を与えているのかを明らかにすることに関心があり、このタイプの研究は、「教育支援カウンシル (Council for Aid to Education)」が1950年代より毎年度、高等教育機関を対象に調査し、公表された寄付収入に関するデータソースを基に分析がなされている傾向にある。

　一方、後者の「個人レベルの研究」は、個々の高等教育機関の寄付募集戦略に資する情報として、寄付者の属性や経験などの変数に着目し、寄付をする可能性の高い卒業生の属性を特定しようとすることに関心があるといえる[7]。このタイプの研究は、卒業生を対象とした質問紙調査をその主なデータソースとしており、「機関レベルの研究」で把握することが困難な個人レベルの属性や資質に関する変数を扱っているが、長期間継続的に行った調査が少なく、また、その多くが単一の大学の卒業生調査であるという制約がある[8]。そのため、機関レベルの研究が関心を向ける政府政策、社会環境の変

化、あるいは、高等教育機関の特性の影響を評価した研究をおこなうことが困難であるという課題も存在する。

　こうした分析アプローチ上のそれぞれの特色を踏まえ、本章では、機関レベルの研究で検討された要因と個人レベルの研究で検討された要因に関する研究結果を示すことにしたい[9]。

### 第2項　高等教育機関レベルの寄付収入を分析対象とした実証研究

　本項では、機関レベルの研究で検討されてきた寄付行動に影響を与える要因を、高等教育機関を取り巻く環境に関連する「環境要因（environmental factors）」と、各高等教育機関がもつ特性に関連する「機関要因（institutional factors）」の2つに整理して、以下に示すことにする。

### (1)　環境要因

　「環境要因」とは、いわば高等教育機関を取り巻く環境の違いや変化を示すものであり、主なものとして、「税制度」、「政府の高等教育財政支出」、「経済状況」、「地域特性」が挙げられている。

#### (a)　税制度[10]

　税制度と寄付の関係については、経済学者を中心に多くの研究がなされ、税制度が寄付に影響を与えていることが指摘されてきた[11]。高等教育に対する寄付に税制度がどのような影響をあたえるかについては、初期の研究として、1986年の税制改革が高等教育に与える影響を予想したRobinson（1985）、Auten and Rudney（1986）や、1986年の税制改革の結果リベラルアーツカレッジの寄付が減少したことを記述統計から指摘したDurney（1991）がある。また、最近では2001年の減税が高等教育への寄付を減額させた可能性を指摘したDrezner（2006）がみられるが、高等教育という特定の分野の寄付に焦点を当て、税制度との関係性を実証的に検証した研究は非常に少ないことが、米国においても指摘されている（Clotfelter, 2003, p. 109; Holmes, 2009, p. 19）。その例外として、高等教育に対する寄付と税制度の関係性を機関レベルのデータから実証的に検証したものとして、Smith and Ehrenberg（2003）

が挙げられる。

米国の連邦税法においては、寄付の一定額を連邦所得税や連邦法人税等から控除することが可能であり、寄付者は寄付をすることで、税負担を軽減することが出来る仕組みになっている。この税負担の変化まで含めた寄付の実質的なコストは、「寄付の租税価格」と呼ばれ、これが上昇した時、寄付のインセンティブは低下すると想定される。$t$ を所得税率、$t_c$ キャピタルゲイン課税率、$\theta$ を評価性資産のキャピタルゲインと取得価格の比率とすると、現金寄付の租税価格、評価性資産の寄付の租税価格は、「$1-t$」と「$1-t-\theta t_c$」と表記される (Andreoni, 2006, pp. 1230-1233)。よって、キャピタルゲイン課税率が上がった時、寄付の租税価格は下がるため、寄付は増額すると理論上考えられる (Andreoni, 2006, p. 1233)。

しかし、高等教育に対する寄付とキャピタルゲイン課税率の関係を検証した Smith and Ehrenberg (2003) は、税率の上昇は、個人寄付にマイナスの影響を及ぼすとしており、上記の寄付の租税価格の効果から導かれる結果とは反対の結果を示している。その理由について、税率の上昇は税引後所得の低下をもたらすので、その効果が寄付の租税価格効果を上回ったものとしている (Smith and Ehrenberg, 2003, p. 72)。しかし、この妥当性については、更なる検証が必要である。また、慈善寄付控除額の適用範囲をはじめとした税率以外の政策手段を説明変数として考慮する必要も残されており、今後の研究課題として指摘出来る。

### (b) 政府の高等教育財政支出

Warr (1982) や Roberts (1984) により政府財政支出と寄付が理論上完全にクラウディング・アウトをすることが指摘されて以来、政府財政支出と寄付の関係は、経済学者を中心に実証分析が進められてきた (Andreoni, 2006, p. 1215; Steinberg, 1991, p.591)。その流れは、高等教育研究にも影響を与え、Leslie and Ramey (1988)、Liu (2006)、Liu (2007)、Cheslock and Gianneschi (2008) 等により、高等教育機関の寄付収入と高等教育財政支出との関連性が検証されている。

その結果、初期の研究においては、Leslie and Ramey (1988)、Liu (2006) に

より、学生1人当たりの州政府補助金額を説明変数として分析を行った場合、高等教育機関の寄付収入との間にもクラウディング・アウトの効果があることが確認されている[12]。その理由として、寄付者の収入の一部は、既に税制度を介して大学に対する補助金として渡っているため、政府補助金の増加は、寄付者の負担感を増大させる効果があると解釈されている (Leslie and Ramey, 1988, p. 120; Liu, 2006, p. 128)。

　しかし、近年では、政府の高等教育財政支出が寄付収入にクラウディング・インすることを指摘する研究が見られる (Cheslock and Gianneschi, 2008; Gianneschi, 2004; Liu, 2007)。例えば、1994年から2003年のパネルデータを用いて分析を行った Liu (2007) は、州民家計所得1,000ドル当たりの州政府高等教育補助金と学生1人当たりの州政府奨学金が寄付総額にプラスの影響を及ぼしており、政府補助金の規模が高等教育機関における潜在的な寄付者に良いシグナルを与えるものとして働いている可能性を指摘している (Liu, 2007, p. 79)。これは即ち、政府補助金が寄付者にとって当該高等教育機関の質を保証する1つの指標となっていることを示唆するものである。

　また、同様の結果は、パネルデータを用いて検証した Cheslock and Gianneschi (2008) により示され、その理由を要約すると、次の3点が指摘されている。(1) 大学の活動は多様であるため、大学の管理運営者が政府補助金の獲得などによって、必ずしも寄付者が望む活動をする可能性が低いため、州政府の補助金の増加が必ずしも寄付の必要性を抑制するものとして働かない。(2) 多くの個人や企業は大学の研究成果や教育成果にアクセスしたいと考えており、寄付者も潜在的にそのような考えをもっているのに対し、大学の成果は、その大学の繁栄とともに増加するため、政府からの補助金の増額は、そうした欲求を持つ寄付者からの寄付を増加させる。(3) 大学のミッションは多様であるため、大学が財政的に常に満足することはない。そのため、補助金が増額しても、寄付募集は、常に積極的に行われ続けるため、クラウディング・アウトしない (Cheslock and Gianneschi, 2008, pp. 224-225)。以上より、大学の寄付と政府補助金の関係については、これまでクラウディング・アウトすると考えられてきたが、近年、パネルデータを用いた分析にお

いて、クラウディング・インするという結果が示されている。

### (c) 所得・株価

　所得や株価といったマクロ経済指標の動きと寄付収入の関係を検証したものとして Leslie, Drachman, Conrad, and Ramey (1983)、Coughlin and Erekson (1986)、Leslie and Ramey (1988)、Bristol (1992)、Ehrenberg and Smith (2003)、Drezner (2006)、Liu (2006)、Liu (2007)、Brown (2012) 等がある。

　複数の研究で用いられているマクロ経済指標の1つが、州民1人当たりの家計所得である。これを用いた実証研究においては、卒業生寄付との間に関係性はないという結果が共通して得られている[13] (Coughlin and Erekson, 1986; Liu, 2006; Liu, 2007)。その一方で、企業寄付との関係性については、関連性がないとする結果 (Coughlin and Erekson, 1986; Liu, 2006) とプラスの関係性があるとする結果 (Liu, 2007) が存在する。

　株価を指標として用いた研究も、複数存在する。株価をマクロ経済指標として用いた初期の研究である Leslie et al. (1983) は、1932年から1974年のマクロ時系列データより、卒業生寄付は好景気の時に減少する一方、企業寄付は好景気の時に増加するという結果を示している。これは、卒業生は大学が財政的支援を必要としている時に寄付をすると想定されるため、景気が悪化した時期に寄付をする傾向があるのに対し、企業は寄付をする余裕のある好景気の時期に寄付をすることに起因する結果と解釈されている (Leslie et al., 1983, p. 224)。

　しかし、1950年から1989年の卒業生寄付のマクロ時系列データを用いて検証を行った Bristol (1992) は、卒業生寄付は株価と連動して動いており、その変動の3分の2を説明出来ると指摘している (Bristol, 1992, p. 5)。また、1968年から1998年のパネルデータを用いて検証を行った Ehrenberg and Smith (2001)、Smith and Ehrenberg (2003) も同様に、株価は卒業生寄付にプラスの影響を及ぼすという結果を得ている[14]。これらの研究においては、その理由は十分明示されていないが、株価は、寄付者の富を代替する指標であり、潜在的な寄付者は、富が増加すると、寄付をするということを暗に前提としているといえる。しかしながら、株価が寄付の増減に影響を与える理由

は、金子 (2010) が示唆する通り、先述の米国の連邦税法との関係性からも説明することが理論上可能であり、単純に景気を代表する変数として扱うことには問題があるといえよう。よって、株価が寄付に影響を与えるメカニズムを明らかにするためには、税制度を介した影響を考慮した分析が重要な研究課題となる。

### (d) 地域特性

　大学の寄付収入に影響を与える地域特性として Liu (2007) によって指摘されたのが、「州民のイデオロギー」である。Liu (2007) は、Berry, Ringquist, Fording, and Hanson (1998) によって算出された各州の政治的イデオロギー指標を用いて検証した結果、政治的にリベラルな傾向が強い州に位置する大学ほど、寄付収入が多いことを実証している。この結果に関して、Liu (2007) は、「保守の価値観は、個人の自主性と蓄財を公共的な支援や私的支援よりも強調する傾向にある (Liu, 2007, p. 41)」ことを理由として挙げている。

　また、州の産業構造の違いも寄付収入に影響を与えることが検証されており、州の第2次、第3次従業者の数の増加率を用いて検証を行った Leslie and Ramey (1988) は、第2次、第3次従業者が増加した州に位置する大学ほど、企業寄付が増加するという結果を導き出している。その理由として、企業は、大学と共同研究を行うことで利益を得ることが想定されるため、そのような産業が増加すると企業から大学への寄付が増加すると解釈されている (Leslie and Ramey, 1988, p. 121)

## (2) 機関要因

### (a) 大学の規模

　大学の規模は、学生数、卒業生数、総収入等の指標を用いて、Coughlin and Erekson (1986)、Leslie and Ramey (1988)、Smith and Ehrenberg (2003)、Gottfried and Johnson (2006)、Liu (2006)、Liu (2007) 等によって検討されており、多くの研究を通じて、規模の大きい大学ほど寄付収入が大きいという結果が示されている[15]。

　また、大学の規模は、母校と卒業生の繋がりの強さ、教育の質を反映して

いるという考えに基づき、学生1人当たりの寄付額や卒業生1人当たりの寄付額と関係性があるか否かを検証した研究も見られる（Baade and Sundberg, 1996; Cheslock and Gianneschi, 2008; Coughlin and Erekson, 1986; Ehrenberg and Smith, 2003; Gianneschi, 2004; Oster, 2001）。しかし、こうした実証研究の結果は、規模が大きい大学ほど学生1人当たりの寄付額は少ないという結果（Cheslock and Gianneschi, 2008; Ehrenberg and Smith, 2003）と、両者の間に関係性はないとする研究（Baade and Sundberg, 1996; Coughlin and Erekson, 1986; Oster, 2001）とが混在している。

#### (b) 大学の質

大学の質が各大学の寄付収入に影響を与える理由は、Leslie and Ramey (1988) やLiu (2006) 等によって、次のように説明されている。寄付者が社会的便益を高めることを目的としていることを前提とした場合、寄付者が直面する問題は、どの大学に寄付をすれば、より効果的にその目的を達成出来るかという点である。しかし、寄付者は、大学内部の詳細な情報に通じていないため、当該機関の質にその手掛かりを求め、寄付行動を決定することになる。そのため、質が高い大学ほど、多くの寄付を集めると想定されるのである。

実証研究に用いられている「質」の指標は、様々であるが、大きく(1)大学の威信（Gourman Reportのランキング、U.S. News & World Reportのランキング、大学の歴史）、(2)大学側の質（学生1人当たり財政支出、学生教員比率、学生1人当たり図書蔵書数）、(3)学生側の質（在籍する学生のSATスコア、高校時代の成績、入試難易度、ナショナル・メリット奨学金を受けた学生の割合）の3つに分類することが出来るだろう。

初期の代表的研究であるLeslie and Ramey (1988) は、大学の威信として「ゴーマン・レポート (Gourman Report)」のランキングと大学の歴史を、大学側の質として学生1人当たり支出額を用いて検証し、(1)大学の威信は卒業生寄付にプラスの影響を及ぼすこと、(2)反対に大学側の質は一般個人寄付、企業寄付、財団寄付に影響を及ぼすが、卒業生寄付に影響を及ぼさないという結果を示している。前者の分析結果は、その後、多くの研究においても支

持されている(Coughlin and Erekson, 1986; Ehrenberg and Smith, 2003; Smith and Ehrenberg, 2003)。一方、後者の大学側の質からもたらされる影響に関しては、一般個人寄付と企業寄付にプラスの影響を与えることはBaade and Sundberg (1996)、Cunningham and Cochi-Ficano(2002)、Smith and Ehrenberg(2003)、Ehrenberg and Smith(2003)、Liu(2007)により同様の結果が得られているものの、卒業生寄付と財団寄付に与える影響に関しては、関係性があるとする研究(Baade and Sundberg, 1996; Cunningham and Cochi-Ficano, 2002; Ehrenberg and Smith, 2003)と、関係性はないとする研究(Liu, 2006; Liu, 2007; Smith and Ehrenberg, 2003)が混在している。

　学生側の質からもたらされる影響に関しては、在籍する学生のSATスコアを指標として分析を行ったCoughlin and Erekson(1986)により企業寄付との間にプラスの関係性が見られることが示されている。これは、企業がより生産性の高い労働力を支援することに強い関心を持っていることに起因するものと解釈されている。また、学生側の質と卒業生寄付の関係性については、SATスコア、入試難易度、高校時代の成績上位者の割合、ナショナル・メリット奨学金受給者の割合を指標として分析を行ったCunningham and Cochi-Ficano(2002)によってプラスの関係性があることが示されている。しかし、私立大学と州立大学別に分析を行ったBaade and Sundberg(1996)は、学生側の質は私立大学の卒業生寄付にプラスの影響を及ぼすが、州立大学においては関連性が見られないことを指摘し、大学の設置形態によってその影響が異なることを示唆している。

### (c)　寄付募集努力

　寄付募集努力が高等教育機関の寄付収入に与える影響も、幾つかの実証研究において検証されている(Baade and Sundberg, 1996; Gottfried and Johnson, 2006; Harrison, 1995; Leslie and Ramey, 1988; Liu, 2006; Liu, 2007)。

　比較的多くの研究で用いられている寄付募集努力の指標は、大学側が寄付募集を行った卒業生数を全卒業生数で除した寄付勧誘率である。しかし、寄付勧誘率を用いた検証結果は、寄付募集努力が卒業生寄付にプラスの影響を及ぼすという結果(Baade and Sundberg, 1996; Gottfried and Johnson, 2006; Liu,

2006）と、影響を及ぼさないという結果（Cunningham and Cochi-Ficano, 2002;
Leslie and Ramey, 1988; Liu, 2007）が混在している。寄付勧誘率の上昇が卒業生
寄付に影響を及ぼさない理由の1つには、寄付募集が成功するためには寄付
者と継続的に関係を築いていくことが重要であるのに対し、寄付勧誘率はあ
る一時点の寄付募集努力を示すものであるという点が指摘されている（Leslie
and Ramey, 1988, p. 127）。

　こうした問題を踏まえ、Harrison（1995）では、当該機関が寄付募集にかけ
たコストを指標として用いている。その結果、学生1人当たり卒業生寄付募
集コストが10ドル上昇すると、卒業生の寄付率が25％から26.4％に上昇す
るという結果が得られ、その影響が確認されている（Harrison, 1995, p. 81）。

### (d)　基本財産の規模

　多くの実証研究において、基本財産の規模が大きい大学ほど寄付収入が多
いことが実証されている（Cunningham and Cochi-Ficano, 2002; Ehrenberg and
Smith, 2003; Gottfried and Johnson, 2006; Leslie and Ramey, 1988; Liu, 2006; Liu,
2007; Simone, 2009; Smith and Ehrenberg, 2003）。

　その理由としては、基本財産の規模は、過去のこれまでの寄付募集の成果
を示すものであり、寄付募集の成熟度を示すものであるという説明がなされ
ている（Leslie and Ramey, 1988, p. 124; Liu, 2006, p. 127）。

　反対に、基本財産の規模と大学の寄付収入がクラウディング・アウトの関
係にあることを指摘したのがOster（2001）である。Oster（2001）は、その理由
として、寄付者は寄付行為そのものから効用を得ると同時に、大学から社会
に対して提供されるサービス量が増加することからも効用を得ると想定され
る一方、大学から提供されるサービスは授業料や基本財産収入によって賄わ
れるため、基本財産収入上昇は大学のサービス量を増加させることを指摘し
ている（Oster, 2001, pp. 7-8）。そのため、基本財産収入の増加は、寄付行動を
抑制させるというものである。しかし、1994年から2005年のパネルデータ
を用い検証を行ったGottfried and Johnson（2006）において、この効果は逆に
否定されている。Oster（2001）との検証結果の違いが生まれた理由としては、
サンプルサイズの違い、マクロ経済要因を統制しているか否かという点があ

第1章　先行研究のレビュー　*35*

ることが指摘されている (Gottfried and Johnson, 2006, pp. 277-278)。

### (e)　学生・卒業生の経済的豊かさ

機関レベルの研究において、在学生や卒業生の経済的豊かさを直接的に計測することは困難であるが、それを間接的に指標化し、それらが寄付収入に対して与える影響を検証しようとした研究が、複数見られる (Baade and Sundberg, 1996; Cunningham and Cochi-Ficano, 2002; Ehrenberg and Smith, 2003; Liu, 2006; Liu, 2007; Smith and Ehrenberg, 2003)。

学生・卒業生の経済的豊かさを示す指標として用いられている指標には、女子学生の割合、マイノリティ学生の割合、授業料の多寡がある。これらの指標を用いる理由として、女子学生とマイノリティ学生は、白人男性に比べ卒業後低賃金の労働に従事する傾向があること、授業料の高い大学に通う子弟には、裕福な家庭が多いことが挙げられている (Baade and Sundberg, 1996, p. 77)。これまでの実証分析の結果、女子学生の割合は卒業生寄付にマイナスの影響を、授業料はプラスの影響を及ぼすという結果が示されている (Baade and Sundberg, 1996; Ehrenberg and Smith, 2003; Liu, 2006; Smith and Ehrenberg, 2003)。

一方、マイノリティ学生の割合が卒業生寄付に与える影響は、Cunningham and Cochi-Ficano (2002)、Ehrenberg and Smith (2003)、Smith and Ehrenberg (2003) において否定されている。また、女子学生の割合、マイノリティ学生の割合が財団寄付に限ってはプラスに働く場合があることも、Ehrenberg and Smith (2003)、Smith and Ehrenberg (2003) によって確認されている。これは、女子学生やマイノリティを支援することを目的とした財団の存在に起因するものと解釈されている (Ehrenberg and Smith, 2003, p. 228)。

### (f)　大学の設置形態

大学の設置形態が寄付収入に独自の影響を与えているかを検証した研究も見られる (Coughlin and Erekson, 1986; Cunningham and Cochi-Ficano, 2002; Liu, 2006)。Coughlin and Erekson (1986) は、私立と州立の違いが寄付収入に影響を及ぼしているか否かを検討した結果、他の要因を統制した場合においても、私立大学の方が州立大学よりも、学生1人当たりの寄付額が多いことを

確認している。また、メディカルスクールを有している大学の方が他の大学に比べて寄付収入が多いという結果も、一部の研究で指摘されている（Smith and Ehrenberg, 2003）。この他に、Cunningham and Cochi-Ficano（2002）は、大学システムに組み込まれている大学、博士課程を有する大学は他の大学と比較して卒業生1人当たりの寄付額が少ないこと、2年制コミュニティカレッジ、リベラルアーツカレッジは他の大学と比較して卒業生1人当たりの寄付額が多いことを指摘している。

　これらの理由は十分明らかにされていないが、大学システムに組み込まれている大学においては寄付者の意図通りに寄付が使用されるかどうかを確認することが難しいこと、博士課程を有する大学には政府補助金が多く投入されているためであると解釈されている（Cunningham and Cochi-Ficano, 2002, pp. 550-551）。


### 第3項　個人レベルの寄付行動を分析対象とした実証研究

　次に、個人レベルの実証研究において検証された要因を、その代表的研究であるWeerts and Ronca（2007, 2008）の整理に依拠しながら、寄付者の寄付する能力に関連する「資質要因（capacity variables）」と寄付の動機付けに関連する「誘発要因（inclination variables）」の2つに分類し、その結果を以下に示すことにしたい。


### (1)　資質要因

#### (a)　所得

　高所得者の卒業生の方が低所得者と比較して大学に対して寄付を積極的にする傾向にあることが多くの実証研究において指摘されている（Clotfelter, 2003; Holmes, 2009; Hoyt, 2004; Marr, Mullin, and Siegfried, 2005; Monks, 2003; Okunade, Wunnava, and Walsh, 1994; Taylor and Martin, 1995; Weerts and Ronca, 2008; Weerts and Ronca, 2007; Willemain, Goyal, Deven, and Thukral, 1994; Wunnava and Lauze, 2001）。ただし、その理由は十分明らかにされていないが、高所得者ほど、慈善寄付控除制度の恩恵を受けることが一説には指摘されている

（Bekkers and Wiepking, 2007, p. 9）。

#### (b) 年齢

年齢が高い卒業生ほど、寄付を積極的に行う傾向にあることが多くの実証研究において指摘されている（Grant and Lindauer, 1986; Holmes, 2009; Hoyt, 2004; Okunade et al., 1994; Olsen, Smith, and Wunnava, 1989; Weerts and Ronca, 2007; Willemain et al., 1994; Wunnava and Lauze, 2001）。ただし、ある一定の年齢[16]を超えると、年齢の増加は寄付行動にマイナスの影響を及ぼすこともまた、同時に指摘されている（Okunade et al., 1994; Olsen et al., 1989; Wunnava and Lauze, 2001）。年齢が卒業生の寄付行動に影響を及ぼす理由については、年齢と可処分所得が関係している理由が指摘されるが、Holmes（2009）において、所得を統制した上でも年齢独自の影響が確認されており、その理由は必ずしも明らかではない。

#### (c) 学歴・専攻

Monks（2003）は、学部卒の卒業生と、大学院でMBA或いは法学を学んだ卒業生との間には寄付行動に違いが見られると指摘し、後者の方が母校に対して多くの寄付をする傾向があることを確認している（Monks, 2003, p. 126）。しかし、医学或いは博士号を取得した卒業生と学部卒の卒業生の間に寄付行動の差は見られないという点も同時に指摘されており、専攻内容によってその影響が異なることが示唆されている（Monks, 2003, p. 125）。また、パス解析を用いて検証したHoyt（2004）によれば、学歴は寄付行動に直接的な影響を及ぼさず、卒業後の所得を媒介して間接的に影響を与えるとされ、学歴が寄付行動に直接的な影響を与えているかどうかは検討の余地が残る。

学部時代に専攻した学問によって寄付行動が異なることも、幾つかの研究において指摘されている（Holmes, 2009; Marr et al., 2005; Monks, 2003; Wunnava and Lauze, 2001）。これらの研究において、専攻分野によって寄付行動に違いが見られることは共通しているが、どの専攻分野を修めた卒業生が寄付を積極的にするかは、実証研究によって異なっており、明定されてはいない[17]。

#### (d) 職業

就労している卒業生は、非就労者に比べて寄付をする可能性が高いことが

Weerts and Ronca（2007）によって指摘されている。また、金融関係の職業についている卒業生が他の業種に比べて多くの寄付をするという結果（Holmes, 2009; Wunnava and Lauze, 2001）、企業経営者が他の企業幹部に比べて多くの寄付をするという結果も得られており（Okunade and Wunnava, 2007）、卒業生の就労状況の影響は、複数の実証研究で指摘されている。

### (e) 性別・人種

性別と大学に対する寄付行動には関係性がみられないとする結果（Clotfelter, 2003; Holmes, 2009; Marr et al., 2005; Monks, 2003; Weerts and Ronca, 2007）がある一方、男性の方が積極的に寄付をするとする結果（Okunade and Wunnava, 2007; Wunnava and Lauze, 2001）、女性の方が男性よりも寄付を積極的にするという結果（Holmes, 2009; Sun, Hoffman, and Grady, 2007; Weerts and Ronca, 2008）があり、実証研究の結果は混在している。

卒業生の人種と寄付行動の関係性については、マイノリティの卒業生は白人系の卒業生に比べて寄付をしない傾向にあることが、機関レベルの研究の分析結果と同様指摘されている（Clotfelter, 2003; Monks, 2003; Sun et al., 2007）。

### (f) 宗教

信仰する宗教と一般的な寄付行動の関係性については、主に社会学者によって検討が進められてきた（Bekkers and Wiepking, 2007, p.5）。高等教育における寄付行動と信仰する宗教との関係性については、判別分析を利用してTaylor and Martin（1995）が、プロテスタントを信仰している卒業生が多くの額を寄付する傾向にあることを確認している。また、Cascione（2003）は、高額寄付者25名に対するインタビュー調査から、幼少期の家庭でのユダヤ教信仰や教会でのキリスト教信仰が高額寄付者の寄付習慣を形成してきた側面があることを指摘している。

### (g) 家族構成

家族構成に関しては、主に婚姻状況と子どもの数の影響が、幾つかの研究で検証されている。しかし、婚姻状況に関する実証研究の結果は混在しており、既婚者の方が大学に対する寄付額が少ない傾向にあるとする結果（Clotfelter, 2003; Monks, 2003）、両者の間に関係性はないとする結果（Okunade

and Wunnava, 2007)、既婚者は未婚者よりも多くの寄付をするという結果
(Holmes, 2009) がある。

　子どもの数に関しては、1989年に大学を卒業した卒業生のデータを利用
して検証したMonks (2003) によって、両者の間に関係性がないという結果
が示される一方、1951年出生コーホートのデータを利用して分析した
Clotfelter (2003) は、子どもの数は大学に対する寄付額にマイナスの影響を
及ぼしていることを示しており、世代によってその影響が異なる可能性が示
唆される。

## (2)　誘発要因

　「誘発要因 (inclination variables)」とは、大学への寄付を動機づける要因であ
り、例えば大学時代の経験、卒業後の大学との関わり、大学からの寄付募集
等がそれに当たる。Weerts and Ronca (2007) によれば、卒業生の寄付を誘発
する動機付けは、主に「社会的交換理論 (social exchange theory)」、「期待理論
(expectancy theory)」、「投資理論 (investment theory)」の3つの理論から説明する
ことが出来る (Weerts and Ronca, 2007, pp. 25)。Weerts and Ronca (2007) の説
明を要約すると、次の通りである。「社会的交換理論」は、人は他者との関
係をコストとベネフィットの関係から捉えて行動するという前提に立つ。こ
の理論に基づけば、卒業生は、過去、あるいは、現在に大学から受け取った
ベネフィットと寄付のコストとのバランスから寄付をするか否かを決定する
ことになる。「期待理論」は、寄付をすることを通じてその組織、あるいは、
社会のパフォーマンスが上昇し、よい成果がもたらされるか否かという点か
ら行動を決定するという前提に立つ。例えば、大学が財政的支援を必要とし
ていることが明確になっているときに寄付をするといった行為が、それに当
たる。「投資理論」から説明される寄付とは、卒業生の寄付行動は既に大学
に投資した時間的・心理的・財政的コミットメントの度合いに応じて決定さ
れるという前提に立つ。例えば、母校に対する愛校心から寄付を行うといっ
た行動が、これに当たる。これを踏まえた上で、以下に、卒業生の寄付行動
の動機づけとなる誘発要因の影響を、個人レベルのデータを基に検証した実

証研究の結果を示していくことにしよう。

### (a) 大学生活の満足度

大学時代の生活全般に対して好意的な評価をしている卒業生の方が母校に対する寄付を積極的に行っているという結果が、幾つかの研究によって実証されている (Clotfelter, 2003; Monks, 2003; Sun et al., 2007)。例えば、Monks (2003) は、学生時代の経験に対して非常に満足している卒業生はその他の卒業生に比べて2.6倍多く寄付をしていると指摘している。

一方で、大学生活に対する満足度と卒業後の寄付行動に関係性は見られないとする実証研究も一部ある (Caboni and Eiseman, 2003; Hoyt, 2004)。その理由として、パス解析を行い検証したHoyt (2004) によれば、大学生活の満足度は、寄付の直接的な動機付けとはなっておらず、卒業後の大学イベントへの参加度合を高める効果、大学の財政支援の必要性に対する認知度を高める効果があり、それらを媒介して間接的に影響を与えていることを指摘している。

### (b) 在学中の学習行動

大学時代の学習行動が卒業後の寄付行動に影響を及ぼすこともClotfelter (2003)、Monks (2003)、Marr et al. (2005) 等によって指摘されている。これは、上述の「社会的交換理論」から説明することが可能である。Monks (2003) の実証研究では、教室外での教員、メジャーアドバイザー、職員との接触度合が学生時代に多かった卒業生、インターンシップ経験のある卒業生が、他の卒業生よりも多く寄付をしていること、反対に在学中、個人で研究・勉学に励んでいた卒業生は寄付額が少ない傾向にあることを示している (Monks, 2003, p. 128)。また、在学中に学術活動に関する受賞経験があった卒業生、同じ大学の大学院に進学し学位を取得した卒業生の方が、他の卒業生に比べ多くの寄付をする傾向があることがClotfelter (2003) によって、GPAのスコアが高かった卒業生の方が寄付をする傾向にあることがMarr et al. (2005) によって明らかにされている。

その一方で、大学時代の学術的活動に深く関わっていたかどうかは寄付行動に影響を及ぼさないという結果も、Weerts and Ronca (2007, 2009) によっ

て示されており、大学に対する寄付は「社会的交換理論」から説明される寄付の構造とは異なる側面があることを、1つの可能性として認めなければならないという指摘も見られる (Weerts and Ronca, 2007, p. 31)。

#### (c) 在学中の正課外活動

大学時代の正課外活動に参加していた学生ほど卒業後寄付をする傾向があるという結果が、幾つかの実証研究より示されている (Holmes, 2009; Marr et al., 2005; Monks, 2003; Okunade et al., 2007; Sun et al., 2007; Thomas and Smart, 2005; Wunnava and Lauze, 2001)。Wunnava and Lauze (2001) は、大学代表スポーツへの参加、ボランティア活動への参加、学生クラブ (フラタニティ・ソロリティ) への参加、大学の語学学校への参加といった正課外活動への参加経験は、卒業後の寄付行動にプラスの影響を及ぼすという結果を示している。特にボランティア活動に参加していた卒業生は、他の卒業生よりも約2倍の寄付をしているという結果が得られている (Wunnava and Lauze, 2001, p. 540)。これ以外にも、Monks (2003) によって、寮、パフォーマンス・音楽サークル、宗教グループへの所属、Holmes (2009) によって、芸術系クラブ、キャンパスリーダープログラムの参加経験が卒業後の寄付行動にプラスの影響を及ぼしていることが確認されている。大学時代の課外活動が大学から受けた追加的なベネフィットであると捉えれば、これらの結果は「社会的交換理論」から説明することが可能である[18]。

#### (d) 奨学金の受給経験

奨学金を過去に大学から受け取ったベネフィットと捉えれば、奨学金と寄付行動の関係も、「社会的交換理論」から説明することが可能であり、複数の実証研究でその影響が指摘されている (Clotfelter, 2003; Hoyt, 2004; Marr et al., 2005; Monks, 2003)。しかし、その傾向は、奨学金の額のみならず種類によって異なることも幾つかの研究で指摘されている (Clotfelter, 2003; Marr et al., 2005; Monks, 2003)。Monks (2003) や Marr et al. (2005) の実証研究によれば、給付奨学金受給者は、他の卒業生に比べて、卒業後多くの寄付をする傾向があるのに対し、貸与奨学金受給者は母校に対する寄付額が少ない傾向にあるとされる。その理由として、貸与奨学金受給者は、卒業後もローン返済を通

じて自身が受けた教育に対する対価を支払っているため、母校に対してそれ以上の金銭を支払うことに抵抗を感じるという説明がなされている (Monks, 2003, p. 126)。また、Marr et al. (2005) は、受給された奨学金の額よりも受給された奨学金の種類の方が、卒業後の寄付行動に影響を与えると指摘しており、ニードベースの貸与奨学金受給者は卒業後に寄付をする可能性が他の卒業生と比べて低いこと、反対にニードベースの給付奨学金受給者、メリットベースの奨学金受給者は卒業後に寄付をする可能性が高いという結果を示している (Marr et al., 2005, p. 139)。

### (e) 卒業後の大学との接点

卒業後も大学との接点がある卒業生ほど、母校に対して寄付を積極的に行う傾向があることが、複数の実証研究によって示されている (Clotfelter, 2003; Grant and Lindauer, 1986; Holmes, 2009; Hoyt, 2004; Marr et al., 2005; Olsen et al., 1989; Sun et al., 2007; Taylor and Martin, 1995; Weerts and Ronca, 2007; Wunnava and Lauze, 2001)。実証研究において卒業後の大学との接点を示す指標は、様々なものが用いられているが、多くの実証研究で用いられている指標が同窓会や卒業生イベントに関連するものである。例えば、Taylor and Martin (1995) は、同窓会に所属している卒業生の方が寄付をする傾向にあること、Grant and Lindauer (1986)、Olsen et al. (1989)、Wunnava and Lauze (2001) は、同窓会の開催年度において卒業生が多くの寄付をする傾向にあること、Hoyt (2004)、Marr (2005)、Weerts and Ronca (2007)、Sun et al. (2007) は、同窓会をはじめとする卒業生イベントへの参加頻度が高い卒業生ほど母校に対して寄付をする傾向があることを実証している。大学との繋がりを示す指標として、この他にも、卒業生向け出版物を読んでいるか否か (Shadoian, 1989; Taylor and Martin, 1995)、卒業後キャンパスを訪れた回数が多いか否か (Shadoian, 1989)、大学と同じ地域に住んでいるか否か (Holmes, 2009)、居住している州に大学の卒業生支部があるか否か (Wunnava and Lauze, 2001) といった変数が、卒業生の寄付行動に影響を及ぼすことが実証されている。

一方、大学から寄付募集を受けたかどうかは寄付行動に直接的な影響を及ぼさないという結果が、幾つかの実証研究において示されている (Hoyt,

2004; Weerts and Ronca, 2009; Weerts and Ronca, 2007)。その理由ははっきりし
ていないが、Weerts and Ronca (2007) は、卒業生の寄付行動は寄付募集を受
けたかどうかよりも、大学を支援するということに対する個人の価値観に大
きく影響されている可能性を指摘している (Weerts and Ronca, 2007, p. 30)。ま
た、パス解析を用いて寄付募集努力の影響を検証した Hoyt (2004) において
は、寄付募集は直接的な寄付の動機付けとはならないが、大学との接点を増
やすことを媒介して間接的に寄付行動に影響を及ぼしていると解釈している。
　以上の研究から推定されることは、卒業後も大学との接点があるか否かが
寄付行動に影響を及ぼすという点である。この理由は十分明らかにされてい
ないが、卒業後も大学と接点のある卒業生の方が母校の現在の状態を把握出
来るという前提に立てば、「期待理論」から説明することが可能である。事実、
大学が財政支援を必要としていることを認知している卒業生ほど寄付を積極
的に行う傾向にあることが、Taylor and Martin (1995) の研究で明らかにされ
ている。

### (f)　大学に対する帰属意識

　大学に対する帰属意識と寄付行動の関係は、先述の「投資理論」から説明
され、幾つかの研究において、その影響が実証されている (Sun et al., 2007;
Weerts and Ronca, 2009; Weerts and Ronca, 2007; Wunnava and Lauze, 2001)。例え
ば、Sun et al. (2007) は、複数の質問項目を用いた合成変数を利用して分析
を行った結果、大学への帰属意識が高い卒業生ほど積極的に寄付を行ってい
ることを明らかにしている。この他に、親族が同じ大学に現在、あるいは、
過去在籍しているかという指標を用いた分析も見られるが、その結果は、影
響があるとするもの (Holmes, 2009; Wunnava and Lauze, 2001) と、影響が見ら
れないとするもの (Weerts and Ronca, 2009; Weerts and Ronca, 2007) の2つが混
在している。

### (g)　大学の威信

　個人レベルの研究においても、大学の威信が寄付行動に影響を及ぼすかを
検証した研究が、複数見られる (Caboni and Eiseman, 2003; Holmes, 2009; Meer
and Rosen, 2009; Turner et al., 2001)。Caboni and Eiseman (2003) は、母校の社

会的威信に関する卒業生の意識を指標化した尺度を用いて分析を行った結果、母校の社会的威信が高いと考えている卒業生の方が寄付を積極的にしていることを示している。一方、パネルデータを用いたHolmes（2009）では、「U.S. News & World Report」の大学ランキングを用いて分析を行った結果、大学ランキングが1ポイント低くなると卒業生は2％多くの寄付をするという結果を示している。これは、卒業生が卒業した大学の威信を維持しようとすることに起因するものだと解釈されており、「投資理論」からの寄付行動の説明と整合的な結果であるといえる。

　また、大学の威信と関連して実証研究が進められているのが、大学スポーツの戦績と寄付行動の関係であり、スポーツ戦績が寄付行動に影響を及ぼしている[19]ことが指摘されている（Holmes, 2009; Holmes, Meditz, and Sommers, 2008; Humphreys and Mondello, 2007; Meer and Rosen, 2009; O'Neil and Schenke, 2007; Turner et al., 2001）。

### (h)　税制度

　個人レベルの研究において、税制度が寄付行動に与えることを検証したものの多くは、非営利団体全般の寄付者を対象としたものであり、高等教育における寄付者に焦点を当て分析を行ったものは、非常に少ないことが指摘されている[20]（Auten and Rudney, 1986, p.175; Clotfelter, 2003, p. 109; Holmes, 2009, p. 19）。個人レベルの研究において、寄付と税制度の関係を検証した研究としてClotfelter（2003）、Holmes（2009）が挙げられる。Clotfelter（2003）は、選抜性の高い14の私立大学から提供された5年分のパネルデータを用いて、卒業生の寄付額を連邦所得税率、株価、同窓会年度の3つの変数で説明するモデルを検討した結果、連邦所得税率は統計的に有意な影響力をもっていないという結果を示している。しかし、このモデルは、決定係数が非常に小さく、研究上改善の余地が残されている。

　また、Holmes（2009）では、私立大学から提供された15年間のデータを利用し、州政府の慈善寄付控除制度の影響を検証している。ここで検討されている具体的な税制度は、居住している州が慈善寄付控除制度を適用しているか否かという変数である。その結果、高額所得者で慈善寄付控除が適用され

第1章　先行研究のレビュー　45

る州に居住している卒業生は、慈善寄付控除制度が適用されていない州に住む卒業生よりも多くの寄付をしている傾向があるという結果が得られており、州政府の税制の影響が確認されている。

## 第3節　小　括

　以上、高等教育機関における寄付者の行動要因を社会科学的な視点から検証した実証研究の系譜とその内容について示してきた。実証研究のサーベイから得られた高等教育における寄付者の行動に影響を与える諸要因の暫定的な結論をまとめると、以下のようになる。

　第1に、環境要因については、「株価」と高等教育に対する寄付が連動しているという結果が複数の実証研究で示されている。一方、「政府の高等教育財政支出」は、これまでクラウディング・アウト効果があるとされてきたが、近年、クラウディング・イン効果が指摘されている状況にある。また、「税制度」が高等教育における寄付者の行動に与える影響については、機関レベル・個人レベルの研究とも研究数が少なく、その結果も安定していない。

　第2に、機関要因については、「大学の規模」、「基本財産の規模」、「学生・卒業生の経済的豊かさ」、「大学の設置形態」が寄付収入に影響を与えていることが多くの実証研究で示されている。一方、各高等教育機関の質や寄付募集努力と寄付収入の関係性を検証した実証研究の結果は、安定していない。

　第3に、卒業生の資質要因に関しては、「所得」、「年齢」、「就労状況」、「人種」が寄付行動に影響を及ぼすという結果が複数の個人レベルの研究で示されている。一方、「性別」、「家族構成」の影響は、研究によって大きく異なっている。

　第4に、個人レベルの研究によって検証された卒業生の寄付行動を誘発する要因に関しては、「在学中の正課外活動」、「卒業後の大学との接点」、「大学に対する帰属意識」、「奨学金の受給経験」、「宗教」が影響を及ぼしているとする結果が複数みられる。一方、「大学生活の満足度」、「在学中の学習行動」に関する実証研究の結果は、混在している状況にある。以上に提示され

た暫定的結論の妥当性は、今後、より多くの研究が加わり、様々な角度から検証されることが期待される。

　以上を踏まえた上で、先行研究における課題と、本研究の位置づけをいまいちど明確にしておきたい。本研究は、1970年代から90年代の米国の高等教育史に着目した上で、米国の高等教育における個人寄付の拡大を制度的側面から解明することを目的としている。よって、本研究の研究課題からすると、個々の大学の寄付募集戦略に資する情報として、寄付をする傾向にある卒業生や個人の属性を特定しようとすることを主眼におく「個人レベルの研究」よりも、政策制度、経済、大学機関の特性などが寄付収入に与える影響を評価することに重点を置いてきた「機関レベルの研究」への関心により比重をおいているといえよう。それを踏まえ、1970年代から90年代の米国の高等教育に対する個人寄付の拡大要因を解明する上で、重要と思われる幾つかの課題を指摘しておきたい。

　第1の課題として、株価が高等教育機関の寄付収入に影響を与えるメカニズムに関するより詳細な分析の必要性が挙げられる。株価と寄付が強く連関していることは複数の研究で明らかにされているが、その理由については必ずしも明示されていない。一部の研究では、株価は、寄付者の富を代替する指標として扱われる傾向があり、潜在的な寄付者は、富が増加すると、自然と高等教育に対して寄付をすることを暗に前提としている。そのため、個人寄付拡大のための政策的含意が米国の事例より導き出せない状況に陥っている。米国の連邦税法において、株価は、評価性資産の寄付の租税価格に直接的な影響を及ぼす特性を持っている。株価が高等教育に対する寄付に影響を与えるメカニズムを明らかにするためには、その点を考慮した実証分析が課題として残る。

　第2の課題として、税制度が高等教育機関の寄付収入に与えた影響に関するより詳細な分析の必要性が挙げられる。先に示した通り、高等教育に対する寄付の規定要因に関する実証研究においては、慈善寄付控除制度の影響を評価したものは、米国においても不足していることが指摘されている。これまでの実証研究では、一部、連邦所得税率をはじめとする税率の変化が与え

た影響を検証したものを見られるが、連邦政府は、税率の変更以外に評価性資産の慈善寄付控除制度の適用範囲の変更等をはじめとして、その他の重要な政策手段を有している。税制度の影響をより詳細に検討する場合、そうした他の政策手段を考慮した検証が今後必要となろう。特に連邦政府の「評価性資産に対する慈善寄付控除制度」が高等教育に対してどのような影響を与えたかについては、現在実証研究が不足している状況にあり、その点を考慮した上で、米国の高等教育に対する個人寄付の拡大に政策的要因がどのような役割を果たしたのかを明示しておく必要があるといえよう。

　第3の課題として指摘出来るのが、過去の実証研究で提示された様々な要因のうち、どの要因が相対的に影響力を持っているのかといった観点からの研究の必要性である。これに関しては、Liu (2007) が、米国の研究動向をレビューする中で、高等教育における寄付募集の殆どの研究は寄付者の動機を把握するための研究と高等教育機関の寄付募集の研究に主眼をおいており、どの要因が寄付収入に影響を及ぼしているのか解明することを試みる研究が不足しているとの同様の指摘をしている (Liu, 2007, p. 10)。近年では、長期パネルデータを用いた研究がEhrenberg and Smith (2003)、Smith and Ehrenberg (2003)、Liu (2007)、Cheslock and Gianneschi (2008)、Holmes (2009) 等によって一部なされているが、対象とされる大学の数や、上述の税制度に関する変数が限定されているといった点で課題が残る[21]。

　以上の先行研究が抱える課題を明らかにすることで、米国の高等教育において見られた個人寄付の拡大現象をもたらした要因が、より明確に示されることになるであろう。

## 注

1　非営利団体全般への人の寄付行動の規定要因についてはBekkers and Wiepking (2007) やLindahl and Conley (2002) がその研究動向をレビューしている。また、米国の高等教育と寄付に関する研究の全体像に関しては、Brittingham and Pezzullo (1990) やDrezner (2011) が米国高等教育におけるフィランソロピーのインパクト、寄付動機の理論的支柱、寄付募集のメカニズムに関する研究の全体的な動向についてレビューをしている。本稿では、上記のレビュー論文を参照するとともに、特に、「高等教育における寄付」の規定要因について検討した研究群

に焦点を絞り、改めて関連する論文を収集し、高等教育への寄付行動に影響を及ぼす要因として検討された変数と方法、及び、その実証研究の結果を整理することに主眼をおいた。

2 学術雑誌は、以下のように選定した。(1) オークランド大学のアカデミック・デベロップメントセンターが作成したGrant and Sword (2010) の高等教育研究の学術雑誌リストに掲載されている学術雑誌のうち、その影響力を示す指標であるQ scoresが8.0ポイント以上のもの、(2) Association for the Study of Higher Education (2008) に掲載された主要論文或いは頻繁に引用された論文が掲載されている次の学術雑誌、Active Lerning in Higher Education, American Journal of Economics and Sociology, Arts and Humanities in higher Education, Assessment and Evaluation in Higher Education, Communicty College Journal of Research and Practice, Economics of Education Review, Engineering Education, Education Review, Higher Education, Higher Education Policy, Higher Education Quarterly, Higher Education Research and Development, Higher Education Review, International Journal for Academic Development, International Journal of Educational Advancement, International Journal of Teaching and Learning Higher Education, Internet and Higher Education, Journal of Blacks in Higher Education, Journal of Further and Higher Education, Journal of Geography in Higher Education, Journal of Higher Education, Journal of Higher Education Policy and Management, Journal of Marketing for Higher Education, New Directions for Higher Education, New Directions for Institutional Research, New Directions for Philanthropic Fundraising, Perspectives: Policy and Practice in Higher Education, Quality in Higher Education, Research in Higher Education, Review of Higher Education, Studies in Higher Education, Teaching in Higher Education, Teritary Education and Managementの計33誌である。

3 日本語の訳については、跡田・前川・末村・大野 (2002) を参照した。

4 この調査委員会の活動については、Brilliant (2001)、網倉 (2013) に、その経緯が詳しくまとめられている。

5 例えば、大学の質や威信が高等教育に対する寄付に如何なる影響を与えているか検証したLeslie and Ramey (1988) は、その初期の代表的研究として挙げられる。

6 非営利団体の寄付募集担当者のキャリアや運営体制に関するレビューは、Lindahl and Conley (2002) を参照されたい。

7 事実、個人レベルの研究については、卒業生調査の一環としてデータが収集されている傾向にあり、米国における卒業生研究の動向をレビューしたCabrera, Weerts, and Zulick (2003) によれば、卒業生の寄付行動を把握することを目的とする研究は、卒業生研究全体の15%を占めているとされる (Cabrera et al., 2003, p. 55)。

8 同様の指摘は、Caboni and Proper (2007) に見られる。

9 この分類は、Liu (2007) の分類に依拠するものである。

10 個人レベルの研究において税制度の影響を検証した Clotfelter (2003)、Holmes

第1章　先行研究のレビュー　*49*

(2009)については、本章第2節第3項に取り上げた。

11　代表的な研究として、Clotfelter (1985) が挙げられる。

12　なお、Liu (2006) により、寄付主体によって、その効果が異なることが指摘されている。

13　ただし、Liu (2007) の分析では、卒業生以外の個人寄付には正の影響があるという結果が得られている。また、個人以外の寄付主体からの寄付も含めた高等教育への寄付総額を被説明変数として分析を行った Brown, Dimmock, and Weisbenner (2012) においては、州民1人当たり家計所得と寄付総額の間に統計的に有意なプラスの関係性があるとする結果が得られている。

14　この他に、寄付者の富を代替する指標として、各州に位置する企業からの株収益を使用し、企業や財団からの寄付も含めた高等教育への寄付総額との関係性を検討した Brown et al. (2012) も、好景気時に寄付者の富が増加することで、高等教育への寄付総額が増加することを指摘している。

15　一部、Coughlin and Erekson (1986) によって卒業生寄付、Liu (2006) によって非卒業生寄付と大学の規模の間に関係性が認められないとする指摘もある。

16　その年齢は、実証研究によって異なっており、Olsen et al. (1989) は60〜61歳、Okunade et al. (1994) は52歳、Wunnava and Lauze (2001) は定期的寄付者に関しては82歳であるのに対し、不定期寄付者に関しては60歳であるとしている。

17　Wunnava and Lauze (2001) は社会科学系分野、Monks (2003) は歴史、Marr et al. (2005) は経済学、数学、社会科学を専攻した卒業生が寄付をする傾向があるとしている。また、Holmes (2009) は自然科学系分野を専攻した卒業生が寄付に積極的であると指摘している。

18　一部、Monks(2003)、Holmes(2009) 等が、アフィニティー・グループや政治団体に参加していた卒業生は他と比べ寄付に消極的であることを指摘しているが、その理由として、これらの正課外活動にマイノリティ学生の参加が多いことが挙げられている (Holmes, 2009, p. 25)。

19　スポーツの戦績が寄付行動にプラスの影響を及ぼすか否かは、Turner et al. (2001) や Meer and Rosen (2009) が大学の設置形態、卒業生の性別、卒業生のスポーツ経験、在学中の当該大学のスポーツ戦績によって異なることを指摘している。

20　研究が少ない理由として、米国の官庁統計データにおいて、所得階層別の大学に対する寄付額を抽出することが出来ないことが1つの要因となっていることが指摘されている (Auten and Rudney 1986, p. 175)。

21　この課題については、本稿、第5章で詳しく検討する。

# 第2章
# 米国の高等教育における個人寄付の概要

　本章では、1970年代から90年代の米国の高等教育における個人寄付の変遷について、主要な統計指標を利用しながら、その特徴を示すことを目的とする。第1節では、米国の高等教育財政の全体像を整理し、高等教育財政における寄付の位置づけを示すことにする。それを踏まえた上で、第2節では、本稿が着目する1970年代から90年代の米国の高等教育財政と寄付の推移を統計資料より示すことを通じて、この時代における寄付が米国の高等教育において果たした役割について整理する。第3節では、米国の高等教育に見られた寄付の拡大現象における寄付主体別（個人・企業・財団・その他）の寄与度に着目し、米国の高等教育における寄付の拡大に個人寄付の拡大が大きく寄与していたことを、他の非営利団体における個人寄付の推移との比較から示すことにしたい。

---

## 第1節　米国の高等教育財政の枠組み

---

　本節では、米国の高等教育機関の収入項目を確認しながら、米国の高等教育における資金、及び、資産の流れを概念的に整理した上で、米国の高等教育機関の収入構造において寄付が、一体どの程度のシェアを占めているのかを直近のデータ（2014年度）より確認することからはじめることにする。

### 第1項　米国の高等教育における資金・資産の流れ

　はじめに、米国の高等教育機関の収入項目[1]を見ていくと、米国において高等教育機関の収入項目は、「学生納付金・授業料（student tuition and fees）」、

「連邦政府補助金 (federal government)」、「州政府補助金 (state governments)、「地方政府補助金 (local governments)」、「基金運用益 (endowment earnings)」、「寄付・民間資金 (private gifts and grants)」、「教育サービス関連収入 (sales and services of educational activities)」、「関連事業収入 (auxiliary enterprises)」、「病院収入 (hospitals)」、「その他 (other current income)」に区分される。

図2.1は、米国の高等教育財政の枠組みを提示した金子 (2012) やJones, Mortimer, Brinkman, Lingenfelter, L'Orange, Rasmussen, and Voorhees (2003) を参照しながら、米国の高等教育における資金、及び、資産の流れを改めて整理したものである。経済主体である家計・企業から高等教育機関に対して流れる資金、及び、資産を概念的に整理すると、上記の収入項目は、大きく次の3つのルートに整理することが出来るであろう。

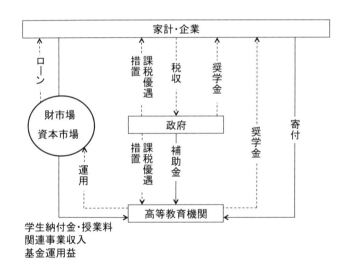

**図2.1：米国の高等教育における資金・資産の流れ**

注1：実線は高等教育機関の収入項目、破線は高等教育機関の直接的な収入項目以外の資金・資産等の流れをさす。
注2：収入項目の「病院 (hospitals)」は、政府部門、市場、寄付を介する場合があるため、除いている。
出典：図の作成にあたっては、米国の高等教育の資金の流れの枠組みを提示した金子 (2012, p.13) の図2、及び、Jones et al. (2003) のFigure 1. を参考にした。また、各収入項目の内容を把握するにあたっては、National Center for Education Statistics (2013) を参照した。

1つめは、貨幣と財・サービスを交換する場である「財市場」、あるいは、

貨幣と貨幣以外の資産を交換する場である「資本市場」を介して、家計・企業から高等教育機関へと流れるルートである。これは即ち、高等教育機関が提供するサービスや取引する資産に対して支払われるものであり、「学生納付金・授業料」[2]、「教育サービス関連収入」、「基金運用益」、一部の「民間資金」等が相当する[3]。

2つめは、家計・企業から政府が税金を徴収し、高等教育機関に補助金として配分するルートである。これは、米国の場合、「連邦政府補助金」、「州政府補助金」、「地方政府補助金」が相当する[4]。

3つめは、家計・企業が高等教育機関に贈与という形で資金や資産を提供するルートであり、これには「寄付」が相当する。よって、「寄付」は、政府を介さない、またサービスや資産と貨幣の交換を前提としないという点において、他の収入項目と違う性質をもつものといえる。

### 第2項　米国の高等教育機関の収入構造

以上の枠組みを踏まえ、National Center for Education Statistics（2016）より2014年から2015年の州立高等教育機関と私立高等教育機関の収入構成を確認していくこととしよう。州立高等教育機関の収入構造と、私立高等教育機関の収入構造をまとめたものが、**表2.1**と**表2.2**である[5]。

はじめに、州立高等教育機関から見ていくと、2014年度の州立高等教育機関全体の収入は、3470億ドルであり、そのうち最も大きな割合を占めるのが州政府からの資金の770億ドルで、全体の22.2％に当たる。これに、連邦政府からの資金507億ドルと、地方政府からの資金237億ドルを合算すると、政府部門から高等教育機関へと流れる資金は、約1513億ドルであり、全収入の43.6％を占める。このように、州立高等教育機関は、政府部門からの資金が約4割程度を占めている。

続いて、授業料等収入について見ていくと、735億ドルと全収入の21.2％を占めており、投資収益、関連事業などをはじめとする財市場や資本市場を介して高等教育機関へと流れる資金と合計すると、全体の29.2％を占めている。これら政府部門や市場を介した資金と比較して、寄付は、州立高等教

第2章　米国の高等教育における個人寄付の概要　*53*

育機関全体の収入の3.8%程度であるが、131億ドルとその額は大きい。

### 表2. 1：州立高等教育機関の収入構造（2014年度）

| | 授業料等 | 投資収入 | 関連事業 | 連邦政府から補助金・グラント等 | 州政府からの補助金・グラント等 | 地方政府からの補助金・グラント等 | 施設等に関わる政府からの資金 | 寄付 | 病院 | その他 |
|---|---|---|---|---|---|---|---|---|---|---|
| 全体 | 21.2 | 0.4 | 7.7 | 14.6 | 22.2 | 6.8 | 1.8 | 3.8 | 12.0 | 9.6 |
| 4年制 | 22.1 | 0.4 | 8.5 | 13.3 | 20.5 | 4.2 | 1.6 | 4.3 | 14.3 | 10.7 |
| 2年制 | 16.5 | 0.3 | 3.1 | 21.4 | 30.9 | 20.0 | 2.9 | 1.2 | 0.0 | 3.8 |

注：各項目と National Center for Education Statistics (2016) table 330.10 との対応関係については、次の通り。授業料等は「tuition and fees」、投資収入は「investment income」、関連事業は「sales and services of auxiliary enterprises」、病院は「sales and services of hospitals」、連邦政府・州政府・地方政府については「grants and contracts」、「appropriations」、「nonoperating grants」のそれぞれの合算値、寄付は「gifts」、「capital grants and gifts」、「additions to permanent endowments」の合算値である。収入項目の分類にあたっては、Cohen and Kisker (2010, p. 534) の table 6.8 及び IPEDS: Survey Materials Glosarry を参考にした。

出典：National Center for Education Statistics (2016) の table 330.10 より作成。

### 表2. 2：私立高等教育機関の収入構造（2014年度）

| | 授業料等 | 投資収益 | 教育サービス | 関連事業 | 民間からのグラント等 | 連邦政府から補助金・グラント等 | 州・地方政府からの補助金・グラント等 | 寄付 | 病院 | その他 |
|---|---|---|---|---|---|---|---|---|---|---|
| 全体 | 35.1 | 10.6 | 3.4 | 8.5 | 2.8 | 12.1 | 1.0 | 10.7 | 11.9 | 4.1 |
| 4年制全体 | 34.9 | 10.7 | 3.4 | 8.5 | 2.8 | 12.1 | 1.0 | 10.7 | 12.0 | 4.1 |
| 　研究大学（レベル非常に高い） | 17.0 | 16.1 | 5.0 | 4.9 | 3.8 | 18.6 | 0.9 | 10.5 | 18.1 | 5.1 |
| 　研究大学（レベル高い） | 44.8 | 7.1 | 5.4 | 10.2 | 1.8 | 9.6 | 1.2 | 13.1 | 3.1 | 3.7 |
| 　博士研究型 | 71.8 | 1.9 | 0.6 | 12.2 | 0.6 | 3.0 | 1.2 | 5.7 | 0.0 | 3.0 |
| 　修士型 | 68.0 | 2.5 | 0.5 | 14.4 | 0.6 | 2.7 | 1.0 | 7.9 | 0.0 | 2.5 |
| 　学士型 | 46.1 | 11.5 | 0.8 | 18.0 | 0.9 | 2.7 | 0.5 | 17.1 | 0.0 | 2.5 |
| 　専門型 | 34.3 | 3.0 | 2.4 | 3.8 | 4.7 | 11.7 | 1.7 | 9.2 | 25.3 | 4.0 |
| 2年制全体 | 78.1 | 1.0 | 0.8 | 3.8 | 0.2 | 7.1 | 1.2 | 5.0 | 0.0 | 3.0 |

注：各項目と National Center for Education Statistics (2016) table 333.50 との対応関係については、次の通り。授業料等は「student tuition and fees」、投資収益は「investment return」、教育サービスは「educational activities」、関連事業は「auxiliary enterprises」、病院は「hospitals」、連邦政府・州政府・地方政府についてはそれぞれの「appropriations, grants, and contracts」、民間からのグラント等については「Private grants and contracts」、寄付は「Private gifts and contributions from affiliated entities」の値である。収入項目の分類にあたっては、Cohen and Kisker (2010, p. 535) の table 6.9 及び IPEDS: Survey Materials Glosarry を参考にした。

出典：National Center for Education Statistics (2016) の table 333.50 より作成。

　続いて、表2. 2より、私立高等教育機関の収入構成について見ていくと、2014年度の私立高等教育機関全体の収入は、2005億ドルであり、そのうち最も大きな割合を占めるのが授業料等の704億ドルで、全体の35.1%を占めている。また、資本市場から得た投資収益が213億ドルとなっており、全体の10.6%を占め、授業料等収入、投資収益だけで全体の半分弱を占めている。これに、教育サービス（3.4%）、関連事業（8.5%）、民間からの資金（2.8%）を加えると、私立高等教育機関においては市場を介した資金が約6割近くを占

めており、市場からの資金に強く依存していることが見て取れる。一方、寄付は、221億ドルと、全体の10.7%を占めており、これは、連邦政府、州政府・地方政府からの資金合計が262億ドル（収入全体の13.1%）より若干少ないものの、政府部門からの資金と同程度のシェアを占めていることが確認出来る。

　また、大学類型別に寄付が収入に占めるシェアを見ていくと、博士号授与しているものの研究力のそれほど高くない研究型大学、修士型大学、2年制の高等教育機関については、それぞれ5.7%、7.9%、5.0%と、10%に満たない大学もあるものの、研究力の高い研究大学では10%以上を占めている。また、リベラルアーツ系の大学を中心とする学士型大学に至っては、寄付収入は全体の17.1%を占め、政府部門からの資金（3.1%）よりも圧倒的に大きな割合を占めている。ここから明らかなように、大規模の研究大学のみが寄付に大きく依存しているわけではなく、小規模のリベラルアーツ系のカレッジも比較的多くの寄付を集めていることが確認出来る。このように見ていくと、寄付という資金のルートは、州立高等教育機関についてはそれほど大きな割合を占めてはいないものの[6]、特に、私立高等教育機関を支える上で重要な位置を占めているといえる。

---

## 第2節　1970年代から90年代の米国の高等教育財政と寄付

---

　以上示したように、寄付は、政府を介さず、また、サービスや資産の交換を前提としないという点で、他の収入項目と異なる性質を持ち、特に米国においては私立高等教育機関を支える財源として大きな役割を果たしていることが見て取れる。これを歴史的視点から捉え直すと、米国において寄付は、1970年代から90年代にかけて、米国の高等教育機関が質的高度化を進めていく上で、重要な役割を果たしたとされる（金子、2010）。本節では、この1970年代から90年代の米国の高等教育財政の趨勢について論じた金子（2010）やToutkoushian（2001）の議論を参照しながら、この時代の米国の高等教育において寄付が果たした役割について整理しておきたい。

## 第1項 1970年代から90年代の高等教育財政

金子(2010)は、多くの先進諸国が1970年代の福祉国家化の結果、財政バランスが悪化し、政府の高等教育に対する支出に制約が生じるという共通の課題を抱えた中、米国は1980年代後半より学生1人当たりのコストを増加させ、高等教育の質的高度化を図ったことを指摘している(金子、2010、pp. 10-11)。これを可能にした要因として挙げられているのが、「①授業料の趨勢的な上昇、②それを支える政府保証による修学資金貸付制度、そして③寄付金による基本財産の増大による機関奨学金(金子、2010、p. 20)」という3つの要因である。これは即ち、寄付という財源が1980年代後半以降の進学需要の拡大への対応、高質な高等教育を提供していく上で、重要な役割を果

### 表2.3:州立・私立高等教育機関の学生1人当たり純教育・一般収入 (1974年度から1994年度)

| 州立 | 1974-75 | 1979-80 | 1984-85 | 1989-90 | 1994-95 | 変化率(1974-1975から1994-1995) |
|---|---|---|---|---|---|---|
| 授業料等 | $790 | $814 | $1,083 | $1,257 | $1,532 | 94% |
| 連邦政府歳出* | $193 | $179 | $192 | $179 | $155 | -20% |
| 州政府歳出 | $3,388 | $3,621 | $3,900 | $3,836 | $3,506 | 3% |
| 地方政府歳出 | $373 | $259 | $278 | $313 | $368 | -1% |
| 寄付・民間資金 | $182 | $206 | $277 | $369 | $418 | 129% |
| 基本財産収入 | $31 | $39 | $49 | $50 | $61 | 94% |
| 政府補助金・受注 | $1,003 | $979 | $890 | $1,081 | $1,345 | 34% |
| 純教育・一般収入総計 | $5,961 | $6,097 | $6,669 | $7,086 | $7,386 | 24% |

| 私立 | 1974-75 | 1979-80 | 1984-85 | 1989-90 | 1994-95 | 変化率(1974-1975から1994-1995) |
|---|---|---|---|---|---|---|
| 授業料等 | $4,729 | $4,840 | $5,684 | $6,911 | $6,850 | 45% |
| 連邦政府歳出* | $109 | $122 | $118 | $106 | $73 | -33% |
| 州政府歳出 | $230 | $193 | $190 | $179 | $113 | -51% |
| 地方政府歳出 | $1 | $1 | $1 | $2 | $1 | 55% |
| 寄付・民間資金 | $1,635 | $1,499 | $1,674 | $1,919 | $1,897 | 16% |
| 基本財産収入 | $865 | $824 | $967 | $1,154 | $1,016 | 17% |
| 政府補助金・受注 | $2,470 | $2,410 | $2,071 | $2,675 | $2,557 | 4% |
| 純教育・一般収入総計 | $10,039 | $9,889 | $10,704 | $12,945 | $12,507 | 25% |

注:データはHEGISとIPEDSより取得した(WebCasparによって報告されたもの)。
*ペル奨学金からの収入は、全ての年度において連邦政府歳出から除いている。スカラーシップ、フェローシップの支出は、授業料・手数料収入から除いている。四捨五入しているため、一部列の合計が一致していないものがある。

出典:Toutkoushian (2001, p.21)のtable 2.より引用。

たしたという指摘といえるであろう。

　この指摘は、学生1人当たりの高等教育機関の収入構造の変遷を試算したToutkoushian (2001) のデータからも確認することが出来る。Toutkoushian (2001) は、大学のミッションと深く関連する活動（教育、研究、サービス）を支えることに主に使用される収入源に焦点を当てるために、教育・研究・サービスにあてがわれる収入項目に限定した「教育・一般収入 (educational and general revenues)[7]」を算出し、学生1人当たりの「純教育・一般収入 (net educational and general revenues)[8]」が1970年代から1990年代にわたってどのように変化しているかを把握している。

　**表2.3**は、Toutkoushian (2001) が算出し示した、学生1人当たりの純教育・一般収入の構成を引用したものである。それによれば、州立高等教育機関の純教育・一般収入は、1974年度から1994年度にかけて24％の上昇、私立高等教育機関については25％上昇している (Toutkoushian, 2001, p. 22)。

　その具体的な内訳を見ていくと、1974年度から1994年度にかけて州立高等教育機関において学生1人当たりの寄付や民間資金は129％と、他の収入

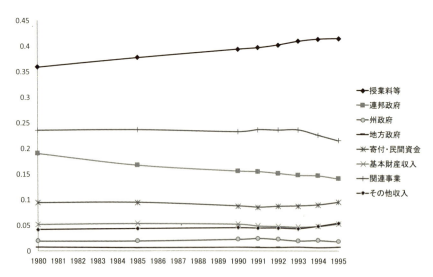

**図2.2：私立高等教育機関の収入構造の推移（1980年度から1995年度）**

出典：National Center for Education Statistics (1999) の table 334. より作成。

項目の中で突出して上昇しており、学生1人当たり授業料の上昇率(94%)よりも大きい(Toutkoushian, 2001, p. 21)。また、私立高等教育機関についても、州立ほどではないが、学生1人当たり寄付や民間資金は、1974年度から1994年度の間に16%上昇しており、学生1人当たりの純教育・一般収入を増加させることに寄与していることが示されている(Toutkoushian, 2001, p. 21)。このように、Toutkoushian(2001)が示した学生1人当たりの純教育・一般収入の推移からも、金子(2010)が指摘するような、米国の高等教育のコスト増を支えてきたものの1つとして、寄付の増加があったことが確認される。

こうした学生1人当たりの寄付の上昇の結果、高等教育機関の収入構造はどのような推移をたどったのであろうか。1980年代から90年代の収入構造の変遷を図2.2、及び、図2.3より確認したい[9]。まず、私立高等教育機関の収入構造の変遷について見ていくと、寄付・民間資金が収入全体に占める割合は、低下することなく8%から9%代を継続的に占め、授業料等からの収

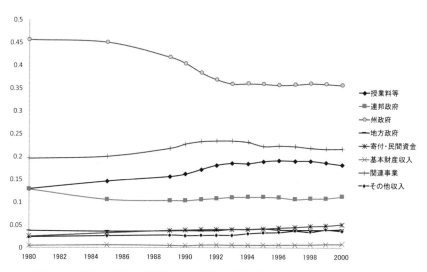

図2.3：州立高等教育機関の収入構造の推移（1980年度から2000年度）

出典：National Center for Education Statistics (1999) の table 332.、及び、National Center for Education Statistics (2006) の table 336. より作成。

入、連邦政府からの収入、関連事業からの収入に次いで、大きな資金となっている (図2.2)。

　また、州立高等教育機関については、私立ほど大きなシェアを占めてはいないものの、州政府からの資金の割合が1980年から2000年の20年間で、45.6％から35.6％へと大きく減少する中、寄付・民間資金は、1980年度2.5％から2000年度5.1％へ、その重要性を高めていった (図2.3)。

　以上を総合すると、米国において寄付は、1980年代以降、政府部門からの高等教育に対する資金が停滞する中で、その水準を低下させることなく、反対に増加させており、米国の高等教育の教育研究活動の質的高度化を図っていく上で、重要な役割を果たしてきたことが確認されるのである。

### 第2項　高等教育セクターへの寄付総額の推移

　ここまで、米国の高等教育機関の他の収入項目との関係から寄付の位置づけを探ってきたが、ここからは、高等教育に対する寄付総額の推移に焦点を当て、議論を進めていくこととしたい。

　はじめに、米国の高等教育における寄付総額の推移を確認し、その特徴について整理しておきたい。「教育支援カウンシル (Council for Aid to Education)」という団体が高等教育機関を対象に行った調査を基に毎年度公表される高等教育に対する寄付総額のデータより、1961年度から2010年度までの米国の高等教育に対する寄付総額の推移(1990年価格) を示したものが、**図2.4**である[10]。図2.4より明らかなように、米国の高等教育に対する寄付総額は、一定して現在の高い水準を保ってきたわけではなく、ある特定の時期に大きく拡大してきたことが見て取れる。

　その推移をみると、高等教育に対する寄付総額は、1960年代前半に拡大し、1964年度に68.9億ドルに達するが、その後、1960年代中頃から1970年代中頃にかけては70億ドル前後を推移し、「停滞期」が続く。寄付総額が緩やかに拡大基調に入るのは、1970年代後半以降であり、その後、1980年代前半と、1990年代に「急激な拡大期」を迎える。

　その結果、一時、1974年度には約60億ドルにまで落ち込んだ寄付は、

第2章　米国の高等教育における個人寄付の概要　59

**図2.4：高等教育に対する寄付総額の推移（1961年度から2010年度）**

注：実質価格に変換するにあたっては、Commonfund Institute (2011)の「高等教育物価指数（higher education price index）」を用いた。1961年度から2000年度のデータはCouncil for Aid to Education (2002)、2001年度から2009年度のデータはNational Center for Education Statistics (2012)から得た。いずれのデータも、「教育支援カウンシル（Council for Aid to Education）」が毎年度行っている調査に基づく値であり、連続性が認められるものである。

出典：Council for Aid to Education (2002, p. 42)のSummary table D、National Center for Education Statistics (2012)のtable 410.より作成。

1986年度には約103億ドルと100億ドルを超え、1999年度には約173億ドルに至っている。参考までに、2000年度以降の状況を見ていくと、高等教育に対する寄付総額は、減少と拡大を経験しながらも、リーマンショックが発生した2008年度と翌年の2009年度を除いて、150億ドル以上もの寄付を得ている状態にある。以上を総合すると、本稿の分析対象とする1970年代から1990年代は、高等教育に対する寄付の停滞期から、急激な拡大期へと転換した時期として位置づけられるのである。

## 第3節　米国の高等教育における個人寄付の拡大

　ここまで、高等教育に対する寄付総額を一括して議論を進めてきたが、高

等教育に対する寄付は、個人からの寄付、企業からの寄付、財団からの寄付
など、幾つかの主体からなされた寄付によって構成されている。よって、こ
こからは、寄付総額の内訳に目を配りながら、米国の高等教育に対する寄付
総額の推移を寄付主体別に、より詳細に見ていくこととしよう。

### 第1項　寄付総額の拡大に対する個人寄付の寄与

　はじめに、高等教育に対する寄付総額を「個人からの寄付（以下、個人寄付）」、
「企業からの寄付（以下、企業寄付）」、「財団からの寄付（以下、財団寄付）」、「そ
の他の主体からの寄付、（以下、その他寄付）」に分解し、寄付主体別に高等教
育に対する寄付額の推移を確認しておきたい。

　**図2.5**は、米国の高等教育に対する寄付額の推移を寄付主体別にまとめた
ものである。まず、「個人寄付」の推移から確認すると、1961年度約24億ド
ルであった額が1960年代前半に拡大し続け、1964年度には30億ドルを超
える。しかし、1960年代中頃から1970年代中頃にかけては、30億ドル前後
を推移しながら停滞状態を迎える。その後、1970年代後半より緩やかに拡
大しながら、1980年代前半と、1990年代中頃からの2つの時期に急激に拡
大し、その結果、1970年代30億ドル代で推移していた個人寄付額は、1999
年度に約91億ドルに達する。

　参考までに、2000年代以降の動向も見ていくと、個人寄付額は、2000年
代前半は下落と上昇を経験しながら80億ドルに持ちかえしたが、直近のリー
マンショック以降は大きく減少している状況にある。その結果、1990年代
に拡大した財団寄付との差は狭まったものの、依然として、個人寄付が高等
教育に対する寄付総額の最も大きな割合を占めていることには変わりない。
また、これと関連して、**図2.6**は、各寄付主体が寄付総額全体に占める割合
を示したものであるが、年度によって若干のバラツキはあるものの、歴史的
にみて個人寄付額が寄付総額の約半分を占めている状況である。

　さて、本書の目的は、この個人寄付の拡大がどのようなメカニズムで発生
したか明らかにすることであるが、ここで1970年代の寄付総額の「停滞期」
から、1980年代前半と、90年代の寄付の「急激な拡大期」への転換において、

第2章　米国の高等教育における個人寄付の概要　61

各寄付主体(個人、企業、財団、その他)の寄付の増減がどの程度寄与していたか明確にしておきたい。**図2.7**は、1970年代から2000年代の各年代の寄付総額の年平均上昇率における各寄付主体別の上昇率の寄与度を算出し、その要因を分解したものである。ここで明らかなように、1970年代停滞していた時期から、拡大をし始めた1980年代の寄付総額の年平均上昇率3.41％のうちの1.67％は、個人寄付の増加が寄与しており、寄与率に換算すると、寄付総額の増加の49％が個人寄付の増加によるものといえる。更に、1990年代の寄付総額の年平均上昇率が6.03％と急激に拡大した時期においては、そのうちの3.50％は、個人寄付の増加が寄与しており、寄与率に換算すると、寄付総額増加の約58％が個人寄付の増加によるものだったことがわかる。このように、個人寄付は、高等教育における寄付総額の増加を説明する上で、最も重要な要因であり、本書において個人寄付の拡大に焦点を当てる理由もここにある。

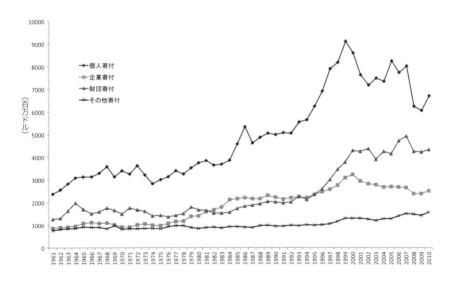

**図2.5：高等教育に対する個人・企業・財団からの寄付額の推移
(1961年度から2010年度)**

注：図2.4の注と同じ。

出典：Council for Aid to Education (2002, p. 42) のSummary table D、National Center for Education Statistics (2012) のtable 410より作成。

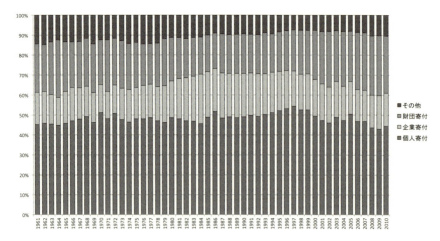

**図2.6：高等教育に対する寄付の構成比の推移（1961年度から2010年度）**

注：図2.4の注と同じ。
出典：Council for Aid to Education (2002, p. 42) の Summary table D、National Center for Education Statistics (2012) の table 410 より作成。

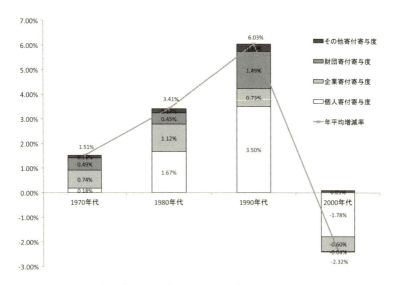

**図2.7：高等教育の寄付総額（年平均上昇率）に対する各寄付主体の寄与度**

注：図2.4の注と同じ。
出典：Council for Aid to Education (2002, p. 42) の Summary table D、National Center for Education Statistics (2012) の table 410 より作成。

### 第2項　他の非営利団体との比較

　無論、個人からの寄付は、高等教育機関に限った問題ではなく、宗教団体や医療団体をはじめとするその他の非営利団体においても行われている[11]。ここで、高等教育機関への個人寄付の特徴をより明確にするために、非営利団体全体への個人寄付の推移と高等教育機関への個人寄付の推移を比較しておこう。

　図2.8は、Giving USA: The Annual Report on Philanthropy for the Year 2012 Data Tables (2013, p. 1)、及び、U.S. Census Bureau (2008) のデータから算出した非営利団体全体の個人寄付額の年平均上昇率と、先のCouncil for Aid to Education (2002)、及び、National Center for Education Statistics (2011) のデータから算出した高等教育機関への個人寄付額の年平均上昇率を比較したものである。なお、物価調整に当たっては、両者同じものを使用するため、先の高等教育物価指数で換算したものを利用している。

　図2.8より明らかなように、非営利団体全体への個人寄付の年平均上昇率について見ると、1990年代の年平均上昇率が4.27％と、1980年代の1.46％、

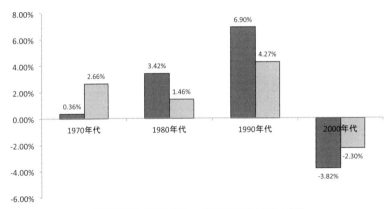

**図2.8：高等教育に対する個人寄付と非営利団体に対する個人寄付の年平均上昇率**

出典：高等教育への個人寄付についてはCouncil for Aid to Education (2002, p. 42) のSummary table D、National Center for Education Statistics (2012) のtable 410、非営利団体への個人寄付についてはGiving USA: The Annual Report on Philanthropy for the Year 2012 Data Tables (2013, p. 1)、U.S. Census Bureau (2008) より作成。

1970年代の2.66％と比較して最も高くなっており、1990年代に寄付が拡大していたという点は、高等教育への個人寄付の推移の傾向と同じである。しかしながら、1990年代の年平均寄付上昇率を比較すると、非営利団体への個人寄付が4.27％であるのに対し、高等教育への個人寄付は6.90％と、高等教育機関への個人寄付の年平均上昇率の方が圧倒的に非営利団体全体への個人寄付のそれを上回っている。

　この傾向は、1980年代においても同様の傾向が見られ、高等教育機関の個人寄付は、非営利団体全体に対する個人寄付のトレンドと比較すると、1980年代、1990年代に顕著に上昇している傾向がある特色を持っているといえる。よって、1970年代の寄付総額の停滞期から、1980年代から90年代の急激な拡大期へと転換していったというトレンドは、高等教育機関の個人寄付に顕著に見られるものといえる。


## 第4節　小　括

　以上より、本稿の分析対象とする1970年代から90年代という時代の位置づけについて整理しておくと、米国の高等教育における寄付それ自体は、第1に、政府部門からの資金が1980年代以降停滞する一方で、増加し続け、米国の高等教育機関が質的に高度化を図る上で重要な支えとなった。第2に、1970年代から1990年代という時期は、米国の高等教育における寄付にとって、停滞期から急激な拡大期へと転換した時期と位置づけられる。第3に、この高等教育への寄付総額の拡大においては個人寄付の増加が極めて大きく寄与しており、その上昇率は、非営利団体全体の個人寄付の伸び率と比較しても突出して大きいという特徴をもっていることが確認される。

　以上に示した1970年代から90年代の米国の高等教育財政と寄付の変遷の特徴を踏まえた上で、次章以降では、慈善寄付の制度的背景に着目しながら、連邦寄付税制の歴史的変遷と高等教育関係者の慈善寄付控除制度に対する政治的な動きについて検討していくこととしたい。

# 注

1 この収入項目は、National Center for Education Statistics (2008) の table 348. Current-fund revenue of degree-granting institutions, by source of funds: Selected years, 1919-20 through 1995-96 の項目に基づくものである。

2 高等教育機関から学生に奨学金を提供している場合があるため、学生納付金・授業料は、学生納付金・授業料収入から奨学金やフェローシップに関する支出を差し引いたものとして捉えるべきという考え方も存在する (Toutkoushian 2001, pp. 17-18)。

3 金子 (2012) や Jones et al. (2003) の高等教育の資金フローの枠組みにおいては、市場を介する資金として、教育サービス関連収入、基金運用益などは含まれていない。しかし、教育サービスの対価として得ている収入と捉えれば、教育サービス関連収入は、財市場を介し、家計企業から高等教育機関へと流れる資金と理解出来る。また、基金運用益は、高等教育機関が資本市場を通じて、資産と貨幣と交換していると見れば、市場を介した資金として理解出来るため、本稿では、市場を介する資金として扱った。

4 政府が徴収した税は、高等教育機関に補助金として配分されるルートのみならず、個人負担の補填へと向かう「奨学金」や「課税優遇措置」も見られることに留意しておく必要があり、1972年より開始されたペル奨学金や、授業料の支払いへの所得控除などは、その典型的な例である (金子、2012、pp. 12-13)。また、本稿で特に着目する高等教育機関などの非営利団体に寄付した際に適用される慈善寄付控除制度は、政府から家計・企業に対する「課税優遇措置」として考えられる。この他に、高等教育機関への政府からの「課税優遇措置」としては、事業による所得や関連事業からの所得への課税が免税となっていることなどが挙げられる。高等教育機関をはじめとする非営利団体への免税措置については、詳しくは、U.S. Department of the Treasury, Internal Revenue Service (2011) を参照されたい。

5 Toutkoushian (2001, p. 18) が指摘するように、高等教育機関の収入項目については、1995年度まで私立と州立ともに同じ基準の調査票が使用されていたが、私立高等教育機関の収入の把握方法が1996年度に変更され、州立高等教育機関についても2003年度以降に変更があったため、現在は州立と私立で異なったものが使用されている。よって、1996年度以降の財政状態については、州立・私立の収入構成を厳密に比較することは難しいとされており、本稿においても表2.1と表2.2は、両者を直接的に比較するものではなく、それぞれの州立・私立の各収入構成を個別に概観するものであることを意図しているものであることに留意されたい。

6 ただし、カリフォルニア大学バークレー校などをはじめとして、寄付のシェアが10%近くとなっている州立大学も一部には見られ、米国の大学の多様性を考慮すると、一概に州立大学における寄付の重要性が低いとは言えないことに留意する必要はある。

7 教育・一般収入 (educational and general revenues) の定義は、次の通り。「当該機関の教育、研究、公的なサービスに関するミッションに向けられた収入のことを

指す。授業料等（tuition and fees）、連邦政府歳出（federal appropriations）、州政府歳出（state appropriations）、地方政府歳出（local appropriations）、ペル奨学金を除いた連邦政府補助金・受注（federal grants and contracts）、州政府補助金・受注（state grants and contracts）、地方政府補助金・受注（local grants and contracts）、寄付（private gifts, grants and contracts）を含む（Toutkoushian, 2001, p. 36）」。

8 純教育・一般収入（Net Education and General Revenues）の定義は、次の通り。「教育・一般収入から奨学金・フェローシップに関する支出を差し引いたものと定義される（Toutkoushian, 2001, p. 36）」。

9 高等教育機関の収入に占める各収入項目の構成比を示すにあたっては、National Center for Education Statisticsで公開されているデータを使用したが、当該データは、私立高等教育機関の収入支出に関する把握方法が1996年度より変更されたため収入構造の経年的な変化をすることが困難になった（Toutkoushian, 2001, p. 18）。また、州立高等教育機関についても2000年代前半にデータの収集方法が変更されているため、その前後で比較することが出来ない。そのため、図2. 2、及び、図2. 3では、私立については1995年度、州立については2000年度までのデータを掲載している。また、上記の理由により、2010年度の高等教育機関の収入構造を示した表2. 1、表2. 2と、図2. 2、図2. 3は、データの制約上、比較することを意図するものではないことに留意されたい。

10 米国の高等教育に対する寄付総額の推移は、1956年度より確認出来るが、物価調整を考慮するために使用した「高等教育物価指数（higher education price index）」は、1961年度からのみ利用可能であったため、ここでは1961年度からのデータを示す。米国の高等教育に対する寄付総額の推移を確認するのに利用した、「教育支援カウンシル（Council for Aid to Education）」が公表しているデータは、サンプル調査から得られた結果を基に「教育支援カウンシル」が推計し、公表された値であることに留意されたい。

11 米国社会における寄付に、高等教育への寄付が占める割合については、データの制約上算出することが困難であるが、参考までに、初等中等教育への寄付を含めた教育部門への寄付は、Giving USA: The Annual Report on Philanthropy for the Year 2011（2012）の報告によると、2011年度は全体の13％を占め、宗教団体への寄付の32％に次いで大きな割合を占めている。また、Drezner（2011）によれば、American Association of Fundraising Counsel（2003）が教育に対する寄付のカテゴリーをより細分化したデータを2002年度のみ報告しており、そのデータによれば、教育に対する寄付の62％が高等教育、8％がK-12教育、8％が奨学金、8％がその他、7％が国際高等教育、5％が寄付助言基金、2％が図書館への寄付と報告されている（Drezner, 2011, pp. 11-12）。よって、高等教育への寄付は、教育部門全体への寄付の中で、最も大きな割合を占めていることが見て取れる。年度が異なっていることに留意する必要はあるが、以上の2つのデータから推計すると、米国社会への寄付全体の少なくとも約9％を占めていると考えられる。ただし、以上のデータは、個人からの寄付に限定したものではなく、企業や財団からの寄付も含んだ値であることに留意されたい。

# 第3章
# 米国の高等教育と連邦寄付税制の変遷

　本章では、1960年代後半から90年代の連邦税法における慈善寄付控除制度をめぐる議論に着目し、米国大学協会、米国カレッジ協会、全米州立大学・国有地付与大学協会、州立大学協会、全米独立カレッジ・大学協会、教育支援カウンシル等をはじめとする高等教育関係団体の報告書並びに高等教育関係者の講演録、連邦議会議事録、連邦議会年鑑、新聞記事等の文献資料に基づき、連邦寄付税制の変遷とその背景にあった議論を跡付けることにする。

　本章で米国の高等教育と連邦寄付税制の変遷を文献資料から跡づけていくうえで、特に着目したい点は、連邦寄付税制の制度改正時における米国の高等教育関係者の主張内容である。本章でみていくように、米国の高等教育関係者は、連邦政府の慈善寄付控除制度の改正から一方的に影響を受けてきたわけではなく、制度改正時に大学団体の報告書や声明、或いは、公聴会での証言等を通じて、当該制度が高等教育システムにどのような機能を果たしてきたかを繰り返し社会に対して説明しており、その主張内容に米国高等教育における慈善寄付控除制度の位置づけを見出すことが出来るからである。特に、米国の高等教育における寄付の制度的背景、及び、社会的コンテクストが我が国の高等教育研究で十分把握されていない状況を踏まえると、こうした当時の文献資料からも、米国の高等教育関係者が慈善寄付控除制度をどのように位置づけ、これを活用してきたのかを把握しておく必要があるといえよう。

　本章では、高等教育への政府補助金が停滞する中で寄付への期待が高まり始めた1960年代後半から70年代、高等教育への個人寄付が拡大し始めた1980年代から90年代という比較的長期間にわたる米国の高等教育と連邦寄

付税制の変遷を対象とし、慈善寄付控除制度に対する高等教育関係者の主張内容を当時の資料から跡づけていくことを通じて、米国の高等教育関係者が慈善寄付控除制度をどのように位置づけ、これを活用してきたのかを把握することを目的とする。

　本章の構成は、以下の通りである。第1節では、本稿の議論を進める上で前提となる米国連邦税法における慈善寄付控除制度の構造について概説する。それを踏まえ、第2節で、大学団体の報告書、連邦議会議事録、連邦議会年鑑をはじめとする文献資料を基に、1960年代後半から70年代の米国において見られた寄付と税制度をめぐる大学団体の動きと議論の争点について示した後、第3節で、1980年代から90年代に行われた主要な税制改革の内容と審議過程の争点、及び、大学団体の主張内容について示すことにする。最後に第4節において、本章で示した高等教育における寄付と連邦寄付税制の変遷を整理し、米国高等教育における寄付の位置づけとその制度的背景について考察を加えることとしたい。

## 第1節　連邦寄付税制の構造と高等教育機関の位置づけ

　前章で示した、家計から高等教育機関へと流れる資金ルートの1つである寄付においては、連邦税法において「慈善寄付控除(charitable contribution deductions)」制度が1917年に制度化されて以来、税制度が介在することで、寄付者の税負担を軽減する措置が取られている(Lindsey, 2003, p. 1061)。ただし、米国において、ある団体への資金提供が「慈善寄付(charitable contributions)」にあたり、税制上優遇されるかどうかは、資金提供を行った納税者の税額申請の方法と資金提供を受ける団体側の資格に依拠しており、全ての資金提供が慈善寄付として認められ、税制上の優遇措置を受けられるわけではない。

　よって、本節では、はじめに、個人が高等教育機関に対して寄付をした場合に適用される連邦税法上の慈善寄付控除制度の内容に関する議論を進める上で前提となる米国の連邦所得税の税額計算過程から見た納税者のタイプ

（第1項）と、資金提供を受ける側の団体のタイプ（第2項）について整理していくこととする。それらを踏まえた上で、個人が高等教育機関に対して寄付した場合に適用される慈善寄付控除制度の内容を「内国歳入庁（Internal Revenue Service）」より発行され税務申告に関する資料より示すこととしよう（第3項）[1]。

### 第1項　連邦所得税の構造と慈善寄付控除制度

本項では、はじめに、連邦所得税の税額計算過程を示すことを通じて、米国においては連邦所得税の計算方法によって慈善寄付控除が適用される場合と、適用されない場合があることを示しておきたい。

### (1)　連邦所得税における慈善寄付控除

はじめに、「通常の連邦所得税（regular tax）」の税額計算過程を通じて慈善寄付控除の仕組みを示すと、次のようになる。納税者が通常の連邦所得税を計算する場合、まず、その年度に得た全ての所得を合計した「総所得（income）」から「所得調整項目[2]（above the line deduction）」を減算し、「調整総所得（adjusted gross income）」を算出する。次に、「人的控除（personal exemption）」、「扶養者控除（dependency exemption）」がある場合、それらを算出した調整総所得から減算する[3]。

その後、「定額控除[4]（standard deduction）」か「項目別控除（itemized deduction）」のどちらか一方を選択した上で、控除額を調整総所得より減算し、「課税所得（taxable income）」を算出する。この課税所得に連邦所得税率を乗じ、税額控除前の連邦所得税を算出した後、「税額控除（tax credit）」の諸項目[5]を減算したものが通常の連邦所得税となる（**図3.1**）。

ここで注目すべきは、定額控除と項目別控除の違いである。定額控除とは、申告資格（独身、特定世帯主、夫婦個別申告、夫婦合算申告）別に基づいて既に定められている金額を調整総所得から控除するものである。

それに対し、項目別控除は、定額控除のように予め決められた額ではなく、納税者が設定された控除項目の額を算出し、合算したものである。その内容

を連邦所得税の税務申告書[6]より確認すると、「医療費・歯科治療費(medical and dental expense)」、「税金(taxes you paid)」、「支払い利息(interest you paid)」、「慈善寄付(gifts to charity)」、「災害・盗難損失(casualty and theft losses)」、「職務上の経費に関する雑控除(job expenses and certain miscellaneous deductions)」、「その他の雑控除(other miscellaneous deductions)」の7項目が記載されている。即ち、連邦所得税の税額計算過程において慈善寄付は、項目別控除の中で控除対象として含まれていることとなる。よって、その年度、及び、前年度から繰り越された全ての形態の個人の寄付は、原則、この項目別控除の段階で課税対象となる所得から減算されることになる[7]。

なお、定額控除と項目別控除のどちらかを選択するかは、定額控除より項

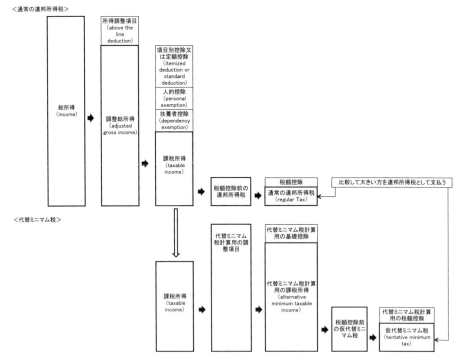

**図3.1：連邦所得税と代替ミニマム税の計算過程の概要**

出典：図の作成にあたっては、内国歳入庁の税務申告書のU.S. Department of the Treasury, Internal Revenue Service (2012a, 2012b)、長岡(2006, p. 25, pp. 40-42)に掲載された図を参考にした。

目別控除の額が大きい場合、納税者は調整総所得から項目別控除の額を控除することとなっており、項目別控除が定額控除より小さい場合は定額控除を選択することとなっている[8]。

慈善寄付が「項目別控除(itemized deduction)」の控除項目に含まれていることは、次の2つのことを意味する。第1に、米国における個人の慈善寄付は、連邦政府の慈善寄付控除制度においては、税額控除ではなく、所得控除として設定されていること、第2に、項目別控除を選択しない納税者は、当該年度に慈善寄付をしても寄付したことによる税制上の優遇措置を受けられないという点である。これは、既に確認したように、米国の個人納税者は、項目別控除か定額控除のいずれかを選択することになっており、定額控除選択者は、慈善寄付控除の恩恵を受けられないためである。

## (2) 代替ミニマム税

連邦所得税の税額計算過程の特徴として、いまひとつ挙げられるのは、「通常の連邦所得税(regular tax)」の他に、「代替ミニマム税(alternative minimum tax)」という異なった計算規定に基づいた連邦所得税があるという点である。連邦所得税を支払う納税者は、通常の連邦所得税と「仮代替ミニマム税(tentative alternative minimum tax)」の両方を計算した後、どちらか大きい方を最終的な連邦所得税として支払うという構造になっている[9]。

代替ミニマム税は、納税者が所得控除・税額控除などを利用して行き過ぎた節税を行うことに歯止めをかける目的のもと、1969年より追加ミニマム税として導入され、1983年より現在の代替ミニマム税に置き換えられたものとされる(長岡、2006、pp. 39-40)。その目的は、現在においても、通常の連邦所得税の計算において大きな額を控除することが可能な高所得者に対し、幾つかの控除項目に制限を与えることで、行き過ぎた節税を是正するという目的をもっている(U.S. Department of the Treasury, Internal Revenue Service, 2013a, p. 1)。

長岡(2006)を参照し、代替ミニマム税の計算過程について、通常の連邦所得税の関係からまとめたものが、図3.1である。実際の連邦所得税の申告

書[10]において納税者が代替ミニマム税を計算する場合、まず、通常の連邦所得税を計算する際に算出した「課税所得 (taxable income)」に、幾つかの代替ミニマム税用の調整項目を加算、あるいは、減額する。そこから、代替ミニマム税の計算用に設定されている申告資格別の控除額、即ち代替ミニマム税の基礎控除分を減算し、「代替ミニマム課税所得 (alternative minimum taxable income)」を計算する。これに代替ミニマム税用の税率[11]を乗じ、税額控除前の仮代替ミニマム税を算出する。最後に、代替ミニマム税用の税額控除項目を減算したものが仮代替ミニマム税となる。最終的な連邦所得税額は、先述の通常の連邦所得税と仮代替ミニマム税の額を比較し、大きかった方を支払うことになっている[12]。

ここで2つの計算方法の違いを理解する上で重要な点は、通常の連邦所得税と代替ミニマム税の間で、所得控除の項目に違いがあるという点である[13]。具体的には、通常の連邦所得税の税額計算過程において、「人的控除 (personal exemption)」、「扶養者控除 (dependency exemption)」、「定額控除 (standard deduction)」が認められるのに対し、代替ミニマム税では、それらの控除が実質的には認められない (長岡、2006、p. 42)。また、「項目別控除 (itemized deduction)」の一部が代替ミニマム税においては、制限されている点において違いが見られる[14]。よって、代替ミニマム税は、所得から控除出来る項目が通常の連邦所得税よりも制限されているという点に特徴があるといえる。

ただし、慈善寄付控除に関していえば、現行制度 (2013年度) においては、代替ミニマム税の税額計算においても、慈善寄付控除が認められている[15]。よって、通常の連邦所得税を支払う納税者と同様、代替ミニマム税を支払う納税者も、慈善寄付は連邦政府から税制上の優遇措置を受けることが可能である。

以上を整理すると、定額控除選択者以外は、通常の連邦所得税を支払う納税者も、代替ミニマム税を支払う納税者も、現行制度 (2013年度) においては、所得控除項目である項目別控除において慈善寄付は、原則、控除することができるといえる。しかしながら、後述するように、連邦政府の慈善寄付控除制度の歴史をたどって見ていくと、時期によっては、代替ミニマム税の税額

計算過程において適用出来る慈善寄付控除の範囲が制限されていた時期や、定額控除選択者にも慈善寄付控除が認められていた時期もあり、本稿の議論を進める前提として、以上の納税者のタイプについては抑えておく必要があるといえる。

### 第2項　慈善寄付控除制度が適用可能な団体

　ここまで、連邦所得税における慈善寄付控除の税額計算過程から慈善寄付控除を適用することが出来る納税者のタイプを示した。しかし、ある団体への資金提供が「慈善寄付」として認められ、税制上の優遇措置を受けられるか否かは、資金提供先の団体のタイプにも依拠しており、税制上優遇される範囲も異なってくる。よって、本項では、米国の高等教育機関が連邦税法の慈善寄付控除制度の中でどのように位置づけられているかを示すことにしたい。

### (1)　連邦税法における高等教育機関の位置づけ

　前項において、納税者がある団体に寄付をした場合、連邦所得税の税額計算過程において慈善寄付控除を適用出来ることを確認したが、それは、寄付を受領した団体が内国歳入法において定められている一定の資格をもった団体であるという場合に限られている[16]。

　はじめに、「慈善寄付(charitable contribution)」を規定している内国歳入法170 (c)[17]の内容から見ていくこととしよう。内国歳入法170 (c)には、5つのケースが慈善寄付に当たるとされており、要約すると、(1) 合衆国或いは州政府、または政府に関連する団体への寄付、(2) 宗教、慈善、科学、文化振興、教育、国内・国際的なアマチュアスポーツ振興、児童・動物虐待の防止を活動の目的とした団体への寄付、(3) 退役軍人の団体への寄付、(4) 国内共済組合への寄付、(5) 墓地を管理している団体への寄付が「慈善寄付」として規定されている。

　この170 (c)に規定された慈善寄付控除が認められている団体と、内国歳入法501 (c)[18]に規定された「免税団体(exempt-organization)」一覧との対応関

係を整理し、示したものが、**表3.1**である[19]。表3.1から明らかなように、免税団体として規定された501 (c) に位置づけられている非営利団体の中でも、慈善寄付控除が認められるのは、原則、501 (c) (1)、501 (c) (3)、501 (c) (8)、501 (c) (10)、501 (c) (13) に限られていることが読み取れる。即ち、内国歳入法501 (c) はあくまでも、当該法人が連邦政府からの免税を受けられる団体であるかどうかを規定しているものであり、必ずしも内国歳入法501

### 表3.1：内国歳入法501 (c) と慈善寄付控除の対応関係

| | 団体の概要 | 寄付控除 |
|---|---|---|
| 501(c)(1) | 議会の立法によって組織された法人（連邦クレジット協会を含む） | 完全に公益目的になされた場合、認められる |
| 501(c)(2) | 非課税団体の資格のある法人 | 認められない[1] |
| 501(c)(3) | 宗教、教育、慈善、科学、文芸、公安、アマチュアスポーツ振興、児童・動物虐待の防止を目的とした団体 | 通常、認められる |
| 501(c)(4) | 市民連盟、社会福祉団体、地域職員組合 | 通常、認められない[1, 2] |
| 501(c)(5) | 労働、農業、園芸に関する団体 | 認められない[1] |
| 501(c)(6) | 企業団体、商工会議所、不動産業者協会など | 認められない[1] |
| 501(c)(7) | 社交・レクリエーションクラブ | 認められない[1] |
| 501(c)(8) | 共済組合 | (501(c)(3)の目的ならば、認められる |
| 501(c)(9) | 任意労働者共済組合 | 認められない[1] |
| 501(c)(10) | 国内共済組合 | (501(c)(3)の目的ならば、認められる |
| 501(c)(11) | 退職教員基金組合 | 認められない[1] |
| 501(c)(12) | 共済生命保険協会、用水・かんがい相互会社、通信に関する相互会社など | 認められない[1] |
| 501(c)(13) | 墓地会社 | 通常、認められる |
| 501(c)(14) | 州の認可を受けた信用組合、共済積立金 | 認められない[1] |
| 501(c)(15) | 相互保険会社・協会 | 認められない[1] |
| 501(c)(16) | 農業に融資する協同組合組織 | 認められない[1] |
| 501(c)(17) | 補足的失業給付基金 | 認められない[1] |
| 501(c)(18) | 労働者年金基金 | 認められない[1] |
| 501(c)(19) | 退役軍人団体 | 通常、認められない[5] |
| 501(c)(21) | 炭塵肺症基金 | 認められない[3] |
| 501(c)(22) | 複数事業者年金基金 | 認められない[4] |
| 501(c)(23) | 1880年以前に設立された退役軍人団体 | 通常、認められない[5] |
| 501(c)(25) | 年金信託の保有会社 | 認められない |
| 501(c)(26) | 病状の重い個人に医療看護を提供している州が支援する団体 | 認められない |
| 501(c)(27) | 州が支援する労働災害保証団体 | 認められない |
| 501(c)(28) | 全米鉄道員退職投資信託 | 認められない[6] |
| 501(c)(29) | Co-op健康保険組合 | 認められない |

注1：501(c)(3)以外の501条項に規定されている免税団体は、慈善基金を設立し、寄付控除を受けることがある。そのような基金は、501(c)(3)と関連する508(a)の要件を満たす必要がある。
注2：ボランティア消防団と類似の団体は控除可能である。しかし、完全に公益の目的のための場合に限る。
注3：192条項が許す範囲で、経費として控除可能である。
注4：194A条項が許す範囲で、経費として控除可能である。
注5：90%以上のメンバーが退役軍人の場合のみに限る。
注6：役員、取締役、理事、重要な従業員の名前、住所、また、肩書き、報償、在任期間（Part VII of Form 990）に関わるForm990の大半を年に提出すること、免税資格（Item I in the Heading of Form 990）を満たすことが義務づけられている。

出典：U.S. Department of the Treasury, Internal Revenue Service (2011, pp.72-73) の Organization Reference Chart を一部抜粋し作成。

(c)に規定されている非営利団体だからといって、全てが慈善寄付控除を適用出来る団体とはなってはいないことが確認出来る。よって、高等教育機関と連邦政府の慈善寄付控除制度の関係性を議論する前提として重要な点は、高等教育機関が501(c)の免税団体の中で、どの区分に分類されているのかということである。

　内国歳入庁の資料[20]によれば、高等教育機関は、原則、501(c)(3)の「教育活動を目的とする団体(educational organization)[21]」として分類されており、慈善寄付控除が認められる団体として位置づけられている[22]。また、大学に関係する組織であれば、直接的な教育活動を行っていなかったとしても、「教育活動を目的とする団体」として認められており、例えば大学のカフェテリア、レストラン、ブックストア、同窓会等[23]は、一定の基準さえ満たしていれば501(c)(3)の資格があるものとして認められている(U.S. Department of the Treasury, Internal Revenue Service, 2011, p. 27)。

## (2) 「パブリック・チャリティ」と「民間財団」

　以上より、米国の高等教育機関は内国歳入法501(c)に位置づけられ、高等教育機関に対して支払われた寄付は、慈善寄付として税制上の優遇措置を受けることが可能であることを示した。ただし、ここで注意しなければならない点は、501(c)(3)に含まれる慈善団体は、「パブリック・チャリティ」と「民間財団[24]」という2つに税法上分類されており、同じ501(c)(3)に含まれる団体であっても、このいずれに入るかによって、慈善寄付控除が適用出来る上限額や、控除額の内容が異なってくる点である。

　パブリック・チャリティとは、内国歳入法509(a)(1)から509(a)(4)に規定された団体であり、一般的には次のような団体、(1)教会、病院、病院の付属研究組織、学校、カレッジ、大学、(2)積極的な寄付募集プログラムがあり、様々な主体(一般市民、政府、企業、民間財団、その他のパブリック・チャリティ等)から寄付を受けている団体、(3)組織の免税団体としての目的を更に促進させる活動から収入を得ている団体、(4)1つ以上のパブリック・チャリティと関係をもちながらそれを積極的に支援している団体がそれにあたる

(U.S. Department of the Treasury, Internal Revenue Service, 2013d)。

一方、「民間財団(private foundation)」とは、内国歳入法501(c)(3)に規定された団体の中で、上記の内国歳入法509(a)(1)から509(a)(4)に規定されたパブリック・チャリティに当てはまらない団体とされている(U.S. Department of the Treasury, Internal Revenue Service, 2013d)。

内国歳入庁の資料[25]によれば、高等教育機関は、パブリック・チャリティの509(a)(1)に含まれており、米国高等教育機関は、連邦税法における慈善寄付控除制度において、パブリック・チャリティとして位置づけられているといえる。よって、米国高等教育機関に対する寄付の税法上の取り扱いは、幾つかの例外規定を除いて、パブリック・チャリティに対する寄付の取り扱いが適用されている。

### 第3項　高等教育への寄付に対する税制優遇措置の内容

以上を踏まえた上で、パブリック・チャリティへの寄付に対する税法上の取り扱いの内容を示すことを通じて、米国高等教育機関に対する寄付に適用される連邦政府の税制上の優遇措置を概説する。

**表3.2**が「現金(cash)」、「通常所得資産(ordinary income property)」、「評価性資産(capital gain property)」で、それぞれ寄付した場合に所得税の税額計算過程において適用される慈善寄付控除の内容を「控除対象となる額」、「控除限度額」、「繰り越し可能年数」の観点から整理したものである[26]。

まず、個人が現金或いは小切手などといった、資産(土地・建物・株式等の資産)以外の形態で高等教育機関に対して寄付をした場合の税法上の取り扱いについて示すと、次のようになる。個人が現金や小切手等で高等教育機関に対して寄付をした場合、連邦所得税の税額計算過程において、調整総所得から項目別控除としてその寄付額を減算することが可能である。慈善寄付控除として減算出来る額には上限が設けられており、パブリック・チャリティに対する寄付の場合、その上限は、調整総所得の50%となっている(U.S. Department of the Treasury, Internal Revenue Service, 2013c, pp. 13-14)。ただし、その年度に調整総所得の50%を越える寄付をしたとしても、5年間は繰り越し

控除が認められている（U.S. Department of the Treasury, Internal Revenue Service, 2013c, p. 18）。

　次に、個人がキャピタルゲインを含む資産（土地・建物・株式等の資産）を高等教育機関に寄付した場合の税法上の取り扱いについて示す。その内容は、評価性資産の保有期間によって異なっている。まず、保有期間が1年未満の通常所得資産を寄付した場合は、連邦所得税の税額計算の際に、取得価格か公正市場価格のいずれか低い方で、調整総所得からの項目別控除として減算することが出来る（U.S. Department of the Treasury, Internal Revenue Service, 2013c, p. 11）。これの上限額は、現金寄付と同様、調整総所得の50％とされる。

　一方、1年以上保有した含み益のある評価性資産を寄付した場合、原則、その公正市場価格で調整総所得から項目別控除として減算することが可能である。ただし、キャピタルゲインを含む評価性資産を公正市場価格で控除した場合は、控除出来る限度額が現金や通常所得資産形態の寄付よりも低く設定されており、調整総所得の30％が上限とされている（U.S. Department of the Treasury, Internal Revenue Service, 2013c, p. 14）。

　以上より特徴的な点を整理すると、第1に、現金、資産のいずれの寄付形態においても所得税額計算過程において「調整総所得（adjusted gross income）」から控除する方法をとっており、算定された税額から一定の寄付金額を控除する税額控除ではなく、所得控除の方式を取っているという点である。

　第2に、評価性資産の控除限度額が調整総所得の30％とされ、現金、通常所得資産の控除限度額（調整総所得の50％）よりも厳しく設定されているが、当該年度に控除限度額を超えた額を寄付した場合は、いずれも原則繰り越し

表3.2：「パブリック・チャリティ」への個人寄付に適用される慈善寄付控除

| | 現金 | 資産 | |
| --- | --- | --- | --- |
| | | 通常所得資産 | 評価性資産 |
| 控除対象となる額 | 寄付金額 | 取得価格と公正市場価格のいずれか低い額 | 公正市場価格 |
| 控除限度額 | 調整総所得の50％ | 調整総所得の50％ | 調整総所得の30％ |
| 繰り越し可能年数 | 5年間 | 5年間 | 5年間 |

出典：U.S. Department of the Treasury, Internal Revenue Service (2013c) をもとに作成。

が可能であるという点である。

　第3に、評価性資産を寄付した場合、取得価格ではなく、公正市場価格で調整総所得から控除することが可能であるという点である。これは、例えば1年以上保有し、取得価格100ドル、公正市場価格500ドルの評価性資産を寄付した場合、慈善寄付控除は100ドルではなく、500ドルを調整総所得から控除することが可能となることを意味し、極めて優遇された制度となっている。このように評価性資産の寄付をした場合、公正市場価格での慈善寄付控除を認める制度は1923年より見られると指摘される（Association of American Universities, 1973, p. 28）。

　更に、評価性資産をそのまま寄付した場合、税制上優遇されているもうひとつの重要な事柄として、通常売却した場合に評価性資産のキャピタルゲインに課せられる税金を免除出来るという点があることを付け加えておきたい。Andreoni（2006）等によって示されるように、通常、評価性資産を売却した際に発生するキャピタルゲインにかかる税金が、寄付した場合においては、実質的に免除されていることになる（Andreoni, 2006, p. 1233）。このキャピタルゲイン課税の免除と、上述の1年以上保有した評価性資産の寄付が調整総所得から公正市場価格で控除可能なことと併せて考えると、米国においては極めて優遇された制度のもと評価性資産の寄付をすることが可能となっている。

　この評価性資産に対する慈善寄付控除制度は、一時期は社会的批判の対象となり、幾つかの制度改正を経て現在のものとなっている。後述するように、大学団体をはじめとする高等教育関係者は、連邦政府の慈善寄付控除制度の改正という外部環境の変化から一方向的に影響を受けていたのではなく、積極的に制度改正に対する主張を報告書としてまとめ、政治的な圧力を展開してきたことが確認される。これを踏まえ、米国の高等教育関係者が連邦政府の慈善寄付控除制度について、歴史的にどのような認識を示してきたのかを、次節以降で論じていきたい。

第3章　米国の高等教育と連邦寄付税制の変遷　*79*

## 第2節　1960年代後半から70年代の米国の高等教育と連邦寄付税制

　米国の大学史研究において頻繁に引用される、Rudolph（1962、阿部他訳、2003）は、植民地時代のカレッジと寄付について、次のように述べている。少し長くなるが、米国の初期の高等教育機関と寄付の関係性について簡潔に述べられた文書であると思われるので、以下に引用しておこう。

> 「アメリカのカレッジは、助けを必要とする若者達に援助を与えるとともに裕福な高齢者たちから援助を受けていた点において、キリスト教的な慈善の表現であった。植民地時代の経済は、オックスフォードやケンブリッジの諸カレッジを展開せしめた次元の慈善を支えることはできなかったが、個人が慈善を行う点ではイギリスの伝統を受け継いでいた。
> 　—中略—　植民地時代の生活は貧しかったとはいえ、イギリスにおいてイギリスのカレッジを支えていた伝統は、『新世界』においても放棄されなかった。それは他の手法によっても補完されたが、ことにキリスト教諸教派によって育成された活気にあふれた面倒見の感覚によって推進された。アメリカのカレッジを支えた慈善的寄付の多くがこの面倒見の感覚からなされたのであって、ついにはアメリカにおける機会が提供した莫大な富と相俟って、19世紀の後半には（オックスフォードやケンブリッジにおいてもそうであったように）ヴァッサー、スミス、ジョンズ・ホプキンズ、スタンフォード、シカゴ、ウェルズレーなどそれぞれのカレッジが一人の筆頭寄付者によって創設された充実した諸機関が表れた（Rudolph, 1962、阿部他訳、2003、pp. 180-181）」。

　即ち、米国において、大学に対する寄付は、歴史的に見れば、英国のキリスト教的な慈善行為の伝統[27]が米国の植民地時代のカレッジに引き継がれ、産業革命によって産み出された莫大な富と相俟って、大学の創設や経営に寄与することになったのである。

　このようにキリスト教的な慈善行為を背景として寄付は開始されるが、

20世紀に入り、大学に対する寄付が税制度と関係性をもちはじめる。そして、慈善寄付控除制度は、その後、幾度もの税制改革を経て今日に至っている。本節では、米国高等教育の変革期にも当たり、慈善寄付控除を巡る議論が展開された1960年代後半から70年代に刊行された大学団体の報告書や、高等教育関係者の講演録、新聞記事等の内容を分析することを通じて、1960年代後半から70年代の米国高等教育を取り巻く環境と、慈善寄付控除制度の高等教育機関における位置づけについて示すことにしよう。

　ここで、米国の1960年代後半から70年代の時期に着目する理由は、第1に、当時米国において慈善寄付控除を巡る論争が生じ、その論争過程で高等教育関係者から慈善寄付控除に対する意見が多く表明されており、その中には米国高等教育における寄付の位置づけ、また、その前提となる税制度との関係性を見出すことが出来るからである。当時の慈善寄付控除を巡る論争については、Brilliant (2001)、網倉 (2011、2012、2013) 等が、1960年代から70年代の非営利団体に対する社会的批判と、この問題に積極的に対応したロックフェラー3世の動きについて詳細にまとめた研究がある。また、増井 (2003) は、1970年代初頭に提案されたマッチング・グラントという、寄付者が寄付した団体に対して政府が補助金を与えるという仕組みの学説上の論争に着目し、1970年代に公刊されたマッチング・グラントに関するMcDaniel (1971) と Bittker (1972) の2つの論文の内容を比較検討した研究がある。

　この他に、米国の高等教育と連邦政府の慈善寄付控除制度の関係性を検討した研究として、高等教育機関に影響を与える可能性のある主要な連邦政府の慈善寄付控除制度の内容を概説した Kirkwood and Mundel (1975)、Beckham and Godbey (1980)、Gladieux, King and Corrigan (2005) がみられる。また、量的調査から高等教育機関における寄付募集担当者の税制に対する認識を把握しようとした Durney (1991) の貴重な研究もみられる。

　しかし、連邦政府の慈善寄付控除制度の制度改正時に執り行われた議論の高等教育関係者の主張内容に着目し、制度改正時に高等教育関係者が慈善寄付控除制度に関して具体的にどのような主張を展開し動いていたか、当時の

大学団体の報告書や連邦議会の議事録をはじめとする一次資料から跡づけ検討した研究は、管見の限り、十分な研究蓄積があるとは言えない[28]。よって、本研究の特徴は、慈善寄付控除をめぐる論争における大学団体の動きや主張内容に着目し、高等教育史との関係から慈善寄付控除の位置づけを検討することにある。

　高等教育史的な視点から見れば、1960年代から70年代の米国高等教育は、1960年代にその規模を拡大させた後、政府高等教育予算の停滞、将来の18歳人口の伸び悩みという問題が危惧されはじめ、高等教育を取り巻く環境が著しく変化した時期でもあった。この時期の米国高等教育が抱えていた問題は、近年の日本の状況と類似する点も少なくなく、その一般的動向については、江原 (1994)、喜多村 (1994) 等において取り上げられてきた。これらの米国の高等教育史研究は、当時の米国高等教育の躍動を理解する上で非常に貴重なものであることに疑いはないが、一方で当時の慈善寄付控除を巡る論争に関して取り立てて言及したものとはなってはいない。本稿で示すように、連邦政府の慈善寄付控除制度は、高等教育セクターにとって外部から一方向的に与えられるものではなく、高等教育関係者が積極的に制度改正に対する主張を報告書としてまとめ、政治的な圧力を展開してきたことを確認することが出来る。よって、米国高等教育の構造的変化の時期に改めて着目し、そこで展開された寄付と税制度に関する議論を取り上げることは、90年代以降の大学改革を経て寄付に対する関心が高まりつつある我が国の高等教育政策にとって、臨むべき今後の展開のためにも多くの示唆を与え得るものであるといえよう。これがこの時期に着目すべき第2の理由である。

　以上のように、米国の高等教育における個人寄付の長期的なトレンドと税制度の関係性を検討するに当たっては、慈善寄付控除制度の税制史を踏まえた上で、高等教育史との関係から慈善寄付控除制度の変遷について整理しておく必要があるといえるのである。

　本節の構成は以下の通りである。はじめに第1項において、1960年代後半の米国の高等教育において寄付という財源がどのようなものとして捉えられていたか、当時の大学団体等の報告書や高等教育関係者の講演録等の内容

から検討していくこととする。第2項では、1960年代後半から1970年代に
みられた連邦政府が慈善寄付控除制度を通じて寄付者の税負担を軽減する政
策に対する批判の内容について概観していく。第3項では、こうした慈善寄
付控除制度に対する社会的批判に、米国の高等教育関係者がどのような内容
の反論を展開してきたのかを当時の大学団体の声明や新聞記事等から示すこ
ととする。第4項では、1970年代に米国の非営利団体の役割について詳細
な検討を行ったファイラー委員会の研究報告書を取り上げ、高等教育機関に
対する寄付の特質性について、当時の資料から検討することとする。

### 第1項　寄付に対する期待の高まり

　米国高等教育において1960年代後半から70年代前半は、政府高等教育予
算の停滞、将来の18歳人口の伸び悩みが危惧されはじめ、「高等教育の規模
が拡大しながら、それと同時に、高等教育のあり方をめぐって、深刻な対立
や葛藤がみられた時期（江原、1994、p.42）」と特徴づけられる。はじめに、こ
の時期において、寄付が如何なる財源として高等教育関係者の間で捉えられ
ていたか、当時の大学団体の報告書より確認することとしたい。

### (1)　質向上を実現するための財源

　本節において、1960年代後半から70年代の米国の高等教育関係者の寄付
に対する認識を見るにあたっては、「全米州立大学・国有地付与大学協会
（National Association of State Universities and Land Grant Colleges）」が設けた「寄付
委員会（Voluntary Support Committee）」が1966年と1969年にそれぞれ発行し
た『卓越性への道のり ―州立大学における寄付の役割（Margin for Excellence:
The Role of Voluntary Support in Public Higher Education）』と『卓越性と機会への
道のり ―民間投資が州立カレッジと州立大学に与える影響（Margin for
Excellence and Opportunity: The Impact of Private Investment on Public Colleges and
Universities）』という2つの報告書の内容を検討することからはじめたい。

　1887年にその起源を持ち、1960年代には全米の州立大学100大学が加盟
していた「全米州立大学・国有地付与大学協会」においては、当時、「寄付委

員会」という組織が設けられ、S & H財団からの援助を受けながら、高等教育における寄付の役割に関する調査研究がなされていた[29]。1966年に、その成果として『卓越性への道のり —州立大学における寄付の役割 (Margin for Excellence: The Role of Voluntary Support in Public Higher Education)』という州立大学における寄付の役割に関して論じた報告書が当該団体の「機関調査部門 (Office of Institutional Research)」から発行されている。

　この報告書の序文には、この報告書が「全米州立大学・国有地付与大学協会」のみならず、「州立大学協会 (Association of State Colleges and Universities)」という他の州立大学団体との協力の中で発行されたものであるとされている[30]。「州立大学協会」とは、1918年に創設された「米国教員カレッジ協会 (American Association of Teachers Colleges)」と1951年に創設された「教員養成機関協会 (Association of Teacher Education Institutions)」が発展する形で1961年に設立された州立大学団体であり、当時160の州立大学が参加していた (Hager, 1970, pp. 3-4)。

　当時、「全米州立大学・国有地付与大学協会」と「州立大学協会」は、合わせて約350の州立大学を包含していたとされ、学生数から見ると、それは、全米の約半分の学生にあたる[31]。よって、当該報告書は、全米の多くの州立高等教育機関と関連するものとして位置づけられる。以下に、この報告書からみられる当時の州立大学の寄付に対する認識について示すことにしよう。

　この報告書の中で指摘されていることは、大きく2つある。1つは、州立大学が社会の要請に応え、質の高い大学として存在していくために何らかの資金源が必要であるということ、いまひとつは、州立大学の政府からの補助金収入、授業料収入の見通しに陰りがあるのに対し、寄付収入は、今後拡大の可能性があるということである。

　まず、当該団体が、1960年代後半の州立大学を取り巻く環境変化をどのように捉え、州立大学の今後の役割をどのように認識していたかを報告書の内容から確認しておくこととしよう。この報告書においては、今後の州立大学に更に期待される役割として、次の4点を挙げている (National Association of State Universities and Land Grant Colleges, 1966)。

第1に、州立大学の量的規模の拡大に伴い、国家のリーダー養成に対する責任が州立大学においても高まっていることが指摘されている。その理由として、ジュニアカレッジを含めると、州立高等教育機関には全米の学生の3分の2が通っており、高等教育機関としての責任が強まっていること、それに加え、優秀な高校生が州立大学に進学するようになってきていることを挙げている。報告書によれば、州立大学・国有地付与大学に所属する大学生の5分の4は、高校時代の成績が上位50%に入り、およそ3分の1は上位10%に入る学生であり、州立大学の入学基準のレベルも高くなってきているとしている(National Association of State Universities and Land Grant Colleges, 1966, p. 3)。また、こうした優秀な学生に対応していくために、州立大学・国有地付与大学では優秀な教員を獲得していこうとしており、200,000人の教員や専門スタッフのうち、半分近くが米国科学アカデミーのメンバーであることを示している(National Association of State Universities and Land Grant Colleges, 1966, p. 3)。

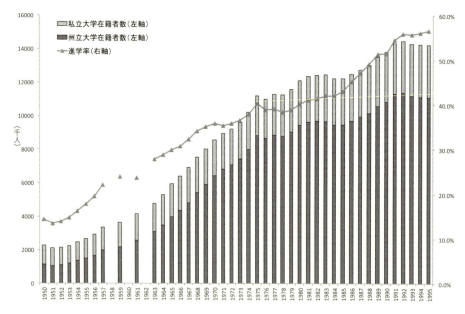

**図3．2：米国の高等教育機関在籍者数と進学率の推移（1950年度から1995年度）**

出典：Carter et al. (2010) の table Bc524,531,534 より作成。

ここで、米国高等教育における学生数と進学率の推移を確認しておこう（図3.2）。1950年代から1970年代前半までの約25年の間に米国高等教育は、急激にその規模を拡大させている。米国の高等教育機関への進学者数の推移を見ると、1950年には228万人であったものが、1955年に265万人、1965年に592万人と拡大し、1975年には1,118万人にまで拡大している。特にこの期間は、州立大学への進学者が大きく増加しており、1950年に114万人であった州立大学在籍者数は、1975年には883万人へと増加している。

また、図3.3より、高等教育サービスの供給主体である米国の高等教育機関数の推移について設置形態別に確認すると、特に州立の2年制コミュニティカレッジが1960年に332校であったものが1974年には896校になり、1960年代前半から70年代中頃にかけて急激に拡大しているのがわかる。その結果、進学率は、1945年が10％程度であったものが1955年には17.7％、1965年には29.8％、1975年には40.3％へと上昇していった。

National Association of State Universities and Land Grant Colleges（1966）に

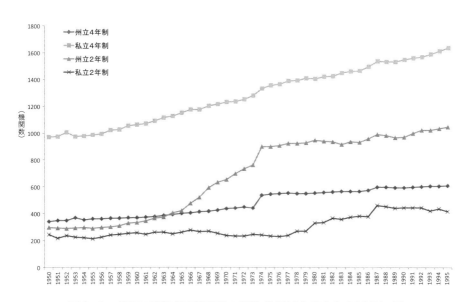

**図3.3：米国の高等教育機関数の推移（1950年度から1995年度）**

出典：Carter et al.（2010）の table Bc512, 513, 519, 520 より作成。

おいて、州立大学の果たすべき役割として強調されている第2の点は、州立大学はビジネスや工業に関する多くの学位プログラムを提供しており、その教育活動を通じて各分野の高度な専門家を育成するという重要な役割を担っていることを挙げている。特に、農学、生物科学、経営学、教育学、工学、芸術学、林学、地理学、家政学、数学・統計学、物理化学、心理学の分野において、97の州立・国有地付与大学が全米の博士号の半分以上を占めていることを強調している (National Association of State Universities and Land Grant Colleges, 1966, p. 5)。また、主要な電気企業、化学企業、航空企業、自動車企業の担い手の多くが州立高等教育機関の出身者であるというデータを示している[32]。

　第3に、工学系の研究を中心とする研究機関としての役割である。報告書によれば、州立・国有地付与大学は、年間12億ドルの投資を研究に向けており、テレビの受像官、交配種トウモロコシ、単離酵素、国家的な宇宙研究などにおいて、研究成果を挙げてきていることを示している (National Association of State Universities and Land Grant Colleges, 1966, pp. 5-6)。

　第4に、教育・研究のみならず、その成果を個人、企業、政府に提供することを通じてサービス活動を行う必要があることを挙げている (National Association of State Universities and Land Grant Colleges, 1966, p. 6)。

　報告書は、以上の4つを州立大学の果たしていくべき役割として強調しているが、その背景には、上述の第1の問題意識に典型的に表れているように、1950年代以降の州立大学数と州立大学に進学する学生数の増加を経て、州立大学に対して期待される役割が大きくなりつつあり、それらに対応していく必要があるという問題意識があったといえる。そのうえで、この報告書においては、州立大学の質をより充実させる必要性を訴えており、それを実現するための資金として「寄付」が必要不可欠になってくることを指摘している。それは、この報告書のタイトルである『卓越性への道のり —州立大学における寄付の役割 (Margin for Excellence: The Role of Voluntary Support in Public Higher Education)』からも窺えるが、以下の文章が、当時の州立高等教育機関が寄付に期待していた事実を端的に示していると思われるので、紹介してお

きたいと思う。

　「税金からの収入は、多くの教室、図書館、実験室を建設し、維持することに用いられている。また、教職員の平均的な給与を賄っている。しかし、充実させていくことが要される健全な教育プログラムは、まだ多く存在する。それは、良い大学と卓越した大学の間にある違いを意味するもので、新しくチャレンジングな授業のコース、文化的プログラム、美術館や図書館の所蔵品、継続的な研究、特別な備品、学生援助、競争的な教員の給与、特別な建造物がそれにあたる。これらは、『卓越した大学とそうでない大学の間にある差(margin for excellence)』を示すものであり、主として私的な支援によって左右されるものである(National Association of State Universities and Land Grant Colleges, 1966, p.2)」。

　この文章における「私的な支援(private support)」とは、無論、「寄付」のことを指している。この文章からも明らかなように、1960年代の高等教育拡大期の最中で州立大学関係者は、高等教育の質的転換を図っていく必要性を認識し、質向上に向けた取り組みの資金源として寄付に注目していたといえるであろう。

　では、なぜ寄付という収入源に目が向けられたかといえば、当時の州立大学関係者が政府からの補助金収入、授業料収入の見通しに陰りがあると認識していたのに対し、明らかに寄付収入には拡大の可能性があると見込んでいたからである。

　報告書では、補助金収入、授業料収入、寄付収入について、次のように分析している。まず、州政府からの補助金については、「補助金の額は全体の量としては増加傾向にあるが、多くの大学の収入に占める州政府からの補助金の割合は低下傾向にある。今日、州政府からの補助金は、州立カレッジと大学の収入の40％以下となっている。州政府補助金に対する競争が高まっていくと、その額が増え続けたとしても、この割合は更に低下することが予想される(National Association of State Universities and Land Grant Colleges, 1966,

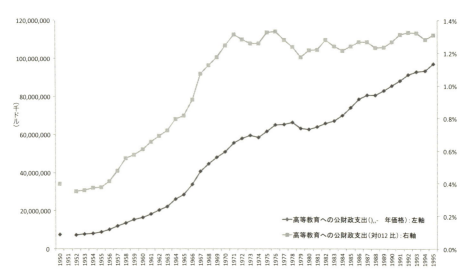

**図3.4：高等教育財政支出（対GDP比）の推移（1950年度から1995年度）**

出典：Carter et al. (2010) の table Ea69.、U.S Department of Comerece Bureau of Economic Analysis Current-Dollar and Real "GDP", Bureau of Labor Statistics Consumer Price Index History table. より作成。

p.8)」としている。即ち、州立大学の規模の拡大に州政府からの補助金の増加額が追いついていかない見通しが示されているものといえるであろう。

ここで、米国における政府部門から高等教育への公財政支出の推移を確認しておこう（**図3.4**）。まず、政府部門から高等教育への公財政支出の推移を見ると、1960年代以降急激に拡大しており、1960年度に165億ドルであった支出額が1970年度には500億ドルを超えるまでに拡大した。その結果、GDPに占める政府部門からの高等教育への公財政支出の割合は、1960年度に0.61％であったものが60年代に拡大し、1970年度には1.24％まで拡大する。しかし、1970年代以降になると、政府の高等教育に対する公財政支出の拡大ペースが緩やかになっており、GDPに占めるその割合も1.3％前後をほぼ横ばいで推移している。

また、もう1つの収入源である授業料収入について報告書では、「米国の学生は、他の国と比較して、高い授業料を払っており、教育コストの多くを負担している (National Association of State Universities and Land Grant Colleges,

1966, p.11)」という認識を示した上で、過去10年間の間に生活費が17%上昇したのに対し、学生の負担分は80%も上昇し、その増加率が著しいことを指摘している。そして、州立大学の学生の教育費負担は、私立大学のそれよりも低いとはいえ、これを更に拡大させていくことは、優秀な学生を国から奪ってしまうことになると結論づけている。

　このように、政府からの補助金、及び、授業料収入の拡大に限界があることを示す一方で、寄付収入については、「寄付は、増加傾向にはあるが、まだ伸びる余地がある。高等教育に対するニーズは非常に大きいので、他の収入源とともに、寄付が急激に増加することによって、州立高等教育機関は全ての責任を果たせるようになるであろう (National Association of State Universities and Land Grant Colleges, 1966, p.11)」とされている。

　ここで、寄付にはまだ伸びる余地があるとする理由として、第1に、全米の高等教育に対する寄付のうち、州立大学に対する寄付の占める割合は15%に過ぎず、残りの寄付が州立以外の大学に集中していること[33]、第2に、州立大学の寄付の上昇率は全米の大学に対する寄付の上昇率よりも低いこと[34]、第3に、多くの州立大学は、寄付募集プログラムを創設し始めた段階にすぎないこと[35]、第4に、全米の500の大企業の約半分と数十万もの中小企業はカレッジや大学を支援する取り組みをおこなっていないこと[36]、第5に、連邦税法において定められた慈善寄付控除の限度額と比較して実際になされた寄付は著しく低い状態にあること[37]、以上の5つが挙げられている。即ち、1960年代においては、州立大学への寄付は、発展途上の段階にあり、今後更に拡大させることが可能であることを指摘しているものといえるのである。

　以上のように、1966年に「全米州立大学・国有地付与大学協会」が発行したこの報告書からは、1960年代の州立大学の規模の拡大に伴い、教育、研究、社会サービスに対する役割が増した州立大学が質的向上の必要性を認識し、政府、市場を介する資金では賄いきれない費用を、当時まだ発展途上の段階にあり、拡大の余地が残っている寄付に求めていたことが確認出来るのである。

## 表3. 3：1969年の州立大学協会報告書に掲載された「寄付により実現された主な事柄」

| 項目 | 事例 | 寄付額(ドル) | 寄付により実現したもの |
|------|------|-------------|----------------------|
| 一流の教員 | ノースカロライナ大学 | 5,000,000 | 25の新しい教授職を創設 |
| | ジョージア大学、ジョージア工科大学 | 3,000,000 | 一流教員を惹きつけるための給与 |
| 教育の改善 | ウィンストン・セーラム州立大学 | 390,000 | 奨学金、教員給与、カリキュラムの改善 |
| イノベーション | カンザス大学リベラルアーツ・サイエンスカレッジ | 288,000 | パイロットプログラムの創設 |
| 学費援助 | ジョージア工科大学 | 25,333 | 学費の援助 |
| | アーカンザス大学 | ― | 350人の学生の学費 |
| | テネシー大学 | 500,000 | 教員を志す学生のための奨学金・基本財産 |
| 教育機会の提供 | オレゴン大学 | ― | マイノリティグループへの進学機会の提供 |
| | コネティカット大学 | 450,000 | 分校の創設 |
| 産業への貢献 | ミシガン大学 | 10,000,000 | 国家道路交通安全研究施設の創設 |
| | ミネソタ大学 | 30,000 | 研究成果を産業に応用するためのプログラム |
| 医学の発展 | ウィスコンシン大学 | ― | 骨髄移植研究に対する支援 |
| | カリフォルニア大学 | 2,000,000 | 眼研究に対する賞金 |
| 図書館の改善 | オーバーン大学 | ― | 共産主義に関する図書コレクション |
| 先端的な研究設備 | ヒューストン大学 | 100,000 | 電子顕微鏡施設の創設 |
| | ヒューストン大学 | 375,000 | 用途の広いハイブリッドアナログコンピューター |
| 施設 | ミシガン大学 | ― | ミシガン大学のキャンパスの40% |
| | デルウェア大学 | ― | 200アーカーの土地 |
| 文化施設 | オハイオ州立大学 | ― | 文化センターの創設 |
| | イリノイ大学、インディアナ大学、パデュー大学 | 21,000,000 | 美術品、芸術に関するセンターの創設 |
| レクリエーション施設 | ウィスコンシン大学 | 2,000,000 | 室内テニス場の創設 |
| 美術品 | サンフェルナンド州立大学 | 35,000 | 彫刻コンテストの賞金額 |
| 特別な施設 | セントラルミズーリ大学 | ― | 航空宇宙プログラムのための飛行場 |
| | ボーリンググリーン州立大学 | 150,000 | 仏蘭西館(French House)の創設 |
| | ミドルテネシー州立大学 | 365,000 | 診療所の創設 |
| 連邦政府補助金を獲得する元手 | ユタ大学 | 375,000 | 健康科学に関する図書館創設に向けて連邦政府補助金を獲得する元手 |

出典：National Association of State Universities and Land Grant Colleges (1969, pp. 12-14) をもとに作成。

「全米州立大学・国有地付与大学協会」は、その3年後の1969年にも寄付の重要性を指摘する報告書、『卓越性と機会への道のり ―民間投資が州立カレッジと州立大学に与える影響 (Margin for Excellence and Opportunity: The Impact of Private Investment on Public Colleges and Universities)』をまとめている。その内容は、先の1966年の報告書と同様、州立大学がより卓越した大学となるために寄付を必要としていることを指摘している点において変わりはないが、先の1966年の報告書が州立大学の役割として、先端的な研究機関、高度専門家養成という点を強調しているのに対し、1969年の報告書では、州立大学がマイノリティに対する教育機会を提供する重要な役割を担っていることについて大きく触れている[38]。

また、1969年のこの報告書は、高等教育における寄付の重要性を示すため、個別大学で寄付がどのように使用され、寄付が大学の管理運営上どのようなインパクトを与えているかをいくつかの事例をもって示している。この資料は、当時、州立大学において寄付が具体的にどのように高等教育機関の

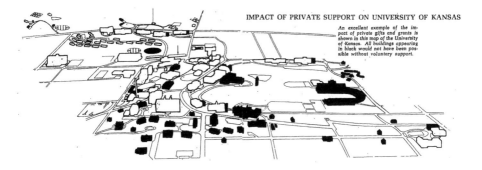

**図3.5：1969年の州立大学協会報告書に掲載されたカンザス大学キャンパスの寄付の依存度**

注：図の黒い部分は、寄付がなければ建設出来なかった建物を表す。報告書において掲載された元々の図は、連邦政府の援助による建物と、州からの援助による建物をそれぞれ色分けしているが、印刷状態が悪く判別することが出来なかったため、寄付以外の部分は全て白に統一されていることに留意されたい。
出典：National Association of State Universities and Land Grant Colleges（1969, pp. 8-9）より引用。

教育・研究に貢献していたか知る上で貴重な資料であると思われるので、その内容を整理してまとめたものが、**表3.3**である。ここから明らかなように、高等教育機関における寄付の役割は、一流の教員の獲得、教育の改善、イノベーション、学費援助、教育機会の提供、産業への貢献、医学の発展、図書館の改善、先端的な研究設備、施設、文化施設、レクリエーション施設、美術品、特別な施設、連邦政府補助金を獲得する元手などと多岐にわたっている。

また、報告書には、カンザス大学のキャンパスを事例に、キャンパスの施設がどれだけ寄付に依存しているかという図が掲載されており、その施設の多くが寄付に依存しているということも強調され示されている（**図3.5**）。このように、政府補助金、授業料では賄いきれない、「卓越した大学」になっていくために必要なものを補っていく資金源として州立大学関係者は寄付を捉えていることが理解出来る。

**(2) 財政危機に対応していくための財源**

米国高等教育における寄付に対する関心の高まりは、「全米州立大学・国

有地付与大学協会（National Association of State Universities and Land Grant Colleges）」以外の大学団体においても見られる。19世紀後半にその起源をもち、高等教育の改善を目指す非営利団体、「米国高等教育協会（American Association for Higher Education）」では、1970年3月に行われた第25回「全米高等教育会議（National Conference on Higher Education）」において、私立高等教育機関の経営危機をテーマとして扱っている。

　この中で、1847年に設立された学生数1200名規模のリベラルアーツカレッジである「アーラム・カレッジ（Earlham College）」の学長ランドラム・ボリング氏（Landrum R. Bolling）は、「私学高等教育セクターの財政危機に対する可能な解決策（Possible Solutions for Financial Crises of the Private Sector of Higher Education）」という題目で講演を行っている。この講演は、1970年代初頭の私立大学を取り巻く状況を当時のリベラルアーツカレッジの学長がどのように認識していたか、また、環境変化に私立高等教育機関がどのように対応していくべきと認識していたかを知る上で、貴重な資料であると思われるので、以下に、その内容について示しておく。

　講演の冒頭で、ボリング学長は、私立高等教育を取り巻く環境について、悲観論と楽観論に分けた上で、次のように整理している。まず、悲観論について言えば、現在の私立高等教育機関には、「多くの危機が連動して起こってきている。私たちは、それに気をもみ、悲運に嘆くのではなく、真摯に教育界が直面している事柄を直視していくことが不可欠である。連邦政府は私たちを助けてくれないし、寄付者は私たちを助けてくれないし、経営効率化の専門家も私たちを助けてくれない（Bolling, 1970, pp. 1-2）」とし、具体的に、次の6つの危機が連動しておこる可能性を指摘している。

　(1) 物価上昇率が年率4%或いは5%で推移しており、インフレ経済下にある。(2) あらゆる業種の労働者がインフレ率よりも高い水準で給与が上昇し続けるという期待を抱いている社会状況にあり、大学で雇用されている人も、その例外ではない。(3) 経済成長率が急激に停滞し、当分の間、回復が見込めない状況にある。(4) 連邦政府では、高等教育への支出よりも、当面の課題を解決するため、軍事政策、都市問題、環境問題に優先して予算がつけら

れる傾向にある。(5) 社会史から見ると、学生運動の真っただ中にあり、教育に配分される可能性のある資金 (私的、公的のどちらも含め) をコントロールする立場にある支配者層を苛立たせている。その結果として、教育に対する信頼が大幅に低下する恐れがある。(6) 授業料の高い私立高等教育機関と急激に拡大した州立のコミュニティカレッジとの間の競争が激化している。

　一方、私立高等教育機関を取り巻く環境を次のように捉える楽観論もあるとしている。(1) 米国は、世界で最も経済生産性の高い国である。よって、私たちは、高等教育が存続するために十分な資源は、私たちの意志さえあれば捻出することが出来るはずである。(2) 経済、社会システムは、高度に教育され、訓練された人材を求めており、中等教育で学ぶことの出来るスキルよりも、より高いレベルで訓練を受けることが必要となっている。(3) 第2次世界大戦以降、高等教育に対して行われてきた、寄付者、連邦政府、州政府からの補助は、その上昇率は低くなっているが、依然として上昇傾向にある。(4) 米国の中等教育を卒業した学生、またはその保護者の多くは、高等教育を受けることを望んでいる。(5) 米国は、総合的な教育システムの中にあり、それらには、まだ多様なプログラム、教授方法、学習のペース、異なったコストを包含する余地がある (Bolling, 1970, p. 2)。

　即ち要約すれば、「米国のカレッジ・大学 (自立的財源で運営されているものを含む) は、高等教育の美徳と実用的な価値に対する一般的な信念 (これは、他国においてみられるような姿勢や政策と同等のものを更に超えている) に促され、今後も、政府、一般社会から大きな支援を受け続けることが出来るであろう (Bolling, 1970, p. 2)」というものである。

　このように、当時の私立高等教育機関を取り巻く環境に対する悲観論と楽観論を整理した上で、ボリング学長は、次のような見方を提示している。

　　「ある意味でいま示した楽観論は、幻想である。これらは、大学が、スーツ工場が倒産するときのパターンの犠牲になる危険を冒している。即ち、生産したスーツ1つ1つについて、数ドルずつ失っているが、かつて多くのスーツを作っていたので倒産することはないと自分を納得さ

せているに過ぎない。こんなに馬鹿馬鹿しいことはない（Bolling, 1970, p. 2）」。

　即ち、当時の私立高等教育機関の取り巻く環境は、そのような楽観論から導かれる状況ではなく、インフレ経済、連邦政府予算における高等教育予算の優先度の低下、急激に拡大した州立コミュニティカレッジとの競争という厳しい環境の中にあり、何らかの対応策を講じていく必要性があるという認識をここに見ることが出来る。

　ボリング学長は、それらに対処していくために、大きく3つの対応策を示している。1つは、「教育プログラムの改善（educational program improvement）」、2つは、「経営の改善（managerial improvement）」、3つは、「政府政策の改善（public policy improvement）」である。特に、2つ目の経営の改善と、3つ目の政府政策の改善の中で語られた事柄の多くが寄付に関する取り組みであったことは、注目に値する。

　2つ目の経営改善において提案された内容は、全て寄付と基金に関するものである。ここでは、多くの大学で基金の活用が出来てないことを指摘したうえで[39]、基本財産をうまく活用していくことと同時に、寄付募集について、次の3点について真剣に考える必要があることを指摘している[40]。その1つは、優秀な寄付募集スタッフを多く採用し、その仕事を学長や理事会が定期的に評価していくことが必要であるという点であり、ボリング学長は、「質の高い寄付募集スタッフを構成し、維持し、刺激していくことは避けることが出来ない（Bolling, 1970, p. 4）」と言及している。第2に、寄付募集のために必要なボランティアを採用するということを挙げている。寄付募集のためのスタッフを全て雇用することは不可能であり、どのような大学でもボランティアを採用する必要があり、よって、大学側は、ボランティアのモチベーションをどのように高めるか、どのようなことに対してボランティアが満足を感じるのかという点にも十分注意しなければならないと指摘している（Bolling, 1970, p. 5）。第3に、寄付募集の主旨を理解し、その責任を引き受ける核となるグループを拡大していく必要性を指摘しており、教員、学生等に

対しても大学の厳しい財政状況に対して理解を求めていく必要があることを指摘している（Bolling, 1970, p. 5）。

　3つ目の政府政策の改善については、複数の事柄[41]について言及する中で、インディアナ州やミシガン州で州に認可された高等教育機関に対する寄付を州所得税納税者の直接控除対象とする制度が通過したことを取り上げ、高等教育機関に対する寄付の税額控除制度を連邦所得税においても導入すべきであることを提言している（Bolling, 1970, p. 7）。ボリング学長は、寄付の税額控除制度を導入することで、新たな資金が高等教育に流れていることが期待出来、寄付の促進が私立高等教育機関全体にとって良い方向に向かうことへの期待を、次のような言葉で示している。

　　　「民間・機関主導で選択することの自由が促進される。機関は、寄付の獲得競争をしていくことになる。そのような競争に公平に誰もが参加する機会がある限り、これは、私たち全てにとって利のあることだと私は考える（Bolling, 1970, p. 7）」。

　以上のような、高等教育関係者が財政危機への対応として寄付を促進していくことに期待する動きは、コミュニティカレッジにおいても見られる。1971年7月にノースカロライナ大学と州教育委員会が主催で行ったコンファレンスにおいて、サンタフェ・カレッジの「デベロップメント・オフィス（Development Office）」のディレクターであったシャロン・ハービー氏（Sharron W. Harvey）がノースカロライナ・コミュニティカレッジの学長に対して「外部資金 ―連邦と民間（External Funding: Federal and Private）」という演題で行ったスピーチ記録は、その典型的な例といえるであろう。

　このスピーチでは、州政府からの資金が抑制的になる状況下において、コミュニティカレッジや「職業訓練機関（Vocational-Technical Institutions）」が連邦政府からの資金と民間からの寄付を十分獲得出来ていないということを、次のように指摘している。

「連邦政府と民間セクターには、コミュニティカレッジや職業訓練機関が利用することの出来る財源が多く残っている。問題は、どのようにこうした高等教育機関がこの資源とかかわりをもつかということよりも、いつそれらの資源に注目するかという点である。高等教育に対する進学需要が高まる一方で、州政府の抑制的な資金配分の雰囲気が漂っている。こうした状況の今こそ、これらの機関は、そのような潜在的な財政資源に最大の関心を払っていくべきである (Sharron, 1971, p.21)」。

　これは即ち、これまで外部資金に対してコミュニティカレッジが十分に注目すらしてこなかったことを説いたものであり、このスピーチでは、財団からの寄付を獲得していくためのメソッドをコミュニティカレッジの学長に提示している。

　これらの資料より示唆されることは、1960年代後半より州立・私立高等教育機関において寄付収入の重要性が強調されていたことにあり、それらは1960年代の高等教育の規模拡大を背景とする高等教育の質的向上の必要性、高等教育機関数の増加による競争の激化、政府高等教育予算の伸び率の停滞といった当時の高等教育の構造的変化との関係の中でその重要性が語られているという点である。即ち、当時、高等教育関係者は、高等教育の規模拡大による社会からの「高等教育の質的改善」と「将来予測される高等教育財政の危機への対応」という2つの相反する課題を解決する方策として、他の政府補助金、授業料と比較して、拡大の余地があった寄付に着目し、そこに解決策を見出そうとしていたことが資料より確認されるのである。

### 第2項　連邦寄付税制に対する批判と1969年税制改革法

　一方、1960年代後半から1970年代前半の連邦政府の慈善寄付控除制度に目を転じると、高等教育関係者の期待とは反する方向での税制改革の動きが確認される。

## (1) 1960年代までの慈善寄付控除

　1960年代後半から70年代の慈善寄付控除制度に関する議論を見るに先立ち、1960年代以前の慈善寄付控除制度の主な変遷について、米国の慈善寄付控除制度の歴史をレビューしたLindsey（2003）を参照しながら確認していくこととしよう。米国の連邦税法において、慈善寄付控除制度が創設されたのは、「1917年戦時歳入法（War Income Tax Revenue Act of 1917）」にまで遡る（Lindsey, 2003, p. 1061）。1917年のこの税制改正から間もなくして、課税対象所得の15%を上限とする個人の慈善寄付控除制度が創設された。その6年後の1923年には、評価性資産の寄付に関して、公正市場価格での所得からの控除、またそれにかかるキャピタルゲインの課税免除を基礎とした寄付優遇制度が開始されており[42]、今日の原型となる慈善寄付控除制度は、1900年代前半にその萌芽が見られる。

　米国の慈善寄付控除制度は、幾度にもわたり制度改正がなされているが、特に本稿の関心である個人寄付に対する慈善寄付控除に関する主な変遷を見ていこう。1940年代から60年代の慈善寄付控除については、控除可能な慈善寄付控除の上限額が拡張される方向で改正されていったことが見て取れる。まず、「1944年の所得税法改正（Individual Income Tax Act of 1944）」において、課税対象所得の15%とされていた慈善寄付控除の上限額が、調整総所得の15%に変更され、個人が慈善寄付控除出来る上限額が拡大した（Lindsey, 2003, p. 1062）。更に、1952年には、慈善寄付控除の上限額が調整総所得の15%から20%に限度額が拡大され、1954年には、教会、修道会、教育機関、病院になされた寄付については、10%の追加控除が可能となり、慈善寄付控除の限度額が調整総所得の20%から30%へと改正された（Lindsey, 2003, pp. 1062-1063）。ここで、一部の団体のみ10%の追加控除が認められた理由について、Lindsey（2003）は、「この法改正の根底にある意図は、このような組織への追加的な寄付を促進させることで、これらの機関のコストの高騰と、控えめな基本財産の運用益の埋め合わせをはかることにあった（Lindsey, 2003, p. 1063）」としている[43]。

　更に1960年代に入ると、「1962年の歳入法（Revenue Act of 1962）」において、

特定の州立カレッジと大学のための財団を、10％の追加控除が可能なリストに加えている (Lindsey, 2003, p. 1064)。また、「1964年の歳入法 (Revenue Act of 1964)」では、納税者の中で、課税所得の90％以上を寄付し、過去10年のうち8年間寄付している納税者については、慈善寄付控除の上限を無くすとする法改正も行われている (Lindsey, 2003, p. 1064)。このような制度改正の事実から、制度創設以来、基本的に慈善寄付控除制度は拡張する方向性で改革が行われていったことを見て取ることが出来る。

**(2)　1969年の税制改革における主な変更**

　慈善寄付控除制度の内容が大きく見直されるのは、ニクソン政権における「1969年税制改革法 (Tax Reform Act of 1969)」である。1969年の税制改革における大きな変更点は、慈善団体を、「パブリック・チャリティ (public charities)」と「民間財団 (private foundations)」に分類したことにある[44] (跡田他、2002、p. 84)。

　これにより、パブリック・チャリティへの寄付については、調整総所得の30％であった慈善寄付控除の上限額は50％となり、また、事業型民間財団への寄付についても、調整総所得の20％であった慈善寄付控除の上限額が50％へと変更され、寄付者に対してプラスのインセンティブを与える改正が行われた[45] (Staff of the Joint Committee on Internal Revenue Taxation and Committee on Finance, 1970, p. 75)。

　その一方で、慈善寄付控除を制限する方向性での改正も1969年の税制改革では実施されている。その1つは、「1964年の歳入法 (Revenue Act of 1964)」に導入された一部の寄付者への無制限の慈善寄付控除を1974年までに廃止することを決定した。この理由として、連邦議会両院協議会がまとめた『1969年税制改革法に関する一般的解説 (General Explanation of The Tax Reform Act of 1969)』は、次のように説明している。

　　「無制限の慈善寄付控除は、多くの高所得者が殆どもしくは全く税金を支払わないことを認めてしまっているという指摘があった。慈善寄付

控除は、納税義務を軽減するために、所得税を殆どもしくは全く支払わないでいる高所得者が利用する項目別控除の2つのうちの1つであった（Staff of the Joint Committee on Internal Revenue Taxation and Committee on Finance, 1970, p. 76）」。

　寄付者にディスインセンティブを与える法改正としてもう1つ挙げられるのが、非事業型民間財団に対するキャピタルゲインを含む評価性資産の寄付の税法上の取り扱いに制限をかけたことがある。その改正内容は、具体的には、次のようなものである。制度改正前は、評価性資産を寄付した場合、調整総所得から評価性資産寄付額の公正市場価格で控除することが可能であったが、制度改正後は、原則、非事業型民間財団への寄付については公正市場価格ではなく、寄付をした評価性資産にかかわるキャピタルゲインの50％となった (Steinbach, 1975, p. 2)。即ち、慈善寄付控除可能な額が引き下げられたのである。これは、非事業型民間財団に対する評価性資産の寄付の実質的コストを押し上げ、評価性資産の寄付に対してディスインセンティブを与える法改正であったといえる。
　この税制改正において高等教育機関は、非事業型民間財団ではなく、パブリック・チャリティに分類されたため、「1969年税制改革法 (Tax Reform Act of 1969)」における評価性資産寄付控除の制限には該当せず、公正市場価格での慈善寄付控除、キャピタルゲインの免税措置が維持され、税制上の恩恵を変更なく受けることとなった[46]。

## (3) 慈善寄付控除に対する社会的批判

　評価性資産の慈善寄付控除の額が「非事業型民間財団」への寄付において制限することを決定した「1969年税制改革法 (Tax Reform Act of 1969)」の審議過程においては、最終的には実現されなかったものの、高等教育機関に対する寄付の控除幅も制限させる方向性の制度改正案が議題として挙がっていたとされる[47]。また、「1969年税制改革法」の後も、慈善寄付控除制度を抑制するための幾つかの提案が議会に提出されており[48]、少なくとも、1960年

代後半から70年代にかけては、高等教育機関への寄付も含めて、慈善寄付控除制度を見直す機運が米国社会の中にあったことが確認される。こうした慈善寄付控除制度の見直しに対して高等教育関係者を含む非営利団体関係者が反論するという構図が、1970年代は常に存在したといえる。以下に、当時の慈善寄付控除制度に対する批判内容について記していくこととしよう。

1952年に、高等教育に関する政策の調査分析と高等教育に対する寄付の促進を目的に設置された「教育財政支援カウンシル (Council for Financial Aid to Education)」という非営利団体が1973年に発行した『ボランタリズム、税制改革、そして高等教育 (Voluntarism, Tax Reform, and Higher Education)』という報告書は、当時の連邦議会の慈善寄付控除制度の改正をめぐる動きについて報告したものである。ここでは、この報告書を基に、当時の慈善寄付控除制度に対する批判の背景とその内容について、高等教育関係者がどのように認識していたのか示すこととしたい。

まず、慈善寄付控除制度が社会的批判の対象となっている背景として、この報告書は、大きく「政治思想との対立」と「税の公平性」という2つの事柄を挙げ、次のように指摘している。

> 「(慈善寄付控除制度の：引用者) 改正を主張する者は、政治思想と公平性という観点から改正を求めている。ある者は、寄付控除は、本来ならば財務省に流れる税金を納税者が他に費やすことを促進していると主張し、他の者は、寄付控除による利益は他の納税者に比べ、高所得者層にとって好ましいものとなっていると主張する (Council for Financial Aid to Education, 1973, p. 5)」。

この文書から明らかなように、慈善寄付控除に対する社会的批判の1つは、政治思想的観点からの批判である。ここで指摘される政治思想とは、「大きな政府」を志向する福祉国家的政策と考えられる。これは、「教育財政支援カウンシル」の報告書の言葉を借りれば、「本来ならば政府の歳入となっていたものが、慈善寄付控除を通じて節税されたことにより、適切な法的議論、

及び、行政上のコントロールなしに、支出にまわってしまっている（Council for Financial Aid to Education, 1973, p. 8)」とする考え方であり、この考え方は、「ある種の公的な機能・サービスに関する全てのことは、政府によって賄われるべきであるという思想を反映したもので、ボランタリズムを高め、発展させていこうとする基本的信条と対峙するもの（Council for Financial Aid to Education, 1973, p. 8)」であったと捉えている。即ち、慈善寄付控除制度というものは、本来ならば財務省に流れるはずの税収を減少させ、納税者が政府以外の団体へ支出することを促す制度であるため、大きな政府を基礎とする政治思想と対立関係にあったという認識である。

慈善寄付控除制度に対する批判のもう1つの観点は、「税の公平性」という観点からの批判があったことも、先の文書より伺える。即ち、慈善寄付控除制度が他の納税者よりも高所得者層にとって好ましい税制であるという点において、税の公平性という原則に反しており、場合によっては高所得者の「税逃れ（tax loopholes)」になってしまっているという批判である。それは、1972年にウィルバー・ミルズ下院議員（Wilbur D. Mills、民主党、アーカンソー州選出）とマイク・マンスフィールド下院議員（Mike J. Mansfield、民主党、モンタナ州選出）という二人の民主党議員が、連邦税法において税逃れをもたらしている可能性のある54項目について、その改正案を提案した際、その中に慈善寄付控除に関する事柄が含まれているこことからも確認出来る（Milius, June 1, 1972)。

この時、慈善寄付控除制度の中でも特に問題とされた具体的な制度の1つが評価性資産の寄付の取り扱いについてである[49]（Council for Financial Aid to Education, 1973, p. 15)。

先述のとおり、高等教育機関に対する評価性資産の寄付の取り扱いは、1923年以来、米国において、公正市場価格での控除、キャピタルゲインに対する課税の免除という制度の下、極めて優遇された状態にあった。しかし、評価性資産の慈善寄付控除制度に対しては、税の公平性の側面から見ると、次のような理由から問題があることが指摘されている。

第1に、寄付した評価性資産の公正市場価格と同じ額を連邦所得税におい

て所得控除出来るのに加え、本来売却した場合に発生するキャピタルゲイン課税が免除されるという制度のもとでは、評価性資産を寄付した人の方が、それを売却した人や現金で寄付した人よりも税制上優遇されている。そのため、評価性資産を持たない人や税引き後の所得からしか寄付が出来ない人にとって不利な制度である。評価性資産を有する人は、高所得者層に特に多いため、高所得者を優遇する制度であり、税の公平性の原則からいって問題があるという主張である (Association of American Universities, 1973, p. 28)。

　また、この他に、現行制度のもとでは、税引き後の寄付の実質的コストは、評価性資産の価格変動に大きく依存する。本来、税の寄付誘発力は慈善団体や社会全体が寄付によって獲得する便益の規模と対応すべきだが、評価性資産の価格変動が大きく影響するため、その関係性が保たれず、問題であるという指摘もなされていたとされる (Commission on Private Philanthropy and Public Needs, 1975, p. 145)。

　こうした認識のもと、評価性資産の慈善寄付控除制度に対する批判者からは、代替する政策案が幾つか示されており、その代表的なものは、「1969年税制改革法 (Tax Reform Act of 1969)」で「非事業型民間財団」がその控除幅を制限されたのと同様に、パブリック・チャリティに対する寄付も公正市場価格で控除可能な制度を改め、寄付した評価性資産に関わるキャピタルゲインの50%までを控除額とするといった内容のものであった[50]。

　また、遺贈寄付に対する慈善寄付控除制度は、連邦遺産税を避ける抜け道になっているという批判が当時あったことも付け加えておきたい。1918年以来、遺産から慈善団体に寄付がなされた場合、総遺産額から寄付額分を控除することで、連邦遺産税が税制上優遇されてきたが、このとき慈善寄付控除の上限額が設定されていないことが問題視された。こうした問題意識のもと、税制改革派からは、連邦遺産税からの慈善寄付控除の上限額を調整総遺産額の50%までにするという提案がなされている[51]。

### 第3項　高等教育関係者の1970年代の声明

　上記のような慈善寄付控除に対する批判に対して、高等教育関係者は、如

何なる反応を示したのであろうか。当時46の大学[52]が加盟していた「米国大学協会（Association of American Universities）」が設けた「税制改革委員会（Committee on Tax Reform）」より1973年に発行された『税制改革と高等教育財政の危機（Tax Reform and the Crisis of Financing Higher Education）』という報告書、1974年に「米国カレッジ協会（Association of American Colleges）」より発行された『私立高等教育機関に対する政府政策（A National Policy for Private Higher Education）』という報告書、1975年8月に『ロサンジェルス・タイムズ』に掲載された「税制改革 —— フィランソロピーを脅かすカリフォルニア工科大学学長の主張　寄付は教育の多様性へのカギ（Tax Reform: a Danger to Philanthropy Caltech President Calls Charitable Giving Key to Educational Diversity）」という見出しの新聞記事より、当時の高等教育関係者の慈善寄付控除改正案に対する明確な反対姿勢を読み取ることが出来る。こうした高等教育関係者の声明から、1970年代の慈善寄付控除制度に対する社会的批判に高等教育関係者がどのように対応していったか見ていくことにしよう。

　慈善寄付控除制度に対する批判に対して、高等教育関係者が反対の立場を明確に示したものの1つとして、「米国大学協会」の「税制改革委員会（Committee of Tax Reform）[53]」より1973年に発行された『税制改革と高等教育財政の危機（Tax Reform and the Crisis of Financing Higher Education）』という報告書がある。報告書には、報告書の作成過程において貢献をした団体として、「米国大学協会」以外の7つの大学団体、「全米大学経営管理者協会（National Association of College and University Business Officers）」、「米国コミュニティ・ジュニアカレッジ協会（Association of American Community and Junior Colleges）」、「米国カレッジ協会（Association of American Colleges）」、「米国カレッジ広報協会（American College Public Relations Association）」、「米国教育カウンシル（American Council on Education）」、「全米私立大学カウンシル（National Council of Independent Colleges and Universities）」、「全米州立・国有地付与大学協会（National Association of State Universities and Land-Grant Colleges）」が名を連ねられており、複数の大学団体の協力の下に作成されたものであることがわかる。

　この報告書では、慈善寄付控除制度批判者らの慈善寄付控除を制限する政

策案に対して明確に反対していることを見て取ることが出来る。報告書の冒頭に記載されている次の文書に、当時の高等教育関係者の基本的な反論内容が示されていると思われるので、以下に引用することにしよう。

　「この文脈において（大学の財政状況が危機に瀕している状況において：引用者）、高等教育に対してなされている寄付の水準が維持されることは、絶対的に必要であり、それは、現行の税制度によって方向づけられるものである。　—中略—『税の公平性（tax equity)』という名のもとに、改革派は、我が国の高等教育システムの機能を失わせようとしている。1969年税制改革法により、引き締められ、改善された現在のシステムには称賛されるべきところが多くある。現在のシステムが修正されるのは、十分に検討されたより良い代替案、即ち、現在の大学に対する寄付の水準を下回らせることなく、学問の自由を脅かすことなく、我々の社会の特徴である多元性を害さない代替案が示されたときのみになされるべきである（Association of American Universities, 1973, pp. 1-2)」。

　この文書からは、次の2つの観点からの反論を見出すことが出来る。1つは、現在、財政危機に瀕している状況において、高等教育機関における寄付の水準を維持することが必要不可欠だという視点、2つは、多元的な高等教育システムを確立しておくためには寄付という資金が必要であるという視点である。以下に、その内容について見ていくことにしよう。

## (1)　財政危機における寄付の重要性
　先に引用した文書において見られるように、反論の第1点目は、財政的に厳しい環境下にある高等教育機関が現在の質を維持し、管理運営していくためには、少なくとも現行制度を前提とした寄付の水準が必要であるという視点からのものである。「米国大学協会（Association of American Universities)」の報告書では、歴史的に米国高等教育は、国家の安全、社会福祉、経済に寄与する重要な資源であるということが連邦議会においても認められてきたこと

を指摘した上で、慈善寄付控除批判者らによる現在の制度改正案は、高等教育に対する寄付が減少することによってもたらされる影響を考慮しておらず、実行に移されるべきではないとしている（Association of American Universities, 1973, p. 37）。

報告書では、高等教育機関を取り巻く財政的に厳しい環境として、インフレによる高等教育機関のコスト上昇のことが取り上げられている。**図3.6**は、米国の高等教育機関の調達コストを基に算出した「高等教育物価指数（higher education price index）」の推移を示したものであるが、1970年代は高等教育物価指数が5％以上で推移し続ける状態が続いており、高等教育機関を運営していくためのコストが高まっている状況にあった。その一方、先に示した通り、政府からの高等教育に対する公財政支出、授業料の拡大は停滞している状況にあり、コストの上昇に収入が追いついていかないことが危惧されている状況にあった。

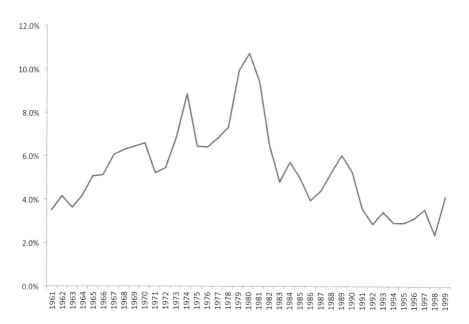

**図3.6：高等教育物価指数の年上昇率の推移（1961年度から1999年度）**

出典：Commonfund Institute（2011, p.2）より作成。

「米国大学協会」の報告書においては、「1972年の教育改正法（Education Amendments of 1972）」の審議過程における下院教育労働委員会の報告書において、「数百もの高等教育機関は、財政危機の非常に厳しい域に達している。インフレとコスト上昇により、高等教育機関は、典型的なコストが上がり価格が上げられない状況に追い込まれている（Association of American Universities 1973, p. 3）」とされている記録を引用しながら、コスト上昇に伴う高等教育機関の財政危機を強調し、「全ての高等教育機関は、全ての利用出来る資源を是が非でも必要としており、更なる資源も必要としている。高等教育機関は、私的慈善寄付からの資金を減少させるわけにはいかない（Association of American Universities, 1973, p. 7）」と警告を発している。

その中でも高等教育機関における寄付の特徴として、大口寄付の評価性資産寄付に依存していることを強調しており、「米国教育カウンシル（American Council on Education）」のシェルドン・シュタインバッハ氏（Sheldon Steinbach）と、シカゴ大学のジュリアン・レヴィ氏（Julian H. Levi）が算出した高等教育機関に占める大口寄付者、評価性資産寄付に関するデータを引用しながら、その重要性を示している。このデータは、当時、大口寄付と評価性資産寄付が高等教育機関の個人寄付にどの程度の割合を占めていたか知る上で、貴重な資料であるので、少し長くなるが以下に引用することにしよう。

　　「高等教育は、大口寄付に依存している。全ての取引のあった寄付の95％は、5,000ドル以下であり、その総額は、全ての寄付額の24.9％である。それに対し、4.73％しか占めていない5,000ドル以上の寄付が全ての寄付額の75.04％を占めている。　—中略—　個人からの経常支出目的の寄付で5,000ドル以上のものについていえば、卒業生からの寄付の48.92％は有価証券の形態でなされ、3.25％が不動産、0.40％がその他の現物寄付となっている。資本支出目的の卒業生寄付で5,000ドル以上のものについていえば、58.38％が有価証券の形態でなされ、2.64％が不動産、0.133％がその他の現物寄付であった。卒業生以外の個人寄付についても同様のパターンが見られる（Association of American Universities,

1973, pp. 7-8)」。

　また、両氏のレポートは、「教育財政支援カウンシル（Council for Financial Aid to Education）」が1973年に発行し、慈善寄付控除制度の高等教育における重要性を声明として出した『ボランタリズム、税制改革、そして高等教育』の報告書にも引用されている。

　　「高等教育の場合、評価性資産寄付は、全ての寄付者からの寄付額の4分の1を占めると推計されている。例えば、1971年度においては、全ての寄付者からの寄付額20.2億ドルのうちの約5億ドルは、現金以外の資産の寄付で構成されている。個人からの寄付と遺贈についていえば、資産の寄付は、全体の45％を占めているし、5,000ドル以上の寄付総額の60％以上を占めている（Council for Financial Aid to Education, 1973, p. 17）」。

　このように、高等教育機関においては、大口の資産形態の寄付が寄付額全体の中で大きな割合を占めていることが当時の大学団体の報告書より確認することが出来る。

　また、同時に、報告書では、「（米国の：引用者）高等教育機関は、大口の寄付と遺贈寄付に大きく依存している。―中略― この有益な税制は、この形態の寄付を刺激するのに最もインパクトがあるという共通の合意がある（Association of American Universities, 1973, p. 19）」とし、連邦政府に慈善寄付控除制度があることにより、大口の資産形態の寄付が高等教育に流れてきているという認識を明確に示している。

　以上を総合すると、連邦政府の慈善寄付控除制度を制限することに対する第1の反論は、次のようなものとして理解出来るだろう。インフレに伴う高等教育機関の調達コストの上昇という財政危機的な状況下においては、寄付というものが重要であるということ、特に、高等教育機関は、大口の資産形態の寄付に依存しており、これが減少した場合、米国の高等教育システムは

大きなダメージを受けることになるのである。それ故、公正市場価格での評価性資産の慈善寄付控除は、維持されるべきであるということ、また遺贈寄付の慈善寄付控除に上限額を設けるべきではないという主張である。

## (2)　自律的・多元的な高等教育システムの確立

　反論の第2点目としては、本章第2節第3項冒頭で、Association of American Universities (1973, pp. 1-2) から引用した先の文書における「学問の自由 (academic freedom)」や「社会の多元性 (pluralistic character of our society)」といった言葉に見られるように寄付が「大学の自律性」と「社会の多元性」を確保する上で大きな役割を果たしているという視点からの反論である。これは、公共的なサービスについては、政府が税金を徴収し、政府を介して補助を行っていくとする政治思想に対する反論であったと理解することが出来る。即ち、慈善寄付控除を制限することで寄付という資金のルートを縮小し、政府の補助金に依存していくことが、多元的な米国の高等教育システムを画一化させる危険性を孕んでいるという主張である。

　このような主張は、1973年の「米国大学協会 (Association of American Universities)」の報告書において、慈善寄付を減少させ、政府への依存率を高めていくことが、新しいアイディアやプログラムを産み出していく力を抑制させえてしまうということを指摘する次のような文書からも確認することが出来る。

　　「今のところ、高等教育機関は、私立大学の政府補助金の占める割合が45％を超えているにもかかわらず、誠実性と独立性を保っている。多様な私的支援とは異なった非常に中央集権的な政府補助金への依存率を、結果として高めてしまうようなあらゆる施策は、そのバランスを脅かす。(以下括弧内は引用文献の脚注：深刻な脅威とは、明らかなコントロールではなく、触知出来ない政府の影響である。政府からの補助金が、あまりにも大きくなると、大学は、大学の成長や決定事項に関して、自律的に判断していこうとするパワーや意思を失う。彼らは、自分たちの仕事の方向性、自分たちの成長・発展の方向性を中央集権的な力が決定することを許容する可能性があ

る。）更に、税制システムを通じて私立機関に対する慈善寄付を促進する政策を削減していくことは、結果として、私たちの社会における新しいアイディアやプログラムからもたらされる重要な利得を失わせることとなる（Association of American Universities, 1973, p. 15)」。

　同様の趣旨の指摘は、「米国大学協会」の「税制改革委員会（Committee of Tax Reform)」の委員であり、カリフォルニア工科大学（California Institute of Technology)の学長であったハロルド・ブラウン氏（Harold Brown)が、1975年8月25日の『ロサンジェルス・タイムズ』に掲載した「税制改革 ——フィランソロピーを脅かす カリフォルニア工科大学学長の主張 寄付は教育の多様性へのカギ（Tax Reform: Danger to Philanthropy Caltech President Calls Charitable Giving Key to Educational Diversity)」という声明の中にも見られる。

　　「私（ハロルド・ブラウンカリフォルニア工科大学学長：引用者）の考えでは、アメリカ国民の全ての所得階層が個人として米国の教育に様々な経路で財政的に支援する機会があることは望ましいことである。なぜなら、この多様性は、ヨーロッパやラテンアメリカのように政府が（ほぼ）すべてを財政支援し、それに付随して規制をかけるモデルと比較して、米国の誇りとするものだからである（Liswood, August 25, 1975)」。

　このような多元的な高等教育システムの確立については、伝統的に寄付によって設立され、政府からの独立した機関として運営されてきた私立高等教育機関の関心は高く、「米国カレッジ協会（Association of American Colleges)」のタスクフォース・チーム[54]が将来の私立高等教育について調査し、1974年にまとめた『私立高等教育機関に対する政府政策（A National Policy for Private Colleges and Universities)』という報告書の中でも、慈善寄付控除を制限するという連邦政府内の動きが取り上げられており、それに対する反論が掲載されている。この報告書では、私立高等教育機関を取り巻く厳しい環境要因として、インフレによるコストの上昇と人口増加の停滞の他に、連邦政府の政策

的な動向として慈善寄付控除を制限する動きがあるとした上で、次のような
反論を展開している。

　「私立高等教育の健全性、脆弱性は、特にフィランソロピーによって
　左右される。恒常的な寄付がなければ、私立セクターの独立、即ち、政
　府からの独立、市場からの独立は、維持することが出来ない。―中略―
　私立高等教育セクターが独立性を保持し、社会的機能である多元性と
　リーダーシップを提供していくのであれば、この相対的な減少傾向（私
　立高等教育機関への寄付は増えてはいるものの、教育資金全体に占める割合は
　低下していること：引用者）は止めなければいけないし、戻さなければい
　けない。しかし、より大規模な寄付に向けて、フィランソロピーが注目
　されているたった今、寄付に対する税制的なインセンティブを弱める施
　策が提案されようとしている（Association of American Colleges, 1974, pp. 31-
　32)」。

　この文書より注目されるのは、政府からの独立に加え、市場からの独立と
いう言葉が含まれており、寄付という資金ルートのシェアを維持していくこ
とが、高等教育機関の独立性と多元性を確保していく上で重要であるという
考え方が、根底にあるといえよう。即ち、市場、政府補助金、寄付というこ
の3つの資金ルートのバランスを保っておく必要が、自律的・多元的な高等
教育システムを維持し、高等教育機関が社会的な責任を果たしていく上で必
要であるという認識が、米国高等教育関係者の中にあったことをこのことか
ら読み取ることが出来る。

　こうした主張は、寄付の性質に着目したものであり、政府、市場に過度に
依存した状態は、米国高等教育を画一化させていく可能性があるという問題
意識の下、ヨーロッパやラテンアメリカのような中央集権的に高等教育セク
ターを管理運営していくこととは異なった形態を米国は維持していかなけれ
ばならないという思想が、その背景にあることが確認出来るであろう。

**(3) 税の公平性に対する反論**

　以上のような、財政危機下の高等教育における寄付の重要性、自律的・多元的な高等教育システムの確立という観点からの反論に加え、慈善寄付控除が高所得者の「税逃れ」になっており、「税の公平性」に反したものであるという指摘に対する反論も高等教育関係者の報告書の中には見られる。「米国大学協会（Association of American Universities）」の報告書、「米国カレッジ協会（Association of American Colleges）」の報告書、新聞紙上の高等教育関係者の声明より、税の公平性と関連する反論内容を整理すると、次のようなものが見られる。

　第1の反論内容は、「慈善寄付控除は、高所得者の税逃れとしてみなされるよりもむしろ、寄付額は、（それはボランタリーになされたものではあるが）、公共の利益にかなう財やサービスを提供するために個人から支払われた追加的な税として捉えられるべきで、これは、さもなければ、政府によって供給されていたものである（Association of American Universities, 1973, pp. 24-25）」という指摘である。即ち、慈善寄付は、高所得者が追加的な税を支払っているものとして理解出来、慈善寄付控除は、それを補助することを通じて資格のある慈善団体の活動を補助しているものであり、高所得者の税逃れには当たらないという解釈である。

　更に、第2点目として、慈善寄付控除を制限したときに起こるであろう実際上の変化を考える上で、注意しなければならないのは、高等教育に対する寄付の場合、その寄付は、公共目的のために使用されるという側面のみならず、高所得者層を中心とした寄付者から寄付によって教育サービスを受けることが可能となる学生への所得移転という側面があるということである（Association of American Universities, 1973, p. 25）。

　第3は、仮に高等教育機関への慈善寄付控除が制限された場合、それを補うために税の公平性がかえって悪化される可能性があるという視点からの反論である。Association of American Universities（1973）よりその内容を要約すると次の通りである。慈善寄付控除が制限され、高所得者層からの高等教育に対する寄付が減少した場合、その減少分をどこかで賄う必要があるが、高

等教育の場合、それは州政府の税金によって賄われる可能性が高いということがある。しかし、州税は連邦税に比べて逆累進的な側面がある。よって、慈善寄付控除に制限がかけられ、高所得者層からの寄付が減少すると、その分の負担が州税を支払っている低所得者層、中所得者層のグループに移ることになる可能性があり、慈善寄付控除の制限は、逆に税の公平性を悪化させる可能性をもっているという反論の展開である。

Association of American Universities (1973) では、**表3.4**のように、所得階層ごとの調整総所得に占める教育への寄付の割合と、家計所得に占める州・地方税の割合を比較したデータを掲載し、教育への寄付が調整総所得に占めるシェアは累進的になっているのに対し、州・地方税が家計所得に占める割合は低所得者ほど大きくなっていることを示している。その上で、寄付が減少し、州税への依存が高まった場合、税の公平性が悪化する可能性があることを指摘している。

このような主張は、『ロサンジェルス・タイムズ』に掲載されたハロルド・ブラウン学長の声明の中にも見ることが出来、「州税は、低所得、中所得層からきている。しばしば、それは、消費税を含んでおり、これは特に逆累進的であるが、州所得税は連邦所得税に比べて累進制が著しく低い。よって、

**表3.4：教育への寄付が調整総所得に占める割合と州・地方税が所得に占める割合**

| 調整総所得(ドル) | 教育への寄付が調整総所得に占める割合(%) | 所得(ドル) | 州・地方税が家計所得に占める割合(%) |
|---|---|---|---|
| 3,000以下 | 0.05未満 | 2,000以下 | 11.3 |
| 3,000-5,000 | 0.05未満 | 2,000-3,999 | 9.4 |
| 5,000-10,000 | 0.05未満 | 4,000-5,999 | 8.5 |
| 10,000-15,000 | 0.01 | 6,000-7,999 | 7.7 |
| 15,000-25,000 | 0.01 | 8,000-9,999 | 7.2 |
| 25,000-50,000 | 0.03 | 10,000-14,999 | 6.5 |
| 50,000-100,000 | 0.06 | 15,000以上 | 5.9 |
| 100,000-150,000 | 1.1 | | |
| 150,000-200,000 | 1.5 | | |
| 200,000-500,000 | 2.1 | | |
| 500,000-1,000,000 | 2.2 | | |
| 1,000,000超え | 2.4 | | |

出典：Association of American Universities (1973, p. 26) より引用。

慈善寄付控除を徐々に削っていくこと、ましてや無くしてしまうことは、このような活動のための負担を低所得者層に負担させることになる（Liswood, August 25, 1975）」としている。更に、この主張を補完するデータとして、私立から州立へと設置形態を変えたことで、州民の高等教育を支える負担が大きく増えてしまったバッファロー大学とピッツバーグ大学を挙げ、次のように述べている。

　「過去10年間において、バッファローとピッツバークの少なくとも2つの私立大学が公立化された。公立化される前は、それぞれの大学は、それぞれの州より既に1,000万ドル受けていたが、財源の大部分は基本財産収入、寄付、そして授業料であった。しかしながら、今日、ニューヨークとペンシルヴァニアの納税者は、年間1億ドルもの金額をそれぞれの大学に支払っている。これは、即ち、比較的逆累進的な州税からの資金である（Liswood, August 25, 1975）」。

　第4に、理論上の税の公平性を求めるよりも、実際上もたらされる結果の方に重きをおいた上で判断すべきであるという主張も見られる。

　これは、Association of American Universities（1973）において強調されている。Association of American Universities（1973）では、評価性資産寄付に対する慈善寄付控除制度の歴史を振り返りながら、1923年から公正市場価格での控除とキャピタルゲインへの非課税制度がもたらされて以来、1938年と1969年の2回見直しが図られたが、2回とも連邦議会における議論の後、評価性資産に対する慈善寄付にとって当該制度は非常に重要な制度であるということで、高等教育機関はその恩恵を受けることが認められ続けてきたということを指摘した上で、「たとえ、評価性資産への控除を与えることが、寄付をする余裕のある高所得者層にとって好ましいものであるとしても、この理論上の公平性は、評価性資産に関するルールによってもたらされる高等教育への便益、即ち、そのようなルールを変更した結果、破滅的に寄付が減ってしまう可能性が潜在的にあること、と比較すると小さく見える。ビッター

教授の言葉にあるが、不公平は容認し得ないことではない。即ち、『純正な税制 (tax purity)』、『税制の論理 (tax logic)』、『定義上の正確さ (definitional elegance)』よりも、変化によってもたらされる実際上の結果により重きがおかれるべきである (Association of American Universities, 1973, p. 31)」とされている。即ち、あくまでも政策変更については、実際それによってもたらされる結果を基に判断する必要性がここでは説かれているものといえるであろう。

### 第4項　ファイラー委員会の報告書

　こうした高等教育関係者の慈善寄付控除の見直しに反対する動きは、ジョン・ロックフェラー3世が今後の米国のボランタリーセクターの在り方について検討することを目的とし設立された私的委員会「民間公益活動と社会的要請に関する調査委員会 (The Commission on Public Philanthropy and Public Needs)」の動きと合流することになる[55]。この委員会は、財界、大学、宗教団体、非営利団体、財団などからの代表者28人より構成され、この中に高等教育関係者は7人が参加している[56] (Commission on Private Philanthropy and Public Needs, 1975, pp. 231-234)。その中の1人であるチュレイン大学の名誉学長のハーバート・ロンゲネッカー氏 (Herbert E. Longenecker) は、先に取り上げた大学団体の報告書『税制改革と高等教育財政の危機 (Tax Reform and the Crisis of Financing Higher Education)』を1973年に発行した「米国大学協会 (Association of American Universities)」の「税制改革委員会 (Committee on Tax Reform)」の委員でもあった。よって、ファイラー委員会の提言内容には、高等教育関係者による慈善寄付控除批判も影響しているものと見ることが出来るであろう。このファイラー委員会における調査結果、及び、その報告書は、その後の「寄付税制論議に重要な意味を持つこととなった (跡田・前川・末村・大野、2002, p. 85)」とされており、本項ではその内容について確認していくこととしたい。

　1973年に設置されたこの委員会は、税の専門家、経済学者、社会学者を招集した8月の会合において、「寄付のパターン、税制が寄付行動に与える影響、政府と非営利団体の相対的な役割、寄付や非営利団体の活動に関する

第3章　米国の高等教育と連邦寄付税制の変遷　*115*

基本的な質問に対応出来るデータや分析が不足しているという結論に即座に
たどり着いた (Commission on Private Philanthropy and Public Needs, 1975, p. 2)」
とし、議論の前提となる基礎的なデータを蓄積していくための調査研究を開
始している。

　ファイラー委員会は、1975年12月に最終報告書、『アメリカにおける寄
付 ―強いボランタリーセクターに向けて (Giving in America: Toward a Stronger
Voluntary Sector)』を発行し、連邦議会にそれを提出するが、この最終報告書
が完成するまでの間に数多くの調査研究を行っている。

　このファイラー委員会の支援を受けながら行われた研究成果は、最終報告
書の内容にも反映されており、これらの膨大な研究レポートは、その後、
1977年に米国財務省より約3,000頁からなる『研究報告書 (Research Papers)』
としてまとめられ、公開されている。この中には、約90の研究レポートが
含まれているが、高等教育に焦点をあてた主な調査研究としては、次の2つ
がファイラー委員会の調査研究成果として『研究報告書』に収録されている。

　1つは、カリフォルニア大学教授のアール・チェイト氏 (Earl F. Cheit) と
カーネギー高等教育政策研究カウンシル研究員のセオドア・ロブマン3世
(Theodore E. Lobman III) によってまとめられた『プライベートフィランソロ
ピーと高等教育 ―歴史、今日の動向、公共政策の検討 (Private Philanthropy
and Higher Education: History, Current Impact, and Public Policy Considerations)』で
あり、2つめは、ウースター大学のファイナンス・経営担当副学長のハンス・
ジェニー氏 (Hans H. Jenny) とリサーチ・アシスタントのメアリー・アラン氏
(Mary A. Allan) によってまとめられた『高等教育におけるフィランソロピー
―その規模、特質、カレッジと大学の財政に与える影響 (Philanthropy in
Higher Education: its Magnitude, its Nature, and its Influence on College and University
Finance)』である。

　なお、この2つの研究レポート以外においても、非営利団体全体の寄付の
特徴を調査研究したレポートの中で、高等教育部門への寄付の特質性につい
て部分的に触れたものも散見される。即ち、ファイラー委員会の調査研究の
特徴は、高等教育分野だけではなく、宗教、医療、財団、文化など、さまざ

まな非営利セクターを対象とした調査研究を包括的に研究対象として扱っていることにあり、ファイラー委員会の一連のレポートは、他の非営利団体の中で高等教育における寄付がどのような特色を持つものとして捉えられていたか確認することが出来る資料といえるであろう。

以下に、ファイラー委員会の最終報告書、及び、その基礎となった『研究報告書』の内容を見ていくことを通じて、高等教育への寄付の特質がどのようなものとして論じられているか見ていくこととしたい。

### (1) ファイラー委員会の慈善寄付控除に対する提言内容

はじめに、1975年に発行された最終報告書『アメリカにおける寄付 ―強いボランタリーセクターに向けて (Giving in America: Toward a Stronger Voluntary Sector)』で提言されたものの中で、慈善寄付控除に関して指摘された事柄を見ていくこととしよう。慈善寄付控除に関しては、以下の6つの事柄が提言されている。

その6つとは、第1に、全ての納税者が慈善寄付控除を利用出来るようにするため、「項目別控除 (itemized deduction)」利用者と同様に、これまで慈善寄付控除を利用することが出来なかった「定額控除 (standard deduction)」利用者も、慈善寄付控除を利用出来るように制度を改めること、第2に、低所得者、及び、中所得者の納税者からの慈善寄付を誘引することが必要であり、年収15,000ドル以下の家庭については「ダブル・ディダクション (double deduction)」として、課税所得から寄付額の2倍の額を控除出来る制度の創設を、また年収15,000ドル以上30,000ドル以下の家庭については寄付額の150%を控除可能とする制度を創設すること、第3に、慈善寄付をミニマム税の課税対象とする議論があるが、それは原則なされるべきでないということ、第4に、評価性資産の寄付を慈善寄付控除として認めることは、原則、継続されるべきであるということ、第5に、遺贈寄付に関する控除は、現行制度のまま維持されるべきであるということ、第6に、企業は、少なくとも1980年までに、最低限の目標として税引前純利益の2%を慈善目的で寄付することを設定するべきであり、また、連邦政府委員会は、企業寄付を刺激

するための指標について検討するべきであるということ、以上の6つである（Commission on Private Philanthropy and Public Needs, 1975）。

　特に、第4の評価性資産の寄付に関しては、最終報告書の中で、「多くの機関、特に、高所得者の寄付者からの寄付の主要な受け手となっている私立カレッジ・大学、病院、文化団体が評価性資産の寄付に大きく頼っている（Commission on Private Philanthropy and Public Needs, 1975, p. 145）」とされており、高等教育機関が評価性資産の寄付の主要な受け手の1つであるという文言が含まれている。

　更に、1つの試算として、「仮に評価性資産の控除が制限された場合、寄付全体は3％減少するが、最も減少率が大きいのは教育機関に対するもので、彼らが受けている民間資金の8％が減少、或いは、1970年価格で年間5,000万ドルが減少する（Commission on Private Philanthropy and Public Needs, 1975, p. 145）」という文言も、最終報告書においては記載されている。即ち、他の非営利団体と比較して教育機関は、高所得者からの寄付の多くを受けているため、評価性資産の慈善寄付控除が制限された場合、その減少幅が大きいとされているのである。

## (2)　高所得者層の寄付の受け手である高等教育部門

　以上の最終報告書において書かれた文言では、「教育機関（educational organization）」という言葉が使用されており、初等中等教育機関と高等教育機関に与える税制改正の影響度の違いは、明確に述べられてはいない。しかしながら、最終報告書作成の際に参照された当時の『研究報告書』からは、他の部門と比較して、高等教育への寄付が突出して高所得者の寄付の受け入れ先となっていることを示していることを見出すことが出来る。

　当時、ファイラー委員会の最終提言をまとめるために、基礎的なデータが整理する中で、委員会から支援を受けたミシガン大学の社会科学研究所の調査研究センターが中心となり、人々の寄付行動を把握するための大規模調査がおこなわれている。この結果は、Morgan, Dye, and Hybels（1977）としてまとめられており、先の『研究報告書（Research Papers）』の中にも収録されて

いる。このレポートには、各所得階層の寄付額全体に、各部門(宗教、高等教育、その他の教育、嘆願団体、医療保健、文化、その他)への寄付がどの程度の割合を占めしたものが掲載されている。高等教育部門と、他の非営利団体の寄付の特質性の違いを比較した貴重な資料であると思われるので、その内容を掲載すると、次の通りである。

**図3.7**が、当該レポートに記載された、所得階層ごとの寄付額全体に占める、各部門への寄付額の割合を示したものである。まず、低所得者層の寄付に着目すると、宗教団体への寄付が1万ドル未満の所得階層においては寄付額の59%、1万ドルから2万ドル未満の所得階層においては寄付額の67%、2万ドルから3万ドル未満の所得階層においては59%と、6割前後を占めている。これに対し、低所得者層の寄付額における高等教育のシェアは、1%から2%に過ぎず、非常に小さいといえる。

反対に、高所得者層の寄付に着目すると、高等教育への寄付は、10万ドルから20万ドル未満の所得階層においては寄付額の14%、20万ドルから50万ドルの所得階層においては寄付額の27%、50万ドル以上の所得階層においては寄付額の24%を占めており、高所得者層の寄付額の最も大きな割合を占めている。一方、同じ教育分野でも高等教育以外への教育部門、即ち、初等中等学校等への寄付の割合は、10万ドルから20万ドル未満の所得階層においては寄付額の5%、20万ドルから50万ドル未満の所得階層においては寄付額の6%、50万ドル以上の所得階層においては寄付額の3%しかなく、高所得者からの寄付のシェアが大きいのは高等教育部門独自の特徴であることが窺える。即ち、これは、他の非営利団体と比較して、高額所得者層からの寄付において高等教育セクターが突出して大きな寄付の受け入れ先であったことを示すものである。

ここから示唆されることは、米国の非営利セクター全体の中でも評価性資産に対する連邦寄付税制の制限については、高等教育への影響が特に大きいことが予想されており、評価性資産に対する慈善寄付控除を制限するかどうかに関わる税制改革論議において、高等教育関係者の意見が非営利セクター全体の中で重要な役割を持っていたと捉えられることにあるだろう。

第 3 章　米国の高等教育と連邦寄付税制の変遷　*119*

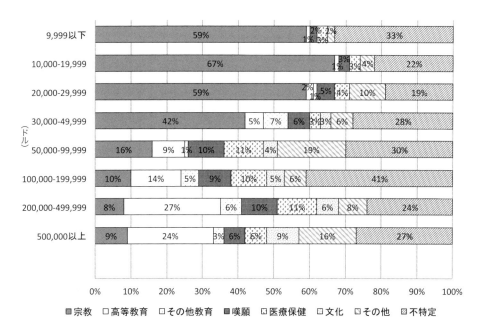

**図3．7：主要な慈善団体への寄付が各所得階層の寄付総額に占める割合**

出典：Morgan, Dye, and Hybels（1977, p. 208）のtable 38 より作成。

　このように、ファイラー委員会では、包括的な調査とデータに基づき、当時の慈善寄付控除に対する批判に反論すると同時に、寄付を拡大させていくための政策案を積極的に提示したことに大きな意味があったと同時に、ここで示されたプランの幾つかは、高等教育関係者からもその実現に期待が寄せられていたものもあった[57]。ファイラー委員会でまとめられた最終報告書は、1975年12月に連邦議会に提出され、当時の慈善寄付控除制度批判に対抗しようとしていたことが窺える（Brilliant, 2001, p. 126）。ファイラー委員会の活動史をまとめたBrilliant（2001）は、税制改革への影響を、次のように総括している。「ファイラー委員会の提案内容の殆どは、1976年の税制改革では成立しなかったが、セクターの訴えは重要な面で成功した。評価性資産の寄付と慈善寄付控除の税制に関しては、望ましい現状のままに維持することを確実にした（Brilliant, 2001, p. 140）」。即ち、ファイラー委員会で提言された慈善

寄付控除制度を拡張する方向性での提言内容については1970年代には実現をみなかったが、慈善寄付控除制度を現行制度よりも制限しようとする批判をかわすという意味においては十分な機能を果たしたと見ることが出来る。特に、ファイラー委員会のレポートで評価性資産寄付に対する慈善寄付控除制度の与える影響が最も大きいことが指摘された高等教育部門の役割は、米国が1923年より維持してきた評価性資産寄付に対する慈善寄付控除制度を継続して行く上で、大きかったと考えられる。

　以上、本節では、1960年代後半から1970年代の文献資料を基に、慈善寄付控除制度に対する批判とそれに対する米国高等教育関係者の反論について示してきた。ここから理解されることは、1960年代後半から70年代前半は、高等教育関係者の間で寄付に対する期待が高まり、それを増額させていく方向性での高等教育改革が模索される一方で、慈善寄付控除が社会的批判の対象となっており、慈善寄付控除が制限される方向性に税制改革が進む可能性があったという点である。よって、高等教育関係者は、寄付を増額させることよりも、まずは現行の寄付水準を維持しなければいけないという方向性で慈善寄付控除批判者らに対抗する必要があり、インフレ経済・人口停滞による財政危機下の高等教育における寄付の重要性、自律的・多元的な高等教育システムの確立の重要性、税の公平性という観点から見た現行制度の正当性という視点から慈善寄付控除制度批判者らに対し反論を繰り返したといえる。

---

### 第3節　1980年代から90年代の米国の高等教育と連邦寄付税制

---

　前節で示したように、米国の高等教育関係者は、特に評価性資産寄付に対する慈善寄付控除制度の維持に向けて、政治的な圧力を展開してきた。このような1970年代の慈善寄付控除に対する批判とそれに対応する高等教育関係者という構図は、1980年代以降も継続していくこととなる。特に、1980年代は、福祉国家からの転換期にあり、レーガン政権により、幾つかの大きな税制改革がなされた。それに伴い、慈善寄付控除制度についても税制改革の一環として変更が加えられ、特に、先述の評価性資産に関する連邦政府の

慈善寄付控除制度については、第2期レーガン政権の「1986年税制改革法
(Tax Reform Act of 1986)」によって改正され、長らく米国において維持されて
きた評価性資産に対する慈善寄付控除制度に制限がかけられた。

その後、「1990年包括予算調整法(Omnibus Budget Reconciliation Act of 1990)」
により、この制限は一部解除されるものの、「1993年包括予算調整法
(Omnibus Budget Reconciliation Act of 1993)」によって、完全に1986年以前の
状態に戻されるまで、評価性資産に対する慈善寄付控除制度が制限される期
間が続いた。White (2002, p. 357) が指摘するように、この1987年から1993
年の間は、慈善寄付控除制度に大きな制限が課されており、米国の寄付を集
める立場にある人々にとって、制度上難しい時期であったのである。

こうした、1980年代から1990年代前半の一連の税制改革については、渋
谷 (2005)、Salamon (1995、江上他訳、2007) をはじめとして、我が国におい
ても多くの研究書が出版されているが、本研究で注目したいのは、この一連
の税制改革において、高等教育関係者がどのような反応を示し、政府に対し
てどのような働きかけをしたかという点である。後述するように、当時の税
制改革の審議過程には、多くの高等教育関係者が公聴会において証言をして
おり、高等教育セクターにとって慈善寄付控除制度は、外生的に決定される
のではなく、高等教育関係者側からの積極的な働きかけがあったことが見て
取れる。また、その主張内容には、米国の高等教育を支える上で、慈善寄付
控除制度がどのように活用されているか示す多くの証言を見て取ることが出
来る。本節では、当時の連邦議会議事録、公聴会議事録、委員会記録、新聞
報道等の内容分析を通じて、1980年代から90年代の税制改革の過程におけ
る高等教育関係者の動きに着目しながら、慈善寄付控除制度の高等教育機関
における位置づけを示していくこととしたい。

本節の構成は、以下の通りである。まず、第1項において、1980年代の
レーガン政権における税制改革の方針を取り上げ、第2期レーガン政権にお
いて慈善寄付控除制度を制限しようとする議論が展開されてきた背景につい
て概観する。第2項では、1986年の税制改革の審議過程の公聴会における
高等教育関係者の証言内容に着目し、その内容を分析することを通じて、高

等教育関係者が1980年代の税制改革の動きにどのような主張を展開してきたか検討する。第3項では、1986年の税制改革により評価性資産に対する慈善寄付控除制度が制限されてから1993年の包括予算調整法により評価性資産に対する慈善寄付控除制度の制限が解除されるまでの期間を扱い、1986年の税制改革による慈善寄付控除制度の改正が米国の高等教育に与えた影響を、当時の新聞報道や連邦政府の公聴会における議事録から検討する。

### 第1項　レーガン政権の税制改革

跡田他 (2002、p. 85) が指摘するように、ファイラー委員会において示された寄付促進に対する基本的な思想は、その後の慈善寄付控除制度に関して大きな意味をもったとされるが、慈善寄付控除制度に大きな変更が加えられるのは、1980年代以降となる。これは、民主党のカーター政権 (1977-1980) から共和党のレーガン政権 (1981-1988) に移り変わり、レーガン政権が小さな政府を思想的基盤とする中で、抑制される財政支出を補償するものとしてボランタリーセクターに対する期待があったと指摘される (Brilliant, 2001, p. 151)。

### (1)　1981年経済再生法

慈善寄付控除について主な改正がなされた1980年代の税制改革として、「1981年経済再生法 (Economic Recovery Tax Act of 1981)」をまずもって挙げることが出来る。ここで、高等教育に対する慈善寄付に影響を与える可能性のあった主な改正内容を、Staff of the Joint Committee on Taxation (1981) の内容から列挙すると、次の5つである。

第1に、連邦所得税率、及び、キャピタルゲイン課税率の変更である。連邦所得税率は、これまで高所得者層の限界税率が70％であったものが50％へと引き下げられ、キャピタルゲイン課税率は、28％であったものが20％に下げられた (Staff of the Joint Committee on Taxation, 1981, pp. 27-29)。

第2に、ファイラー委員会の最終報告書の中で記載されていたとおり、全ての納税者が慈善寄付控除を利用出来るようにするため、これまで寄付をし

たとしても控除することが出来なかった「定額控除(standard deduction)」選択
者も、「項目別控除(itemized deduction)」選択者と同様に、慈善寄付控除を利
用可能とする制度に改められた。これは、慈善寄付控除を適用出来る対象者
を広げることを意味し、個人寄付を増加させることを意図するものであった
(Staff of the Joint Committee on Taxation, 1981, pp. 49-50)。

　第3に、企業が慈善団体に寄付した場合に、法人税から控除出来る限度額
が、課税所得の5％から10％に引き上げられた。これは、企業の大口寄付に
対してプラスのインセンティブを与えることを意図するものであった (Staff
of the Joint Committee on Taxation, 1981, p. 177)。

　第4に、企業が大学の理系分野に対して器具や装置などの「通常所得資産
(ordinary income property)」を寄付した場合、一定条件を満たせば、控除額を
増額するという特別な措置がなされた[58] (Staff of the Joint Committee on Taxa-
tion, 1981, pp. 138-140)。これは、企業が大学に対して器具装置を寄付するこ
とを促進する意図があったと解釈出来る。

　第5に、企業の試験研究費の一部に対する税額控除の適用措置がある。こ
れは、企業がある特定の研究に対して資金を支払った場合、それに関連する
支出の一部を税額控除の対象とする措置である[59] (Staff of the Joint Committee
on Taxation, 1981, pp. 129-131)。

　上記の第3、第4、第5の改正内容に見られるように、1981年の税制改正
においては、企業寄付を促進する意図が明確にあったといえる。この背景に
は、1981年の税制改正の目的の1つに国の研究開発を促進させるという目
的があったことが挙げられる (Staff of the Joint Committee on Taxation, 1981, p.
19)。特に、1974年以来、国全体の研究開発支出が増額し続ける一方で、物
理学、化学、電気工学のような実験器具を集中して利用する分野において、
高等教育機関の支出額の上昇率が理科系の器具のコスト上昇率に追いついてい
ないことが問題視されていた (Staff of the Joint Committee on Taxation, 1981, p.
139)。そのため、大学の理系分野において不足している研究器具を補う必要
があり、企業が大学に対してそれらを寄付することにインセンティブを与え
る意図の税改正がなされたと解釈出来る。

## (2) 第2期レーガン政権による税制改革

以上示したように、第1期レーガン政権における1981年の経済再生法においては、定額控除対象者にも慈善寄付控除を認めるなど、慈善寄付控除制度を更に拡充させる方向での改革が行われた。また、1970年代に批判があった評価性資産寄付に対する慈善寄付控除制度の内容も制限されることなく、そのまま維持されている。しかし、第2期レーガン政権においては、慈善寄付控除制度を制限する内容での改革が進められることになった。ここでは、その経緯とその審議過程における高等教育関係者の反応を整理し、紹介していくこととしよう。

1984年1月25日にレーガン大統領は、一般教書演説において、次のように述べ、連邦税法の簡素化を進めるために税法全体を見直すことを明言し、ドナルド・リーガン財務長官に、同年12月までに税制改革のためのプランを練り上げることを指示している。

　　「公平で、簡素で、成長へのインセンティブとなるような歴史的な改革を進めよう。私は、ドナルド・リーガン財務長官に、高額所得者も少額所得者も全ての納税者が公平に扱われるような、税法を簡素化するための計画の立案を行うことを頼んでいる。私は、そのような計画は、地下経済を公平な税制への遵守という太陽の下に至らせるという結果になると信じている。そして、それは課税ベースを広げ、個人所得税率を上げるのではなく、下げることを可能にする。私は、このような目的と一致した優れた提案を1984年の12月までに私のもとに提出してほしいと頼んでいる(Reagan, 1984)」。

20世紀のアメリカ財政史を検証した渋谷(2005)が、第2期レーガン政権の税制改革の特徴として、「『包括所得税』(Comprehensive Income Tax)の論理(税制優遇措置を廃止して、それを財源に税率構造を比例的かつ低水準にする)を前面に出している(渋谷、2005、p. 43)」としているように、第2期レーガン政権においては、連邦所得税率を更に下げるために、これまで認められていた税

制優遇措置を全面的に見直す作業が行われた。この一連の作業の中で、寄付者に対する税制優遇措置と捉えられる慈善寄付控除制度もその検討対象となり、それらを制限する方向性での改革案が示されていくこととなる。以下に、財務省が提出した具体的な改革案を見ていくこととしよう。

1984年1月25日の一般教書演説におけるレーガン大統領の指示に答える形で、同年11月27日にドナルド・リーガン財務長官は、『公平・簡素および経済成長のための"税制改革"－レーガン大統領に対する財務省報告』を大統領に提示している。この財務省案においては、個人に適用される慈善寄付控除制度について、次の4つの改正案が示されている。

(1)項目別所得控除非適用者の慈善寄付控除の廃止、(2)慈善寄付所得控除を総所得の2%をこえるものだけに限定、(3)増加資産の慈善寄付所得控除を物価調整した基準価格だけに限定、(4)個人寄付の50%、30%制限を廃止、の以上4つである(U.S. Department of the Treasury, 1984 塩崎訳 1984, p. 151)。

第4の改正案以外は、全て慈善寄付控除を制限する方向性での改革案と理解出来るが、その理由については、次のように述べられている。まず、第1、第2の改正案については、少額寄付者に対する税制優遇措置を制限するものであるが、これについては、そもそも少額の寄付者は税制上のメリットは大きくなく、これらの制度があったとしても、寄付の増加という点で殆ど効果がないと指摘している[60]。また、第3の改正案については、課税されていない財産の価格の増加分に所得控除を認める制度は、納税者の大きな節税をもたらすこととなり、税の公平性という観点からみて問題があることを指摘としている[61]。

この財務省案を基に、『公平、成長および簡素のための議会への大統領税制改革案(The President's Tax Proposals to the Congress for Fairness, Growth, and Simplicity)』が策定され、翌年1985年5月には議会に対して大統領の税制改革プランが提示されることになる。このレーガン政権の税制改革案は、渋谷(2005、pp. 46-47)が指摘するように、数々の税制優遇措置が廃止される中、慈善寄付控除を例外的に保持する方向性を打ち出している。それは、大統領案における次の文言からも明らかであろう。

126

　「限られた数の特別な控除と免税については残す。特に、広く用いら
れ、一般的にアメリカの中心的な価値として認められるもの、例えば、
−中略− アメリカの長年におけるチャリティーとボランタリズムに対す
る献身から見ると、慈善寄付に対する項目別控除は保持される (U.S.
Department of the Treasury, 1985, p. 4)」。


　このように、チャリティーやボランタリズムを「アメリカの中心的な価値」
と位置づけ、慈善寄付控除については、他の税制優遇措置とは異なった扱い
をすることが示されているが、これは、あくまでも他の税制優遇措置と比較
して相対的に制限が少なくなっているということに過ぎず、具体的に示され
た改正案の内容を見ていくと、それらは、依然として高等教育機関をはじめ
とする非営利団体にとって厳しい内容であったといわざるをえない。
　財務省案、大統領案において示された、個人に対する慈善寄付控除制度の
主な改正案を整理したものが**表3.5**である。以下に、(1)財務省案よりも制
限が緩められた慈善寄付控除制度に関する改正案、(2)財務省案と同じ内容
の改正案、(3)財務省案で提言された内容よりも大統領案において厳しい制
限が新たにつけ加えられた改正案の内容に整理して、以下に示していくこと
としよう。
　はじめに、財務省案よりも制限が緩められた慈善寄付控除制度の内容に着
目すると、「項目別控除選択者の慈善寄付」と「評価性資産の慈善寄付の控除
可能額」の2つの項目が、それに当たる。具体的には、財務省案においては、
「項目別控除対象者への慈善寄付控除」を、「総所得の2%をこえるもののみ

**表3.5：第2期レーガン政権の慈善寄付控除制度の改正に関する財務省案と大統領案**

|  | 改正前の税制 | 財務省案 | 大統領案 |
|---|---|---|---|
| 項目別控除選択者の慈善寄付 | 控除可能 | 総所得の2%を超えるもののみ控除可能 | — |
| 非項目別控除選択者の慈善寄付 | 控除可能 | 控除不可 | 控除不可 |
| 控除限度額（現金） | 調整総所得の50% | 撤廃する | — |
| 控除限度額（評価性資産） | 調整総所得の30% | 撤廃する | — |
| 評価性資産の慈善寄付の控除可能額 | 公正市場価格 | 物価調整後の原価ベースに制限 | — |
| 評価性資産の慈善寄付のキャピタルゲイン部分をAMTに課税 | 課税しない | — | 課税する |

出典：U.S. Department of the Treasury (1984 塩崎訳 1984, p. 205)、U.S. Department of the Treasury (1985)、及
び、Congress Enacts Sweeping Overhaul of Tax Law (1987) の記述をもとに作成。

に制限する (U.S. Department of the Treasury, 1984 塩崎訳 1984, p. 205)」と制限が
つけられていたものを、大統領案では特に制限することを提案しなかった
(Congress Enacts Sweeping Overhaul of Tax Law, 1987, p.492)。また、「評価性資産
の慈善寄付の控除可能額」を、財務省案においては、「増加資産の慈善寄付
に対する所得控除を物価調整後の原価ベースに制限する (U.S. Department of
the Treasury, 1984 塩崎訳 1984, p. 205)」とされていたものが、大統領案には含
まれていない (Congress Enacts Sweeping Overhaul of Tax Law, 1987, p.492)。

　次に、財務省案と同様の改正案を提示している項目は、「非項目別控除非
適用者の慈善寄付」に関する控除制度がそれにあたり、財務省案・大統領案
両方においても、この制度を廃止するという改正案を提示している。その理
由については、次の3つが示されている。第1に、非項目別選択者は一般的
に低所得者層であるため、慈善寄付の行動に税制優遇措置があまり影響を及
ぼさないこと[62]、第2に、小口寄付の1つ1つが慈善寄付の資格を満たして
いるか否かを検証する内国歳入庁の管理コストが大きいこと[63]、第3に、非
項目別控除選択者に対して慈善寄付控除を認めてしまうと、非項目別選択者
のみが利用出来る定額控除と2重に控除されてしまうという問題が発生する
ということ[64]、これら以上3つが大統領案において示されている。

　最後に、財務省案で提言された改正案よりも、慈善寄付控除制度に対する
制限を厳しくする大統領案について見ると、次の2つがそれに当たる。1つ
は、「控除限度額」に関するものであり、財務省案では、「個人寄付の50％、
30％制限額を廃止する」とされ、控除限度額を撤廃する改正案が示されてい
たが、大統領案では、この点については特に言及されず、現行制度通り慈善
寄付控除の上限額を維持する方向性が示されていると考えられる (Congress
Enacts Sweeping Overhaul of Tax Law, 1987, p.492)。

　更に、大統領案には、財務省案に含まれていなかった、「各々の慈善寄付
控除が許された資産寄付に関しては、寄付者の資産の取得価格を超えて許さ
れた控除額 (U.S. Department of the Treasury, 1985, p. 331)」を代替ミニマム税の
課税対象とする改正案が含まれている点である。本章冒頭で示したように、
代替ミニマム税とは、納税者の行きすぎた節税を防ぐために税制優遇措置を

幾つか制限した制度であり、特に高所得者がこの代替ミニマム税を連邦所得税として支払っている。即ち、この改正案の意味するところは、代替ミニマム税を支払う納税者が評価性資産を寄付した場合、そのキャピタルゲイン部分については課税をするということを意味するものである。ここで、代替ミニマム税が強化された理由について見ていくと、大統領案には、次のように述べられている。

　　「大統領案は、経済的所得を算出することから逸脱するインセンティブを与える幾つかの案を含んでいる。高所得者は、そのような案を頻繁に利用することで、納税義務を無くすことが出来るか、実効税率を大きく下げることが出来る。ほんの少ししか税を払っていない高所得者、或いは全く税を支払っていない高所得者がいる可能性のある現行制度は、システムに対する国民の信頼を脅かす。結論として、ミニマム税、高所得者の低い納税申告を制限するためにデザインされたミニマム税は堅持されるべきである (U.S. Department of the Treasury, 1985, p. 330)」。

　このように高所得者が税逃れをするのに利用出来る税制優遇措置を廃止するために、代替ミニマム税を堅持していく方向性が明確に示されており、税逃れを促進させてしまう可能性のある項目の1つとして批判の対象となってきた評価性資産に対する慈善寄付控除が含まれたものと理解することが出来る。これは、いわば1970年代において見られた「税の公平性」に関する議論が再燃したものと見ることが出来るであろう。

　以上を総合すると、一見、大統領案は、財務省案よりも慈善寄付控除制度に対して寛容な姿勢を見せたようにも見えるが、評価性資産寄付のキャピタルゲインを代替ミニマム税に対して課税する改正案が追加されており、他の非営利団体と比べて高所得者からの慈善寄付に大きく依存する高等教育機関にとって厳しい内容のものであった。

第3章　米国の高等教育と連邦寄付税制の変遷　*129*

### 第2項　公聴会における高等教育関係者の証言と1986年税制改革の帰結

以上に示したように、財務省案、大統領政権案においては、「税の公平性」、「税の簡素化」という理念のもと税率を低減する一方、各種税制優遇措置を廃止していく方向性が示され、その一環として慈善寄付控除を制限する内容の改正案が示された。本項では、この慈善寄付控除の改正案に対して、高等教育関係者が一体どのような主張を展開したか、当時の上院、及び、下院の公聴会議事録の内容から検証していくことにしたい。

下院歳入委員会と上院財政委員会は、税制改革に関する各種団体の意見を聴取するための公聴会を開いている。大統領の税制改革プランは、数多くの項目を包含しており、公聴会の日数は、下院歳入委員会では合計30日、上院財政委員会では合計36日にものぼっている（Staff of the Joint Committee on Taxation, May 4, 1987, pp. 1-3）。慈善寄付控除制度の改正案に関しては、1985年の7月8日と7月22日の下院歳入委員会[65]、及び、1985年7月9日の上院財政委員会において公聴会が開かれている。これらの公聴会において、証言、あるいは、声明を出した高等教育関係者をまとめたものが、**表3.6**である。

高等教育関係者は、「ニューイングランド地区高等教育局（New England Board of Higher Education）」議長でタフツ大学学長のジーン・マイヤー氏（Jean Mayer）、ヴァンダービルド大学チーフエグゼクティブオフィサーのジョー・ワイアット氏（Joe B. Wyatt）、ハーバード大学准教授・全米経済研究所主任研究員のローレンス・リンゼイ氏（Lawrence B. Lindsey）、オハイオ州立大学学長のエドワード・ジェニングス氏（Edward H. Jennings）の以上4名が下院歳入委

### 表3.6：第99連邦議会において慈善寄付控除制度に関する証言を行った高等教育関係者

| 場所 | 日付 | 証言者名 | 証言者所属・肩書 | 備考 |
| --- | --- | --- | --- | --- |
| 下院歳入委員会 | 7月8日 | Jean Mayer | タフツ大学学長・ニューイングランド地区高等教育議長 | |
| 下院歳入委員会 | 7月8日 | Joe B. Wyatt | ヴァンダービルド大学チーフエグゼクティブ・オフィサー | 米国教育カウンシル他17団体の代表 |
| 下院歳入委員会 | 7月22日 | Lawrence B. Lindsey | ハーバード大学准教授（経済学）、全米経済研究所主任研究員 | 米国大学協会の代表 |
| 下院歳入委員会 | 7月22日 | Edward H. Jennings | オハイオ州立大学学長 | 米国教育カウンシル他17団体の代表 |
| 上院財政委員会 | 7月9日 | Charles T. Clotfelter | デューク大学学術政策・プランニング副学頭 | |
| 上院財政委員会 | 7月9日 | Kenneth H. Keller | ミネソタ大学学長 | 米国教育カウンシル他17団体の代表 |
| 上院財政委員会 | 7月9日 | Thomas W. Murnane | タフツ大学副学長 | |
| 上院財政委員会 | 7月18日 | Marguerite F. Taylor | ステファン大学大学改善担当理事 | 文書での声明 |
| 上院財政委員会 | 7月19日 | Kenneth H. Pope | キャンベルズヴィル大学 | 文書での声明 |

出典：Comprehensive Tax Reform（1985）とTax Reform Proposals XI（1985）の公聴会議事録をもとに作成。

員会において証言をしている。

また、上院財政委員会では、タフツ大学副学長のトマス・マーネイン氏 (Thomas W. Murnane)、ミネソタ大学学長のケネス・ケラー氏 (Kenneth H. Keller)、デューク大学学術政策・プランニング副学頭のチャールズ・クロトフェルター氏 (Charles T. Clotfelter) が証言者として発言をしている。特に、下院歳入委員会におけるヴァンダービルド大学のワイアット氏と、オハイオ州立大学学長のジェニングス氏、また、上院財政委員会におけるミネソタ大学学長のケラー氏は、教育カウンシルとその他17の高等教育関連団体[66]を代表しており、多くの高等教育機関の立場を代表したものと見ることが出来る。

また、上院財政委員会委員長宛に、ケンタッキー州の私立大学を代表してキャンプベルスヴィル大学のケネス・ポープ氏 (Kenneth H. Pope)、コロンビア州に位置する小規模のリベラルアーツ系の女子大学であるステファン大学大学改善担当理事のマルグリット・テイラー氏 (Marguerite F. Taylor) が声明を送っている。このように、慈善寄付控除制度を制限しようとする動きに対しては、各高等教育団体の立場を代表するメンバーとともに、小規模のカレッジも独自に声明を送っており、慈善寄付控除制度が高等教育セクター全体にとって重要視されていたことを見て取ることが出来る。

以上9名の公聴会の証言記録と提出資料の内容分析を通じて、当時の高等教育関係者が第2期レーガン政権の示した税制改革プランに対して、どのような内容の主張を展開していたか示していくこととしよう。

大統領案において直接的に慈善寄付の動向に影響を与えることが想定される主な争点は、第1に、評価性資産を寄付した際に、評価性資産のキャピタルゲイン部分を代替ミニマム税の対象とし課税すること、第2に、1981年の税制改正で定額控除対象者にも適用することを決めた慈善寄付控除制度を廃止し、定額控除選択者に対しては慈善寄付を控除出来ない制度にするようにすることの2つであった。まず、この1つめの評価性資産寄付に対する慈善寄付控除制度の制限が高等教育セクターに与える影響について、高等教育関係者が公聴会において証言した内容から見ていきたい。

## (1) 大学の教育研究の質に影響を及ぼす評価性資産寄付

　評価性資産の寄付に対する慈善寄付控除制度の改正案については、複数の高等教育関係者が不必要であり、賢明でない案であるとしている[67]。その理由として、第1に挙げられているのが、慈善寄付控除は税逃れには当たらないという指摘である。具体的に指摘されているのは、以下の通りである。(1) 慈善寄付は寄付者が他の慈善団体に対して寄付したことにより、手放したお金、あるいは、資産であり、その人の所得には含まれない。よって、慈善寄付された資金や資産は、そもそも所得として残らないものであるのだから、慈善寄付によって税制上優遇されることは、税逃れには当たらない[68]。(2) 現行制度においては、慈善寄付控除の上限額が調整総所得の30％までとする制限があり、既に過度の節税を認めないようにするための対策がとられている[69]。(3) 慈善寄付は、税逃れではなく、投資である[70]。

　第2に、評価性資産寄付のキャピタルゲイン分を代替ミニマム税の課税対象にすることから得られる内国歳入庁の利得と、それにより失われる社会的損失を考えると、改正案によって発生する社会的損失部分があまりに大きく、この点に関する税制改正は賢明でないという指摘が見られる。例えば、「米国教育カウンシル（American Council on Education）」とその他17の大学団体が共同で作成し、議会に提出された声明文書においては、評価性資産の寄付に対する慈善寄付控除制度を制限することによって、得られる税の徴収に対する効果が非常に小さい一方で、高等教育機関に対する寄付の損失が非常に大きいことを指摘している[71]。

　この点については、先述の1970年代の高等教育関係者の慈善寄付控除制度に対する批判への反論内容にも見られたように、高等教育機関への寄付は他の非営利団体と異なり、大口寄付に依存しており、高所得者からの寄付を抑制する可能性のある評価性資産に対する慈善寄付控除制度は、米国の高等教育システムに大きな影響を与えるという趣旨の反論と深く関連する。この高等教育セクターの独自性については、タフツ大学学長の公聴会における次の証言から確認することが出来る。

「私が指摘しておきたいことは、（非営利：引用者）団体のタイプによっ
て、この法案がもたらす影響は大きく異なるという点である。簡素化は
良いことではあるが、私たちは、とても複雑な社会の中に生きている。
私たちの社会が継続してうまくいくのであれば、あまりにも簡素化した
税制は私たちが求めているものではない。—中略— タフツ大学では、
寄付募集活動を終えたところである。2%の私たちの寄付者が、80%の
金額の寄付をしている。それに対し、全米点字プレス、アメリカ心臓協
会、米国糖尿病協会について言えば、膨大な少額寄付が非常に価値のあ
るこれらの団体を維持している。よって、明らかに異なるタイプの団体
は、異なる尺度で異なる影響を受ける (Comprehensive Tax Reform, 1985,
pp. 3524-3525, Statement of Jean Mayer, Ph.D., President, Tufts University, and
Chairman, New England Board of Higher Education.)」。

　タフツ大学学長の公聴会におけるこの証言は、評価性資産に依存する高等
教育セクターの独自性を強調しているものであるが、評価性資産の寄付が米
国の高等教育機関の教育研究の質に具体的にどのように寄与しているかに関
しては、他の大学関係者からの証言からも見ることが出来る。例えば、オハ
イオ州立大学学長は、米国の大学の教育研究の質に、いかに評価性資産の寄
付が貢献しているかということを示すために、オハイオ州立大学の総合がん
センターにおける医学研究の支援に普通株の寄付が貢献していることや、農
業技術研究のために1000エーカーの農地の寄付が貢献していることを公聴
会において証言している[72]。また、小規模のリベラルアーツカレッジであっ
たキャンベルスヴィル・カレッジの上院財政委員会宛の声明の中にも、評
価性資産寄付がキャンベルスヴィル・カレッジに対する寄付の中で大きな
役割を果たしていることが示されており[73]、大規模大学のみならず、小規
模カレッジにおいても評価性資産寄付が重要な位置を占めていることが確認
出来る。また、こうした大口の評価性資産を寄付する寄付者は、税制のイン
パクトに反応しやすい傾向があることを、寄付募集活動の経験から証言した
記録も確認出来る[74]。

## (2) 定額控除選択者への慈善寄付控除制度が高等教育に与える影響

次に、定額控除選択者への慈善寄付控除の制限が高等教育機関に与えるインパクトについての証言内容を整理しながら示していくこととしよう。公聴会における高等教育関係者の証言記録を見ると、前述の評価性資産の寄付に対する慈善寄付控除制度と比べて、それほど大きく紙幅がさかれてはいないものの、次のような影響が懸念されている。それは、定額控除選択者は、まだ所得の低い、卒業して間もない若い卒業生が母校に対して寄付をすることを支援するものであり、そのような寄付者の額は少額ではあるものの、寄付を習慣づけるという点において重要な働きをしている可能性があるという指摘である[75]。また、大統領案では、定額控除選択者の適用範囲が広くなる可能性が高く、これと、定額控除選択者への慈善寄付控除を認めない制度が同時に成立すると、多大な影響を及ぼす可能性があることを指摘している[76]。

## (3) 税制改革全体の方針に対する高等教育関係者の意見

以上2つの直接的に慈善寄付に影響を与えることが懸念された制度改正に加え、大統領案の税制改革の骨格ともいえる「連邦所得税率を低下させる」こと自体が間接的に慈善寄付を減少させる可能性が指摘されている。例えば、下院歳入委員会におけるハーバード大学のリンゼイ教授、上院財政委員会におけるクロトフェルター教授は、税率を下げた場合に、非営利セクター全体の寄付に与える影響に関する推計結果に基づき、税率が低下することが間接的に慈善寄付に影響を及ぼすことを指摘している[77]。その理由については詳しくは第4章で示すが、これは、連邦所得税率を低下させると、可処分所得が増加する一方で、慈善寄付したときに税務上優遇される額が減少してしまう効果を生むことによる。

こうした推計結果を踏まえ、高等教育団体は、連邦所得税率の引き下げにより個人や企業が恩恵を受ける一方で、高等教育機関をはじめとする非営利部門は、恩恵を全く受けないことを、次のように主張している。

「様々な控除項目を廃止或いは修正することと引き替えに、税率を下

げることによって、個人や企業は、大きな利益を受け取ることになる。すべてのこれらの改正を同時に行えば、税収は中立になり、もちろん、簡素な税制改革それ自体は、利益となるであろう。しかしながら、カレッジや大学を含む免税団体は、税率の低下や簡素化された税制度から何も利益が得られない。私たちにとって、これらは、ただのコストであり、多くの場合、非常に大きなコストである (Tax Reform Proposals XI, 1985, pp. 91-92, Statement of Dr. Kenneth H. Keller, President, University of Minnesota, Minneapolis, MN.)」。

ただし、ここで注意しておかなければいけない点は、この税率を下げるという税制改革の基本的な方針については、高等教育団体は許容するという発言をしている点である。更には、「成長」、「簡素」、「公平」ということを目標とする税制改革の全体の方向性自体には賛同していることが確認される。それは、オハイオ州立大学学長の次の証言に顕著に表れているといえるであろう。

「高等教育コミュニティにおいては、成長、公平、簡素は価値があり、重要なものであるという合意がある (Comprehensive Tax Reform, 1985, p. 6654, Statement of Edward H. Jennings, President, Ohio State University, on Behalf of the American Council on Education, et al.)」。

「私はここで税率を下げる提案に対して反対することはしない。私の関心は、高等教育に対する慈善寄付にディスインセンティブを与えるものがこれ以上追加的に提案されないことである (Comprehensive Tax Reform, 1985, p. 6655, Statement of Edward H. Jennings, President, Ohio State University, on Behalf of the American Council on Education, et al.)」。

以上の証言内容より、当時の高等教育関係者の慈善寄付控除制度に関わる税制度の改正に対する立場を整理すると、(1)総論としては税制改革には賛

成であり、国の成長のために、税率を低下させることは高等教育団体としては許容する。(2) しかしながら、評価性資産に関する慈善寄付控除の改正をはじめとした、追加的に慈善寄付に直接的に悪い影響を及ぼす可能性のある改正はなされるべきではないという立場であったと総括出来る[78]。

## (4) 1986年税制改革法による評価性資産寄付控除制度の制限

以下に、1986年の税制改革のその後の審議経過と、その帰結を見ていくこととしよう。公聴会が開催された後、下院歳入委員会、及び、上院財政委員会では、逐条審査（マークアップ）が行われ、1985年12月17日に法案H.R.3838「1986年税制改革法（Tax Reform Act of 1986）」が下院を通過し、上院に上程され、幾つかの修正を経て、1986年6月24日に上院案がまとまっている[79]。

両者の案を比較すると、まず、評価性資産寄付のキャピタルゲイン部分を代替ミニマム税に課税するか否かについては、下院は、基本的に大統領案を引き継ぎ、評価性資産寄付のキャピタルゲイン部分を代替ミニマム税の課税対象とすることを決定している (Staff of the Joint Committee on Taxation, July 15, 1986, p. 78)。しかし、上院では、上程された下院案を修正し、現行制度と同じく評価性資産寄付のキャピタルゲイン部分は、代替ミニマム税には課税しない案を採用したため、下院と上院の間で異なった政策案が策定された (Staff of the Joint Committee on Taxation, July 15, 1986, p. 78)。

次に、非項目別控除対象者への慈善寄付控除を認めるか否かについては、下院では100ドル以上の寄付に限り控除を可能としたのに対し、上院案では慈善寄付控除を認めないという案が通過している (Staff of the Joint Committee on Taxation, July 15, 1986, p. 9)。

このように、上院と下院で見られた相違点は、その後の両院協議会で調整され、評価性資産寄付の慈善寄付控除制度については、上院案が退かれ下院案が採用された (Staff of the Joint Committee on Taxation, August 29, 1986, p. 25)。一方、非項目別控除選択者の寄付については、下院案が退かれ、上院案が採用され、1986年8月16日に最終的に合意に至っている (Staff of the Joint

Committee on Taxation, August 29, 1986, p. 5)。その後、1986年の10月22日に大統領が最終法案に署名し、「1986年税制改革法」が成立した。

即ち、最終的に合意に至った1986年の税制改革案における慈善寄付控除制度の改正点について見ていくと、高等教育関係者をはじめとする非営利団体側の要求は反映されず、慈善寄付控除制度は大きく制限される内容となったのである。以下に、「1986年税制改革法」の主要な点を整理しておくこととしよう[80]。

第1の改正点は、評価性資産の慈善寄付の取り扱いについてである。これまで、評価性資産の寄付は、1960年代から70年代にかけて社会的批判の対象となりながらも、その公正市場価格で課税所得から控除することが代替ミニマム税対象者も含めて可能であった。しかし、上述のように、「1986年税制改革法」においては、評価性資産の寄付にかかわるキャピタルゲインを代替ミニマム税のみ課税対象として加算するという改正を行った。これは、実質的に、代替ミニマム税を連邦所得税として支払う際、キャピタルゲインが発生している評価性資産の慈善寄付の控除額は、その取得価格のみとするものである (Staff of the Joint Committee on Taxation, May 4, 1987, p. 444)。

第2に、定額控除選択者も項目別控除選択者と同様、慈善寄付控除を利用可能とする制度が「1981年経済再生法 (Economic Recovery Act of 1981)」において定められたが、1986年の12月31日に期限を迎え、1986年の税制改革では、先に見たように、これを継続しなかった。そのため、1987年以降、定額控除選択者が慈善寄付控除制度を利用することが出来なくなった (Congress Enacts Sweeping Overhaul of Tax Law, 1987, p.495)。

第3に、連邦所得税の課税率が変更された。連邦所得税率は、1981年の税制改正によって最高限界税率が50％に引き下げられたが、1986年の税制改正では、更に28％へと引き下げた (Congress Enacts Sweeping Overhaul of Tax Law, 1987, p.493)。

第4に、これは、企業寄付に関係するものであるが、試験研究費の税額控除制度を理科系の基礎研究に対して継続したものの、控除措置を一部縮減した[81] (Staff of the Joint Committee on Taxation, May 4, 1987, p. 130)。

以上、「1986年税制改革法」における寄付に影響を与えると想定された内容について示したが、この4つの改正の中で、特に第3の評価性資産の慈善寄付控除の見直しは、1970年代に社会的批判の対象とされながらも、長らく米国で維持されてきた公正市場価格での慈善寄付控除を一部の納税者に限って見直したものであり、高等教育機関にとって重要な意味をもつものであったといえる。

「米国議会調査局（Congressional Research Service, the Library of Congress）」が1986年9月にまとめた『慈善寄付と1986年税制改革法（Charitable Contributions and the Tax Reform Act of 1986）』というレポートにおいては、この税制改正による寄付への影響を次のように総括して、寄付が停滞することを予想している。

　　「多くの予想がこの税制改正によって寄付が減少するとしているが、予想される寄付のインセンティブの低下を補うことの出来る他の要素は、今のところ全くもって見つけられていない（Zimmerman, September 29, 1986, p. 5）」。

また、当該レポートでは、宗教団体への慈善寄付が低所得者層からの慈善寄付が中心であるのに対し、高等教育機関への慈善寄付は、主に高所得者層からのものであるということ、評価性資産を寄付することの出来る層は、高所得者層に集中しているため、高所得者層の方が税制改正に対する反応が大きいことを指摘した後、それゆえ、税制改正は、文化的事業や高等教育機関に対する寄付の配分を歪ませるものであると分析しており、高等教育機関に大きな影響がでることを示唆している（Zimmerman, September 29, 1986, p. 4）。

いずれにしても、1923年以来、米国において、長らく維持されてきた公正市場価格での所得控除、キャピタルゲインに対する課税の免除という特徴的な控除制度の中で極めて優遇された状態にあった評価性資産の寄付の取り扱いが、「税の公平性、簡素化」というレーガン政権の税制改革の理念の下に変更されたという点において、1986年の税制改正は、米国の高等教育機

関にとって非常に重要な税制改正であったといえる。

### 第3項　1986年税制改革が高等教育に与えた影響とその後の政策転換

　以上示したように、レーガン政権の1986年の税制改革において、評価性資産の寄付に関する慈善寄付控除制度の制限と、非項目別対象者の慈善寄付控除制度の廃止が実施された。その後の動向を見ていくと、非項目別対象者の慈善寄付控除制度については、現在まで認められていない状況にあるが、評価性資産の寄付に関する慈善寄付控除制度については、「1990年包括予算調整法 (Omnibus Budget Reconciliation Act of 1990)」において一部制限が解かれ、「1993年包括予算調整法 (Omnibus Budget Reconciliation Act of 1993)」では、1986年以前の状態に戻されている。以下に、1986年以降の制度改正の内容と高等教育関係者の反応について、当時の新聞報道、連邦議会議事録から見ていくこととしよう。

### (1)　1990年包括予算調整法による一部制限の解除

#### (a)　「ゴッホのアイリス事件」

　1986年の税制改正は、高等教育機関にどのような影響を与えたのだろうか。当時の新聞報道を確認すると、非営利団体に対する資産形態の寄付が減少していることが伝えられている。

　特に、メイン州ポートランドのリベラルアーツカレッジであったウェストブルック・カレッジ (Westbrook College)[82] と慈善家のジョン・ペイソン氏 (John W. Payson) の間で起きたヴィンセント・ヴァン・ゴッホの『アイリス』の絵画の行き先を巡る一連の事件は、その典型的なケースといえる[83]。この一連の事件の経緯は、米国における主要な高等教育業界紙である『クロニクル・オブ・ハイアーエデュケーション』において「絵画のオークションに見る、芸術品の寄付が減少するシグナル (Painting's Auction Seen as Signal of Art-Gift Slump)」(1987年11月11日) として報道された McMillen (November 11, 1987) の記事、また、『ニューヨーク・タイムズ』における「ヴァン・ゴッホのアイリスが売られる (Van Gogh's 'Irises' to be Sold)」(1987年9月3日)、「税法

第 3 章　米国の高等教育と連邦寄付税制の変遷　*139*

と絵画の寄付（Tax Law and Art Gifts）」（1987年9月7日）として報道された Reif（September 3, 1987）と Reif（September 7, 1987）の記事を通じて、広く報道されている。

　当時の新聞報道からこの事件の経緯を見ていくこととしよう。この事件は、メイン州に位置する共学のリベラルアーツカレッジで、当時、学生数500人程度の小規模カレッジであったウェストブルック・カレッジに寄付されることが約束されていたゴッホの著名な絵画『アイリス』が寄付されず、絵画の保有者であるペイソン氏により売却されることになったという事件である。1889年に描かれたゴッホの『アイリス』は、ペイソン家により40年間保有され、ウェストブルック・カレッジに対して約10年間の間貸し出されていた。『ニューヨーク・タイムズ』によれば、「その絵画をカレッジに寄付することは、長年にわたる彼の願いだったが、この計画は1986年の税制改革が実施されたことと、他のヴァン・ゴッホの2つの絵画がロンドンのクリスティーズのオークションで非常に高い価格で売却された後に変更された（Reif, September 3, 1987）」とされており、1986年の税制改革により、カレッジに寄贈されるはずだった美術品が売却されることになった経緯が報道されている。ペイソン氏は、ウェストブルック・カレッジのギャラリーに多くのコレクションを寄贈しており、当時のウェストブルック・カレッジの学長であったウィリアム・アンドリュー氏（William Andrew）が、「ウェストブルック・カレッジの156年間の歴史の中で、絵画と基本財産を合わせると最も大きな寄付を構成している（Reif, September 3, 1987）」としている。即ち、ウェストブルック・カレッジにとって、ペイソン氏は有力な寄付者であり、その寄付者が税制改正の結果、寄付行動を変化させたことは、小規模カレッジにとって大きな衝撃を与えたことが見て取れる。

　無論、このペイソン氏が『アイリス』を寄付ではなく、売却することを決定したという行動ことについては、税制改正の影響ではなく、美術品ブームにより価格が高騰したことによるものであるという可能性も考えられ得るが、大学の美術コレクションに寄贈される予定であった絵画が取りやめになったこの事件は、「美術品ブームと、連邦税法の変更が今年度の美術館への寄付

が縮小した結果をもたらしたことに関する初めてのパブリックな証拠 (Reif, September 7, 1987)」と、実際に評価性資産寄付に対する慈善寄付控除制度の改正により、非営利団体への美術品の寄付が減少した事例として広く報道され、寄付税制に関する議論に改めて注目を与えたものであるといえる。

### (b) 連邦議会議員の法案提出

このように、1986年の税制改革の直後から非営利団体への寄付が抑制されている状況がメディアなどを通じて伝わる中、連邦議会の下院歳入委員会、及び、上院財政委員会においては、ダニエル・モイニハン上院議員 (Daniel P. Moynihan、民主党、ニューヨーク州選出) をはじめとして、デイヴィッド・ボーレン上院議員 (David L. Boren、民主党、オクラホマ州選出)、トマス・ダウニー下院議員 (Thomas J. Downey、民主党、ニューヨーク州選出)、ジェイムズ・センセンブレナー下院議員 (James F. Sensenbrenner、共和党、ウィスコンシン州選出)、ロバート・カステン下院議員 (Robert W. Kasten、共和党、ウィスコンシン州選出)、ウィリアム・フレンゼル下院議員 (William E. Frenzel、共和党、ミネソタ州選出) 等により、評価性資産の慈善寄付全体、あるいは、美術品をはじめとする有形動産については、そのキャピタルゲインを代替ミニマム税の課税対象としないことを認める法案が複数回にわたって提出されている[84]。

『ワシントン・ポスト』が、慈善寄付控除制度を再改正することに積極的であったモイニハン上院議員の活動について、「1986年以来、資産寄付の流れを抑制してしまい、美術館や大学を含む多くの慈善、非営利団体の活動を難しくしている税法を元に戻す試みに、彼は幾度も失敗してきた。(Trescott, March 13, 1993)」と後に報道しているように、こうした改正案の要求の背景には1986年の税制改正により大学や美術館をはじめとする非営利団体の活動が難しいものになっていることが一部の間の議員で早くから問題として認識されていたことが見て取れる。

### (c) 第102議会の公聴会における高等教育関係者の証言

また、1990年の2月21日と22日に下院歳入委員会の特別歳入対策小委員会において執り行われた「雑収入に関する事柄 (Miscellaneous Revenue Issues)」に関する公聴会と、1990年の2月7日、8日、3月5日の3日間にわたって下

院歳入委員会において執り行われた「1986年税制改革法の影響、有効性、公平性 (Impact, Effectiveness and Fairness of the Tax Reform Act of 1986)」に関する公聴会の中で、大学団体をはじめとする非営利団体の代表者が呼ばれ、1986年に慈善寄付控除制度が制限された影響について連邦議会で証言を行っている。

1990年2月21日の下院歳入委員会の特別歳入対策小委員会で慈善寄付控除制度の影響について証言を行っている非営利団体関係者は、相互保険会社関係者1名、農業関係者1名、環境保護団体関係者1名、美術館関係者1名、高等教育関係者1名である。また、1990年3月5日の下院歳入委員会においては、非営利団体の統合的組織である「インディペンデント・セクター (Independent Sector)」の代表者1名、高等教育関係者1名、エジソン電気協会の代表者1名、ゼネコン関係者1名、「米国資本形成カウンシル (American Council on Capital Formation)」の代表者1名が証言を行っている[85]。

以下に、公聴会における高等教育関係者の証言内容を示す前に、まず、当時の財務省側の証言から慈善寄付控除制度の改正に関する論点を整理しておくことにしよう。

1990年に執り行われた、この公聴会においては、1986年に改正された評価性資産に関する慈善寄付控除制度の影響が話題としてあがっているが、財務省から下院歳入委員会の特別歳入対策小委員会に提出された資料を確認すると、財務省側は、明確に、評価性資産の寄付に関するキャピタルゲインを代替ミニマム税の課税対象から除外することに反対している。財務省税務政策次官補のケネス・ギデオン氏 (Kenneth W. Gideon) は、その理由を次のように証言している。

「私たちは、この法案には反対である。第1に、代替ミニマム税は、全ての納税者が経済所得に課される税を十分な額支払うことを確実にするためのものである。第2に、私たちは、代替ミニマム税のこの特性が慈善寄付に悪影響を与えたとは思わない。 —中略— 調査データによれば、同一の寄付者は、1986年の税制改正により、寄付の形態を、評価

性資産形態から現金の寄付へと変更した。しかしながら、慈善寄付全体の額は、減少していない。事実、慈善寄付は、1986年以来増加しているという証拠もある（Miscellaneous Revenue Issues, 1990, p. 17, Statement of Hon. Kenneth W. Gideon, Assistant Secretary for Tax Policy, U.S. Department of the Treasury.）」。

　即ち、財務省側の主張は、大きく2つある。第1の理由は、これまでにも繰り返し指摘されてきたように、税の公平性という原則を維持するためには、高所得者の過度の節税を防ぐことを目的とした代替ミニマム税において慈善寄付控除を制限することは必要であり、それを解除してしまうことは、税の公平性を脅かす可能性があるという主張である。

　第2の理由は、税制改革の前後で、慈善寄付は総額で減っていないという主張であり、財務省は、「ギヴィング・USA（Giving USA）」という団体が公表している非営利団体への寄付総額のデータを基に、その実態を示している。公聴会当時、このデータは、まだ速報値であり、財務省側も、「まだ現時点では、予備のデータであることを認める。よって、最終的なジャッジメントにたどり着くものとは言えない（Miscellaneous Revenue Issues, 1990, p. 51, Statement of Hon. Kenneth W. Gideon, Assistant Secretary for Tax Policy, U.S. Department of the Treasury.）」としながらも、「私たちが利用出来る予備データによれば、慈善寄付は、減少していない。事実、それは、上昇している（Miscellaneous Revenue Issues, 1990, p. 51, Statement of Hon. Kenneth W. Gideon, Assistant Secretary for Tax Policy, U.S. Department of the Treasury.）」と証言している。公聴会に財務省側が提出した資料から具体的な数字を確認すると、「ギヴィング・USAからのデータによれば、個人の寄付額は、1986年度762億ドルだったものが、1987年度には808億ドルになり、1988年度には867億ドルに増加している（Miscellaneous Revenue Issues, 1990, p. 32, Statement of Hon. Kenneth W. Gideon, Assistant Secretary for Tax Policy, U.S. Department of the Treasury.）」と報告されている。即ち、1986年の税制改正の前後を比較して見ても、寄付総額は減少しておらず、大きな影響を及ぼしていないことが示されている。

第3章　米国の高等教育と連邦寄付税制の変遷　*143*

　これら財務省側の主張と関連づけながら、公聴会に参加した次の2人の高等教育関係者、即ち、「米国大学協会（Association of American Universities）」の議長であったロセンズウェイグ氏、及び、ヴァンダービルド大学のチャンセラーで「教育支援カウンシル（Council for Aid to Education）」の代表者として出席したワイアット氏の公聴会における証言内容と提出資料の内容を、以下に検討していこう。

　第1の「税の公平性」を脅かす可能性については、「米国大学協会」のロセンズウェイグ氏が提出した資料における次の文書が、高等教育関係者の主張を簡潔にまとめたものと思われるので、以下に引用する。

　　「代替ミニマム税の運用は、税制システムの公平性という重要な目標を促すものである。しかしながら、慈善寄付のケースにおいては、不正を促す可能性のある事柄を制限するためのルールが既に存在するという観点から見て、慈善寄付の高騰部分を『タックス・プリファレンス（tax preference）』（代替ミニマム税の課税対象となる項目：引用者）として扱うことは、不必要である。例えば、適切な評価を確実に行うため、寄付者は、評価や開示に関する細かなルールに従わなければならない。現在の法制度は、資産が慈善目的や教育目的と関係の無いところで使用されたとき、また、寄付された資産の性質が完全に税控除を不適切なものにした場合、控除額を制限している。それに加えて、現行の30％の評価性資産の寄付の控除限度額は、評価性資産の寄付をすることで寄付者が納税義務を避けようとすることを防いでいる。もし、評価性資産の寄付の扱いを1986年以前の状態に戻すならば、私たちは、この制限を維持することを支持する。それ故、税の公平性に対する心配は、好ましい法案に対する行動の障害となるとは、考えられない（Miscellaneous Revenue Issues, 1990, p. 249, Statement of Robert M. Rosenzweig, Ph.D., President, Association of American Universities.）」。

　これは即ち、慈善寄付に関する詳細なルールが既に設けられていること、

また、年間に慈善寄付控除出来る額が調整総所得の30％を上限とされているため節税が乱用される可能性は低いことを踏まえれば、評価性資産に関する慈善寄付の高騰部分を代替ミニマム税から除外しても、問題は起きないという主張である。そして、評価性資産の慈善寄付控除を見直すならば、こうした慈善寄付に関するルールや慈善寄付控除の上限額の制限を維持させていくことについては、高等教育団体も許容することを表明している。

　次に、第2の論点である「1986年の税制改革が慈善寄付に与えた影響」について、高等教育関係者の証言を検討していくこととしよう。先に記した通り、財務省側は、明確に、1986年の税制改革の結果、慈善寄付は大きく減少しておらず、寧ろ増加している、と主張したが、この財務省側の主張と、1986年の税制改革のインパクトに関する高等教育関係者側の証言内容を比較すると、両者の間に異なった認識があることが見て取れる。

　高等教育関係者は、1986年の税制改革のインパクトを証言するにあたり、財務省側が慈善寄付は減っていないとする根拠として利用したギヴィング・USAのデータとは異なったデータを用い、証言を行っている。その主なデータソースの1つは、「教育支援カウンシル」が高等教育機関を対象として行った調査を基に、毎年度公表している高等教育への寄付額の推移であり、もう1つは、「全米独立カレッジ・大学協会（National Institute of Independent College and Universities）」が当時独自に1,000以上の私立高等教育機関を対象に行った調査の結果である。即ち、財務省側が非営利団体全体を対象とした慈善寄付額をベースに議論をしているのに対し、高等教育関係者は、高等教育機関に限定した寄付の推移を公聴会に対して報告している。この、高等教育機関に限定した寄付額の推移を基に高等教育関係者は、次のように述べ、税制改革の結果、高等教育への寄付は大きく減少していること主張している。

　　「1986年から1988年の個人からの慈善寄付に関する全ての調査は、慈善寄付の成長率が大きく減少していることを示している。高等教育においては、教育支援カウンシルの行った調査によれば、高等教育への寄付は1988年度3.5％実質的に減少しており、このような減少率は1975

年度以来、初めてである (Impact, Effectiveness, and Fairness of the Tax Reform Act of 1986, 1990, p. 485, Statement of Joe B. Wyatt, Chancellor, Vanderbilt University, on Behalf of the American Council on Education.)」。

　「全米独立カレッジ・大学協会により現在行われている1,000以上の機関を対象とした調査によれば、予備データは、インフレを調整した上でも、個人がカレッジや大学に対して行った評価性資産寄付が1985年から1988年の間に13.5％減少したことを指し示している (Miscellaneous Revenue Issues, 1990, p. 247, Statement of Robert M. Rosenzweig, Ph.D., President, Association of American Universities.)」。

　また、上記の統計的指標と同時に、1990年3月5日の公聴会に参加したヴァンダービルド大学チャンセラーのワイアット氏は、自身の大学で起きている寄付者の行動の変化を1つのケースとして証言している。税制改革直後、大学で起きた寄付者の行動の変化を窺い知ることの出来る貴重なケースであるので、少し長くなるが、ワイアット氏の証言を以下に引用する。

　「私の所属するヴァンダービルド大学で何が起きているかお示ししよう。私たちの評価性資産の寄付は、過去2年間の間に急激に落ち込んだ。去年、そのような形態の寄付額は、3年前の3分の1になっている。他の大学においても、州立・私立双方ともに、同じような経験をしている。例としてヴァンダービルド大学をあげるが、ある寄付者は、代替ミニマム税のために、総計400万ドルの寄付をするプランを断念した。他の寄付者は、125万ドルを教授職のために授けるプランを、代替ミニマム税の影響のために20万ドルに減額している。また、他の寄付者は、代替ミニマム税を課税されることを避けて、400万ドルの評価性有価証券の寄付をするよりも、20万ドルの寄付を10年間リード・トラストによって、行うことを決めた。インフレを考慮しても、私たちは、3分の2の寄付を失い、財務省も何一つ利益を得ていない。このような例は、私個

人の寄付募集の経験から幾らでも続けることが出来る。その他のカレッジや大学の学長も同じようなことを経験しているだろう。もし寄付者が納税義務を避けるために資産を保持しようとしたら、公的な目的は、果たされない。そして、それが今起ころうとしている (Impact, Effectiveness, and Fairness of the Tax Reform Act of 1986, 1990, pp. 482-483, Statement of Joe B. Wyatt, Chancellor, Vanderbilt University, on Behalf of the American Council on Education.)」。

　無論、ワイアット氏の証言は、1つのケースに過ぎないが、高等教育機関に限定した寄付の動向についてみると、財務省側の主張とは異なり、1986年の税制改正により大きく寄付が減少していることを公聴会において繰り替えし主張している事実が確認される。

　更に付け加えておきたいことは、高等教育関係者は、このような主張を訴えるために、公聴会の場のみならず、連邦議会の議員に対して直接的に働きかけを行っていたことが公聴会に出席した議員の発言から類推される点である。例えば、公聴会を開催した下院歳入委員会特別歳入対策小委員会の委員であったレイモンド・マクグラス下院議員 (Raymond J. McGrath、共和党、ニューヨーク州選出) は、公聴会における質疑応答の中で、「私のところには、私の地区そしてニューヨーク州の大学から代替ミニマム税の所得算出における評価性資産寄付の価格に関する陳情が殺到している (Miscellaneous Revenue Issues, 1990, p. 50)」と発言した上で、「ジョン・ブラデマス (John Brademas)、フランク・ローズ (Frank Rhodes)、ジム・シュワード (Jim Sheward)、その他のニューヨークの大学の学長達が、私に、この特定の事柄について (慈善寄付控除制度の問題について：引用者) 話してくれている (Miscellaneous Revenue Issues, 1990, p. 250)」と発言している。ここで名前が挙げられている、ジョン・ブラデマス氏と、フランク・ローズ氏は、当時のニューヨーク大学学長、コーネル大学学長である。

　また、下院歳入委員会委員のフォートニー・ピート・スターク下院議員 (Fortney Pete Stark、民主党、カリフォルニア州選出) も、同じく、慈善寄付控除

制度に関する公聴会の質疑応答の中で、「私は、貧しく、もがいているカリフォルニア大学より手紙を受け取った (Miscellaneous Revenue Issues, 1990, p. 254)」と発言しており、公聴会以外の場面においても、各議員の選出州の大学から連邦議会議員に対し、直接的な働きかけがあったことが見られる。

### (d) 1990年包括予算調整法による一部慈善寄付控除制限の解除

このように、連邦議会公聴会、及び、直接的な議員とのやり取りの中において、評価性資産に関する慈善寄付控除制度を1986年以前の状態に戻すという要望を高等教育関係者はしているが、第101議会においては、高等教育関係者の目的は、十分に果たされなかった。

下院、及び、上院の審議結果を、以下に見ていくこととしよう[86]。まず、1990年10月16日に賛成227、反対203で下院本会議を通過した包括予算調整法案の「下院案」では、評価性資産に関する慈善寄付控除制度の改正は包含されずに上院に上程されている (U.S. House of Representatives, October 27, 1990, p. 1031)。よって、下院案においては、高等教育団体をはじめとする非営利団体の評価性資産に関する慈善寄付控除制度を再度改正する主張は採用されなかったといえる。

しかし、上院においては、1986年の税制改正直後から、これまでにも何度も慈善寄付控除制度の再改正を目指して動いてきたダニエル・モイニハン上院議員 (Daniel P. Moynihan、民主党、ニューヨーク州選出) により、美術品をはじめとする「有形動産 (tangible personal property)」の寄付についてのみ代替ミニマム税の課税対象としないという条項を含む、修正案が提出された (Talley, May 17, 1993, p. 5)。ここで、高等教育機関が求める株式を含んだ評価性資産全体ではなく、美術品をはじめとする有形動産のみに対象を限定した理由について、モイニハン上院議員は、「株式の寄付を含む改正案を財政委員会の同僚に説得させることは難しい時期であった。株式の寄付を含めようとした、はじめの試みは、可否同数で失敗した (Rasky, October 16, 1990)」と、『ニューヨーク・タイムズ』の取材に語っている。上院の審議の結果、モイニハン上院議員を中心に修正された有形動産に関する慈善寄付控除制度の改正は、包括予算調整法案の「上院案」に包含され、1990年10月19日に賛成

54、反対46で上院の包括予算調整法が通過している[87]。

その後、下院案と上院案は、両院協議会で調整され、両院協議会報告書が1990年10月26日に下院で賛成228、反対200で承認され、10月27日に上院で賛成54、反対45で承認されている[88]。両院協議会における慈善寄付控除制度に関する条項の調整結果を確認すると、「1991年度の事業年度になされた寄付についてのみこの提案は適用されるということを除いて、両院協議会の合意は上院の修正に従う (U.S. House of Representatives, October 27, 1990, p. 1033)」とある。これが意味するところは、1991年度の1年間という制限がつけられたものの、有形動産に関する慈善寄付控除制度については、上院の修正案が認められることとなったということである。この両院協議会報告書は、1990年11月5日に大統領によって署名され、「1990年包括的予算調整法 (Omnibus Budget Reconciliation Act of 1990)」は、公法101-508として成立している (Budget Adopted After Long Battle, 1991, p. 141)。

このように、第101議会では、1年間という制限がつけられたものの一時的に有形動産に関する慈善寄付のキャピタルゲイン部分は、代替ミニマム税の課税対象から除外されることが決定され、実質的に公正市場価格での連邦所得税からの所得控除が認められた。後述するように、その後この法案は、「1991年税制延長法 (Tax Extension Act of 1991)」で、更に6ヶ月間の延長が決まっている (Talley, May 17, 1993, p. 5)。

しかし、高等教育機関側がその重要性を指摘してきた株式や土地などの無形資産については、依然として代替ミニマム税の課税対象となり、1986年の税制改革による制限が継続される状態が続いた。事実、1990年10月18日付けの『ニューヨーク・タイムズ』においては、次のように報道されている。

　　「大学は、理論上、モイニハン議員のプランの恩恵を受けるが、この提案は美術館を支えることを大きな狙いとしているものである。事実、目下の議論における敗者の1つに、大学は数えられる。彼らは、寄付した有価証券をミニマム課税の免除に含むことを強く主張してきたのだから (Nash, October 18, 1990)」。

第 3 章　米国の高等教育と連邦寄付税制の変遷　*149*

　これは、1990年包括予算調整法における慈善寄付控除制度の改正の主眼が米国国内の美術館からの美術品の流出を防ぐことを主眼においており、高等教育機関側が求めてきた株式・土地などの資産形態の慈善寄付控除制度を改正するという目的が十分に達成出来なかったことを示すものである。

　この1990年包括予算調整法を高等教育機関側は、どのように評価したのであろうか。これは、翌年の1991年の公聴会において、「米国教育カウンシル（American Council on Education）」の代表として発言したトリニティ・カレッジ（Trinity College）の学長パトリシア・マグァイア氏（Patricia McGuire）の発言にみることが出来る。

　　「昨年、議会は、有形動産の寄付に対する代替ミニマム税を1年間免除する法案を通した。私は、その決定を称賛する。直近の報告によれば、この一時的な法案が、既に、美術館への大小様々な有形動産を大きく増加させることを刺激しており、この事実は、この法案を延長し、拡大することの重要性を物語るものである。しかしながら、一方では、カレッジや大学、病院、保護団体、社会福祉団体、文化団体などをはじめとする有価証券や不動産の寄付に依存している機関にとっては、代替ミニマム税の存在により、評価性資産額の寄付の数と額が減少するという脅威が継続している（State of the U.S. Economy, Federal Budget Policy, and the President's Budget Proposals for Fiscal Year 1992 and Beyond, Including Estimated Costs of Operation Desert Storm and Expiring Tax Provisions, 1991, pp. 869-870, Statement of Patricia McGuire, President, Trinity College, Washington. Dc. On Behalf of the American Council on Education.）」。

　この発言に見られるように、1990年包括予算調整法は、株式や不動産の寄付を多く受け入れている高等教育機関の目的を十分に果たした税制改正とはいえなかった。よって、1990年包括予算調整法において有形動産の慈善寄付控除制度の制限が解除された後も、評価性資産全体に関する慈善寄付控除の改正を求める動きが、高等教育関係者を中心に継続して行われていくこ

*150*

ととなる。

### (2) 高等教育関係者の動きと1992年歳入法の帰結

#### (a) 1991年税制延長法の審議過程における高等教育関係者の証言

　「1990年包括予算調整法(Omnibus Budget Reconciliation Act of 1990)」が成立した翌年の1991年度の第102議会においても、連邦議会の下院歳入委員会、及び、上院財政委員会において、議員が継続して評価性資産全体の慈善寄付控除制度の制限を解除するための法案を提出している。

　その中でも、トマス・ダウニー下院議員(Thomas J. Downey、民主党、ニューョーク州選出)が1991年3月21日に提出した、法案H.R. 1557『評価性資産の慈善寄付をタックス・プリファレンスとして扱わないものとするための、1986年の内国歳入法の修正法案(To amend the Internal Revenue Code of 1986 to provide that charitable contributions of appreciated property will not be treated as an item of tax preference)』は、53人の下院民主党議員と41人の下院共和党議員を合わせた合計94人もの下院議員が共同提出者として名を連ねている[89]。

　また、上院財政委員会においても、同様の内容の法案が法案S. 359として、デイヴィッド・ボーレン上院議員(David L. Boren、民主党、オクラホマ州選出)と共同提出者30人(共和党上院議員17人、民主党上院議員13人)により、提出されている。これらの法案は、第102議会においては成立を見なかったものの、多くの議員が成立に向けて努力をしていたことが見て取れるだろう。

　このように連邦議員が法案を提出する中、下院歳入委員会では、1年間の条件付きで認めた有形動産に関する慈善寄付控除制度を、その後、延長するかどうか審議するに当たり、1991年4月10日に公聴会を開催している。この公聴会で証言を行った非営利団体関係者の中に含まれているのが、ワシントンに位置する当時学生数1,000人以下の小規模なカトリック系の女子大学であったトリニティ・カレッジ(Trinity College)学長のパトリシア・マグァイア氏(Patricia McGuire)である。マグァイア学長は、「米国教育カウンシル(American Council on Education)」及び、その他6つの高等教育関連団体を代表[90]して、証言を行っている。公聴会での証言内容、及び、公聴会に提出

された資料は、当時の高等教育機関を取り巻く環境と、慈善寄付の役割について窺い知ることが出来る資料であり、以下にその内容を見ていくこととしよう。

公聴会冒頭で、マグァイア学長は、ダウニー下院議員が提出したH.R. 1557を歓迎すると表明した上で、「私は、現在の有形動産(tangible personal property)の寄付に関する現行法の延長と、全ての資産形態の寄付への拡張を求めるためにここにきた(State of the U.S. Economy, Federal Budget Policy, and the President's Budget Proposals for Fiscal Year 1992 and Beyond, Including Estimated Costs of Operation Desert Storm and Expiring Tax Provisions, 1991, p. 869, Statement of Patricia McGuire, President, Trinity College, Washington. Dc. On Behalf of the American Council on Education.)」と述べている。即ち、1990年包括予算調整法により、制限が解除された有形動産に関する慈善寄付控除制度を延長することに加え、更に、評価性資産全体に対する慈善寄付控除制度の制限を解除するように求めるための証言を行うことを目指した証言であるといえる。

当時の高等教育関係者の慈善寄付控除制度に関する主張の特徴を、マグァイア学長の証言、及び、公聴会に提出された資料より整理すると、以下の点が挙げられる。

第1に、1986年の税制改革により慈善寄付が全米の大学やカレッジで減少していることを、ケース・スタディを通じて明らかにしていることである。マグァイア学長の公聴会提出資料には、『評価性資産の寄付に1986年の税法が与えた悪い影響(Negative Effects of 1986 Enacted Tax Law Changes on Gifts of Appreciated Property)』という資料が添付されており、1986年の税制改正の結果、評価性資産に関する寄付を寄付者が減額、あるいは、取りやめになった具体的なケースをまとめている。公聴会に提出された資料の記述をもとに、大学やカレッジの寄付額が減少したケース(美術館・社会奉仕事業団体を一部含む)を「当初計画していた寄付の内容」、「当初の寄付目的」、「税制改正の結果」という観点から整理したものが、**表3.7**である。

提出された資料には、特定の寄付者名、大学名、具体的な地名は、伏せられているが、記載された所在地域から判断すると、広範な地域から集められ

## 表3.7：1986年の税制改正の結果失われた寄付の内容
### （1991年公聴会：大学関係者の証言）

| ケース | 寄付先 | 所在地 | 当初計画していた寄付の内容 | 当初の寄付目的 | 税制改正の結果 |
|---|---|---|---|---|---|
| 1 | 大学 | 西部 | 記載なし | 工学のカレッジの寄付基金教授のため | 寄付を取りやめ |
| 2 | 大学 | 南西部 | 10万ドルの不動産 | 生命科学の寄付基金教授のため | 寄付を取りやめ |
| 3 | 大学 | 南部 | 400万ドル | 記載なし | 寄付額を200万ドルに減額 |
| 4 | 大学 | 南西部 | 75万ドルの株式 | 記載なし | 寄付を取りやめ |
| | 同上 | 南西部 | 20万ドルの株式 | 記載なし | 一括ではなく分割での寄付に変更 |
| 5 | 大学 | 西部 | 個人資産 | 記載なし | 寄付を取りやめ |
| 6 | カレッジ | 中西部 | 4万ドル | 記載なし | 寄付額を当初の45%に減額 |
| 7 | 大学 | 西部 | 記載なし | 記載なし | 寄付を延期し、段階的に行う |
| 8 | 大学 | 北西部 | 記載なし | 記載なし | 寄付額を減額 |
| 9 | 大学 | 南西部 | 200から300万ドルの株式 | 記載なし | 寄付額を減額 |
| 10 | 大学 | 北東部 | 8人から9人の寄付者 | 記載なし | 寄付額を減額、取りやめ |
| 11 | 大学 | 西部 | 300万ドル | 記載なし | 寄付額を100万ドルに減額 |
| 12 | 大学 | 北西部 | 500万ドルの遺贈寄付 | 記載なし | 寄付を取りやめ |
| 13 | 大学 | 北東部 | 15万ドルの不動産 | 教員の住居 | 寄付を取りやめ |
| 14 | 美術館 | 中西部 | 記載なし | 記載なし | 寄付せずにオークションに売却 |
| 15 | 大学 | 東部 | 記載なし | 法科大学院の寄付基金教授のため | 寄付の意向を変更 |
| 16 | 大学 | 南部 | 記載なし | 古典の寄付基金教授職のため | 寄付を取りやめ |
| 17 | カレッジ | 南部 | 10万ドルの株式 | 奨学金のため | 寄付を取りやめ |
| 18 | 美術館 | 中西部 | 記載なし | 記載なし | 寄付を取りやめ |
| 19 | 大学 | 南西部 | 70万ドル | 記載なし | 寄付を取りやめ |
| 20 | スクール | 東部 | 300万ドルの不動産 | 記載なし | 寄付を取りやめ |
| 21 | カレッジ | 記載なし | 100万ドル以上の未耕作の土地 | 記載なし | 寄付額を30%減額 |
| 22 | カレッジ | 記載なし | 10万ドルの有価証券 | 記載なし | 寄付を取りやめ |
| 23 | カレッジ | 記載なし | 記載なし | 記載なし | 税制問題がなければ寄付される予定 |
| 24 | カレッジ | 記載なし | 100万ドル以上の寄付 | 記載なし | 寄付を一時停止 |
| 25 | カレッジ | 記載なし | 記載なし | 記載なし | 追加的な寄付が減少した |
| 26 | 大学 | 北東部 | 350万ドルのニューヨークにあるアパート | 医学部心臓病専攻のため | 寄付を一時停止 |
| | 同上 | 同上 | 100万ドル | 工学部(高分子化合物、超伝導、スーパーコンピュータ)の寄付基金教授のため | 寄付を一時停止 |
| | 同上 | 同上 | 246,000ドルの株式 | 奨学金のため | 寄付額を減額 |
| | 同上 | 同上 | 35万ドル | 工学部の図書館のため | 寄付を取りやめ |
| 27 | カレッジ | 東部 | 300万ドルのアメリカの美術品 | 記載なし | 寄付を取りやめ |
| 28 | カレッジ | 中西部 | 50万ドルの有価証券 | カレッジの語学演習室の経常的支出を賄うため | 寄付を延期 |
| | 同上 | 同上 | 15万ドルの美術品 | 記載なし | 寄付を取りやめ |
| 29 | カレッジ | 中西部 | 50万ドルの有価証券 | サイエンス学生の奨学金のため | 寄付額を30万ドルに減額 |
| | 同上 | 同上 | 記載なし | 記載なし | 寄付を取りやめ |
| 30 | 大学 | 中西部 | 不動産 | 記載なし | 寄付を取りやめ |
| | 同上 | 同上 | 25万ドル | 記載なし | 寄付を取りやめ |
| 31 | 大学 | 北東部 | 15万ドルの有価証券 | 学士課程学生の財政支援・奨学金のため | 寄付を取りやめ |
| 32 | 大学 | 北西部 | 250万ドルの株式 | 学生政府とアクティビティーセンターの創設 | 寄付の計画が中断 |
| 33 | 民間財団 | 南西部 | 株式 | 特定の宗派の教育・宗教支援のための民間財団の創設のため | 寄付を一時停止 |
| 34 | 社会奉仕団体 | 中西部 | 土地 | 薬物・アルコール依存症更生施設拡張のため | 現金50万ドルの寄付受入れ側が負担 |
| 35 | 大学 | 東部 | 土地 | 寄付基金教授(免疫学・獣医学)のため | 寄付額が100万ドル減額 |
| | 同上 | 同上 | 農地 | 記載なし | 寄付を取りやめ |

出典：*State of the U.S. Economy, Federal Budget Policy, and the President's Budget Proposals for Fiscal Year 1992 and Beyond, Including Estimated Costs of Operation Desert Storm and Expiring Tax Provisions, 1991, pp. 880-885, Statement of Patricia McGuire, President, Trinity College, Washington. Dc. On Behalf of the American Council on Education.* の記述をもとに作成。

たケースであるということは理解出来る。表3.7にまとめた「当初の寄付目的」の内容に着目すると、評価性資産寄付は、「ケース1、2、15、16、26、35」のような寄付基金教授職創設のため、「ケース17、26、29」のような奨学金創設のため、「ケース26」のような図書館の改善などをはじめとして、

第 3 章　米国の高等教育と連邦寄付税制の変遷　*153*

教育の質改善や教育の機会提供のために使用されることを目的としていたものと理解出来る。このような大口の資産形態の寄付が1986年の税制改正により、減額或いは、取りやめになったことが報告されている。

　また、ここで付け加えておきたいことは、このような大口の評価性資産の寄付が税制改正により辞退されるケースは、大規模大学のみにあてはまるのではないという点である。例えば、10万ドルの株式の寄付を辞退された「ケース17」のカレッジについては、「このスクールは、500万ドルという小規模な基本財産しか持っていない。それゆえ、この寄付は（辞退された寄付は：引用者）、非常に大切なものであった[91]」と報告されており、小規模カレッジにおいても大きな影響がでていることが証言されている。

　このような評価性資産寄付の減少によって、教育の機会提供、教育の改善が脅かされる可能性とともに報告されているのが、米国の高等教育機関を取り巻く厳しい環境に関する事象である。特に、1991年度と1992年度は、不景気により、多くの州で州政府からの高等教育に対する財政的支援が減少する可能性があるという新聞報道[92]を引用しながら、授業料の高騰や教育環境を整備するために、それらを少しでも補う資金として、慈善寄付が必要であるという主張を、次のように展開している。


　　「こうした（税制改正による寄付の：引用者）減少は、連邦政府、州政府、地方政府から財政的的支援の縮小の結果生まれてしまうサービスのギャップを埋めること、またその一方で、授業料の急激な上昇を抑制することが、教育機関や非営利団体に対して要求されている最中、発生している。慈善寄付は、この2つの問題を解決するための鍵なのである（State of the U.S. Economy, Federal Budget Policy, and the President's Budget Proposals for Fiscal Year 1992 and Beyond, Including Estimated Costs of Operation Desert Storm and Expiring Tax Provisions, 1991, p. 870, Statement of Patricia McGuire, President, Trinity College, Washington. Dc. On Behalf of the American Council on Education.）」。

以上示したように、第102議会において高等教育関係者は、評価性資産寄付の減少に関する具体的なケース・スタディの結果や州政府の補助金の減額が見込まれている調査データを提示することを通じて、評価性資産全体の寄付の見直しを連邦議会に対して求めている。しかし、第101議会と同様に、第102議会においても、高等教育関係者の目的が完全に達成されることはなく、有形動産に関する慈善寄付控除制度の6ヶ月の延長に関する法案のみが、第102議会の会期末の1991年11月27日に上院、下院において通過した後、1991年12月11日に大統領が署名し、「1991年税制延長法 (Tax Extension Act of 1991)」が公法102-227として成立するにとどまった (Tax 'Extenders' Clear at Session's End, 1992, p. 107)。よって、第101議会での結果と同様、株式を含めた評価性資産全体への慈善寄付控除の改正には至らず、翌年以降にその審議が持ち越されている。

### (b) 第103議会における慈善寄付控除制度の改正案とその挫折

「1991年税制延長法 (Tax Extension act of 1991)」では、有形動産に関する慈善寄付控除制度が延長されたものの、依然として、評価性資産全体については1986年の税制改革以来、慈善寄付控除が制限され続けた。この制限が最終的に解除されるのは、第104議会のクリントン政権における「1993年包括予算調整法 (Omnibus Budget Reconciliation Act of 1993)」まで待たなければならない。

しかし、クリントン政権が誕生する前年の第103議会における1993年度予算案の審議過程において、評価性資産に対する慈善寄付控除制度を解除することを含んだ予算案が連邦議会を通過していることは指摘しておく必要があるだろう。この1993年度予算案は、ブッシュ大統領の拒否権発動により予算案全体が廃案となったため最終的な成立をみなかったものの、これまで高等教育関係者をはじめとする非営利団体関係者が繰り返し主張してきた評価性資産に関する慈善寄付控除制度の改正が、連邦議会において認められたことを意味するものである。以下に、第103議会における慈善寄付控除制度の改正案の経緯について簡単に触れておきたい。

第103議会において、ブッシュ大統領は、一般教書演説を行った翌日の1

第3章　米国の高等教育と連邦寄付税制の変遷　*155*

月29日に1993年度予算案を議会に対して送付している。この1993年度予算案には、「資産の基準価格を超えたキャピタルゲイン資産が寄付されたとき、その価格をプリファレンス・アイテム (代替ミニマム税の課税対象となる項目：引用者) として扱ってきた代替ミニマム税を、全ての資産 (不動産、動産、無形資産) において、除外することを提案する (Staff of the Joint Committee on Taxation, February 6, 1992, p. 34)」とあり、評価性資産全体の慈善寄付控除制度を見直すことが記載されている。

　財務省が提出した、『大統領の予算案が与える歳入への影響に関する説明 (General Explanations of the President's Budget Proposals Affecting Receipts)』には、この評価性資産に関する慈善寄付控除制度を改正する理由について記載されているが、要約すると、次の3つとなる。この改正案は、(1) 資産の慈善寄付を促進させる可能性があること、(2) 一般社会に恩恵をもたらすために、これまで売却されてしまっていた資産が、慈善団体へと寄付される可能性があること、(3) 慈善団体は、1991年初頭より、一時的に有形動産の寄付が代替ミニマム税より外された後、有形動産の寄付が大きく増加したことを示してきたこと、この3つである (U.S. Department of the Treasury, 1992, p. 86)。

　このように大統領案は、慈善寄付控除制度を見直すことが含まれたが、廣瀬 (2004) が指摘するように、「大統領の予算案は、連邦議会が予算法案を審議する際の参考資料にすぎず、これ自体が連邦議会の議決の対象となったり、何ら連邦議会を拘束するものではない (廣瀬、2004、p. 106)」。そのため、大統領は、3月20日までに、この大統領案を基に連邦議会に予算案を作成するように要求している (Bush Vetoes First of Two Major Tax Bills, 1993, p. 133)。この大統領の予算案を受けて、議会では予算の審議がはじまることとなるが、下院歳入委員会の公聴会においては、ウェイン州立大学学長が、昨年度の公聴会と同様に、評価性資産の重要性と、1986年の税制改正が高等教育機関の寄付に与えた影響について、繰り返し報告している[93]。

　また、この予算案の連邦議会の予算案の審議過程において評価性資産に関する慈善寄付控除制度の改正に支持の表明を行った議員の発言を見ていくと、この改正案が明らかに米国の高等教育セクターを維持していくために必要で

あるという認識が連邦議会議員の中にあったことが見て取れる。例えば、ウィリアム・フォード下院議員（William D. Ford、共和党、ミシガン州選出）は、1992年の2月27日に予算案における慈善寄付控除制度の改正を支持する表明を行う中で、次のように述べている。

　「予算案は、評価性資産寄付を代替ミニマム税の課税対象とすることを終わりにする提案を含んでいる。このような寄付にAMTを課税するという決定は、学生に対する財政支援、建物や実験施設のリノベーションへの財政支援、寄付基金教授の支援などを、高等教育機関に提供するための多くの重要な寄付を奪ってきた（Ford, February 27, 1992）」。

　また、上院財政委員会においては、1986年の税制改正直後から当該制度の改正に取り組んで来たダニエル・モイニハン上院議員（Daniel P. Moynihan、民主党、ニューヨーク州選出）が、1990年の美術品をはじめとする有形動産の慈善寄付控除制度の改正により、美術館への寄付が増加した例を挙げながら、株式の評価性資産寄付の慈善寄付控除制度を緩和することで高等教育分野に大きな恩恵をもたらすことを指摘している。少し長くなるが、重要な発言であると思われるので、以下に引用しよう。

　「活力のある私立、独立セクターの高等教育を保持する上で、ずば抜けて重要な法案は、評価性資産寄付の扱いを1986年以前のものに回復することである。下院と上院ともにこの考えを持っており、また喜ばしいことに、政権も同じ考えである。静かなる説得、静かなる事実の説明により、皆、納得した。また、このプロセスが存続するか否かに関わらず、もちろんそれは残って欲しいと思っているが、免税債の提案も同じようになることを願っている。この2つの関心は、上院財政委員会と下院歳入委員会の中の小さなグループが取り組んで来たものであった。

　評価性資産の寄付を完全に控除することは、不明瞭で簡単に説明出来る法案ではない。しかし、私たちが2年前に美術館への寄付のために採

用した法案は、非常に大きな結果をもたらした。ここワシントンにおいて、ナショナル・ギャラリー、国家のナショナル・ギャラリーは、50周年を前に大きな寄付をえた。レーシング・カーの美術館、その他の美術館、その他の工芸品に関する美術館、一般的な国の大きな美術館、ほとんどの大都市にあり、そして、私たちが栄えて欲しいと願っている様々な種類の美術館も同様である。そして、その多くは私立機関である。

　この特別な提案は、株式の寄付を、完全に控除可能なものにすることへと拡張するものである。そして、この株式の寄付は、私立カレッジと大学の基本財産に対する卒業生からの寄付の中で最も大きな寄付である。いずれにせよ、私たちは(モイニハン上院議員たちは、：引用者)確かに教育分野におけるこの目的を前進させる。この目的とは、不幸なことに1986年に(1986年の税制改正によって：引用者)遮られ、重大な結果がもたらされてしまったものである。(Moynihan, March 10, 1992)」。


　このように評価性資産の寄付を代替ミニマム税の課税対象から外すことに関する改正案は、大統領案に含まれたことで本格的に連邦議会での審議対象となっていることが見受けられる。以下に、連邦議会の予算案の審議の結果をみると、1992年2月27日に下院を通過した下院予算案、1992年3月13日に上院を通過した上院予算案、1992年3月20日に連邦議会で合意が得られた両院協議会の予算案において、この評価性資産の寄付に関する慈善寄付控除制度の改正は、包含されており、連邦議会で承認されることとなっている[94] (U.S. House of Representatives, March 20, 1992, pp. 393-396)。

　しかしながら、その後の経緯をたどると、連邦議会において評価性資産の寄付に関する慈善寄付控除制度を見直すことが承認されているにも拘わらず、この予算案は、最終的に成立することはなかった。それは、当時の米国の予算制度と深く関連する。当時、米国の予算制度においては、大統領の個別項目別拒否権がなく、大統領が予算案の一部を拒否したい場合は、事実上予算案全体に対して拒否権を発動するしかなかった[95]。

　当時、共和党ブッシュ政権と、民主党が多数党を占める議会の間では、中

間層の租税負担を軽減することの穴埋めとして、富裕層に対する増税を行うか否かで、大きく意見が対立していた (Bush Vetoes First of Two Major Tax Bills, 1993, p. 133)。議会における民主党のリーダーたちを中心に作成された議会の予算案は、富裕層への増税が含まれており、これはブッシュ大統領にとって許容出来るものではなかった。そのためブッシュ大統領は、「私は、再度議会に私の経済成長プログラムを増税することなしに通過させることを求める (Bush Vetoes First of Two Major Tax Bills, 1993, p. 139)」と声明を出し、1992年3月20日に拒否権を発動し、法案H.R. 4210の『Tax Fairness and Economic Growth Acceleration Act of 1992』を廃案としている。即ち、慈善寄付控除制度については、大統領、議会ともに合意出来る内容であったが、それを包含する予算案の大きな焦点は、富裕層に対する増税を認めるか否かにあり、こうした一連の政治的駆け引きの中で、予算案全体に拒否権が発動されたのである。

その後、再度、連邦議会において予算案が策定されることになるが、結論から言えば、2回目の予算案に対しても拒否権が発動されることになる (Bush Vetoes Year's Second Tax Bill, 1993, p. 140)。以下に、上院・下院でまとまった2回目の予算案における慈善寄付控除制度の内容を見ていくこととしよう。

下院の予算案では評価性資産の慈善寄付控除制度については、「1992年から1993年の間になされた全ての評価性資産形態の慈善寄付に関しては、代替ミニマム税が対象とする税優遇項目として取り扱わない (Staff of the Joint Committee on Taxation, October 1, 1992, p. 99)」いう内容で最終案がまとまっており、1992年7月2日に下院本会議において賛成356、反対55で予算案が通過している[96]。これは即ち、2年間という期間を限定した上で、評価性資産に関する慈善寄付控除を1986年以前の状況に改正することを提案しているものと理解することが出来る。

一方、上院では、モイニハン上院議員によって提案された修正案が承認され、「公正市場価格の評価性資産の寄付と調整後ベースの資産との差については、代替ミニマム税の対象とする税制優遇項目から除外する (U.S. House of Representatives, October 5, 1992, p. 1110)」という改正案が、1992年9月29日に

上院において、賛成70、反対29で通過している[97]。これは、即ち、下院において1992年から1993年の2年間に期間を制限しているものを、上院では永久に代替ミニマム税の課税対象から無くすことを意味し、評価性資産に関する慈善寄付控除制度を完全に1986年以前の状態に戻す提案をおこなったものとして理解することが出来る。

その後、上院と下院の案を調整した両院協議会報告書においては、慈善寄付控除制度の項目については、「両院協議会は、上院の修正に従うことに合意した (U.S. House of Representatives, October 5, 1992, p. 1110)」とあり、上院の案が採用されている。この両院協議会報告書は、賛成208、反対202で下院を通過し、上院を賛成67、反対22で通過することとなり法案 H.R. 11『1992年歳入法案 (Revenue Act of 1992)』がホワイトハウスに送られることとなる。

このように1986年以来制限されていた評価性資産に関する慈善寄付控除制度を再改正することを包含する「1992年歳入法案 (Revenue Act of 1992)」は、連邦議会において再度、承認されることとなった。しかし、この歳入法案においても、多くの増税案が包含されており、ブッシュ大統領の目的を達成出来る内容ではなかったため、拒否権が発動され、この歳入法案全体が廃案となっている (Bush Vetoes Year's Second Tax Bill, 1993, p. 150)。

このように、第103議会においては、大統領案、下院、上院においても慈善寄付控除制度の政策内容については合意が得られて、直前まで成立にこぎつけるが、高所得者層への増税をめぐる大統領と議会の対立と、個別項目別拒否権が認められないという予算編成の政策過程上の問題から、予算案全体に対する拒否権が発動されたことで、第103議会においても高等教育関係者の目的は最終的には達成されなかった。

### (3) クリントン政権の誕生と評価性資産寄付控除制度の再修正

このように、1986年の税制改正以来、連邦議会で繰り返し法案が提出されては最終的な成立までには至らなかった評価性資産に関する慈善寄付控除制度の改正であるが、1993年1月20日にクリントン大統領が就任した後に、当該制度を改正しようとする流れが再度生まれてくる。それは、1993年2

月17日にクリントン大統領が上下院合同会議で発表した経済再生計画における税制改正案において、「評価性資産の慈善寄付に対するタックス・プリファレンス(代替ミニマム税の課税対象となる項目：引用者)を取り除く(Staff of the Joint Committee on Taxation, March 8, 1993, p. 25)」という方向性が示され、評価性資産に対する慈善寄付控除制度を見直すことが含まれていることから見て取れる。

この大統領の経済計画プランを踏まえた上で、連邦議会においても、1993年3月10日に、デイヴィッド・ボーレン上院議員(David L. Boren、民主党、オクラホマ州選出)が、次のように発言し、評価性資産に関する慈善寄付控除を他の民主党議員とともに、成立させていくことを宣言している。

「私は、モイニハン上院議員とダンフォース上院議員とともに、2つの税制案を通過させるように努める。これは、私たちの教育機関を活力あるものにすることを確実にすることを助けるものである。法案は、代替ミニマム税において、評価性資産の慈善寄付をプリファレンスとして扱うこと(代替ミニマム税の課税対象となる項目として扱うこと：引用者)を永久に無くし、そして、私立大学が問題にしている免税債の上限を削減するものである。このような提案は、11月に大統領によって拒否された包括税制法案に含まれているものである。私は、この年度のはじめに法律を成立させることを成功させる自信がある。

評価性の有形無形資産をプリファレンスとして扱うこと(代替ミニマム税の課税対象となる項目として扱うこと：引用者)をなくすことは、我々の社会の中の、寄付に大きく依存しているいくつかのセクターにとってきわめて重要である。私たちの失敗、即ち、代替ミニマム税のタックス・プリファレンス(代替ミニマム税の課税対象となる項目：引用者)を一時期的に取り消したことを、昨年(1992年：引用者)の6月に期限を迎えたとき、延長をしなかったという失敗は、将来にわたって私たちにつきまとう(Boren, March 10, 1993)」。

また、1993年3月31日の『ワシントン・ポスト』に掲載された「モイニハンと税制優遇措置の技術 —美術館、大学は資産寄付控除から恩恵を受ける (Moynihan and the Art of Tax Breaks; Museums, Colleges Would Gain From Property Gift Deduction)」という記事においては、モイニハン上院議員がこれまで何度も試みてきた慈善寄付控除制度の改正案が、成立するための政治的環境が整ったことを、次のように伝えている。

　「1986年以来、資産寄付の流れを抑制してしまい、美術館や大学を含む多くの慈善、非営利団体の活動を難しくしている税法を元に戻す試みに、彼（モイニハン上院議員：引用者）は幾度も失敗してきた。やっと、モイニハンは、自分が負けることのない立場についたと考えるように至った。

　今日、下院歳入委員会が、クリントンの経済計画プランの一環として税制の改正を検討しているときに、提案は、ヒアリングを受ける機会を得た。モイニハンが非常に大切している提案に関する彼の最近の声明、即ち、『もし、この税制改正案が含まれるのならば、私は賛成票を投じる。よって、この税制改正案は含まれるだろう』という声明を前にして、脅かされる可能性があるのは、まさにこの（クリントンの経済計画：引用者）プランだ。新しい上院財政委員会委員長として、モイニハンは、あらゆる種類の妨害を作り出すことの出来る力を持っている。

　ただし、今のところ、そのようなことは起きそうにない。彼と共にいるのは、クリントン大統領、ロイド・ベンツェン財務長官、ダン・ロステンコウスキ下院歳入委員会委員長である。そして、これらの背後には、実質的には我が国の全ての美術館の理事、大学学長、病院経営者、そして慈善団体の幹部がいる (Trescott, March 13, 1993)」。

この『ワシントン・ポスト』の報道が意味するところは、モイニハン上院議員が上院財政委員会の委員長となったことで、仮に、連邦議会において大統領の経済計画プランに含まれた評価性資産の慈善寄付控除制度の改正に対

する妨害が入ったとしても、モイニハン上院議員は、その妨害を押し返すだけの政治的な影響力を持ったという点である。更に、そのような権限を振りかざさなくとも、クリントン大統領や下院歳入委員会委員長のダン・ロステンコウスキ下院議員（Dan D. Rostenkowski、民主党、イリノイ州選出）より、評価性資産の慈善寄付控除制度に関する改正について理解が得られているため、いずれにしても法案が通る政治的環境が整ったことを伝えるものとして理解することが出来る。

　以下に、下院、及び、上院の審議結果を示していこう。評価性資産に関する慈善寄付控除を1986年以前の状態に戻すことを含む包括予算調整法案は、1993年5月27日に下院本会議にて、賛成219、反対213で可決され、上院に上程された（Staff of the Joint Committee on Taxation, July 14, 1993, p. 25; The Democrats' Economic Agenda, 1994, p. 108）。上院本会議においては、「下院案」の幾つかの点で修正が加えられたものの、評価性資産に関する慈善寄付控除制度については、下院案がそのまま踏襲され、1993年6月25日に上院本会議で「上院案」が賛成50、反対49で通過している（Staff of the Joint Committee on Taxation, July 14, 1993, p. 25; The Democrats' Economic Agenda, 1994, p. 108）。その後、両院協議会で調整された両院協議会報告書が1993年8月5日に下院において賛成218、反対216で、8月6日に上院において賛成51、反対50で承認され、ホワイトハウスへ送付され、1993年8月10日に大統領が署名し、公法103-66として予算調整法案が成立した（The Democrats' Economic Agenda, 1994, p. 108）。

　ここでいまいちど、クリントン政権において通過した1993年包括予算調整法の内容を示しておくこととしよう[98]。慈善寄付控除制度に関する最大の変更点は、「1986年税制改革法（Tax Reform Act of 1986）」において、評価性資産の寄付にかかわるキャピタルゲインを代替ミニマム税の課税対象にした変更を元に戻したという点である。即ち、代替ミニマム税を選択した寄付者も評価性資産の寄付にかかわるキャピタルゲインを代替ミニマム税の課税対象から免除することが可能となったのである（Staff of the Joint Committee on taxation, August 23, 1993, p. 9）。また、1993年包括予算調整法では、連邦所得

税の最高所得税率が31％から39.6％に引き上げることが決められ、増税が決定された (The Democrats' Economic Agenda, 1994, p. 86)。

以上示してきたように、1986年の税制改革による評価性資産の慈善寄付控除制度の制限から、再度1993年の包括予算調整法において慈善寄付控除制度の制限が解除されるまでの経緯を見ていくと、その背景には、小規模カレッジを含む高等教育機関の関係者が、評価性資産に対する慈善寄付控除制度が制限された後、予定されていた高等教育に対する寄付が大きく減額していることについて、公聴会や連邦議会議員への陳情を繰り返し行ってきたことが、当時の公聴会議事録より確認される。これは、高等教育セクター全体が歴史的に、評価性資産に対する慈善寄付控除制度を活用し、米国の高等教育を支える制度として重要視してきたことを示すものといえよう。

また、1986年の税制改革による慈善寄付控除制度の制限から1993年包括予算調整法への政策的転換の背景には、高等教育機関をはじめとする非営利団体関係者の政治的圧力とともに、モイニハン上院議員を中心に一部の連邦議会議員が繰り返し慈善寄付控除制度改正を見直す法案が提出したこと、クリントン大統領の誕生とともに評価性資産に対する慈善寄付控除制度が改正されるための政治的環境が整ったことがあったことを見て取ることが出来るであろう。

## 第4節　小　括

本章では、米国の大学団体の報告書や連邦議会議事録をはじめとする文献資料より、1960年代後半から90年代の米国高等教育における寄付と連邦寄付税制の議論を跡づけ、その変遷を示してきた。これまでの内容を整理すると、(1) 米国高等教育では1960年代後半に高等教育の規模拡大を背景として高等教育の「質的向上」が要請されると同時に、「将来予測される高等教育財政の危機への対処」という課題が存在し、それらを調整する方策として高等教育関係者の間で寄付に対する関心が高まったこと、(2) その一方で、連邦政府の慈善寄付控除制度は、1960年代後半から70年代にかけて「大きな政

府」を基礎とする福祉国家的政策の政治思想からの批判と同時に、「税の公平性」という観点から高所得者を優遇する制度としてみなされ、社会的批判の対象となり、評価性資産の慈善寄付控除のあり方について見直しが迫られたこと、(3)それに対し、高等教育関係者、及び、非営利団体関係者が反論を展開するという構図があり、その中で高等教育関係者は米国の高等教育は評価性資産の寄付が重要な役割を果たしており、それは慈善寄付控除制度を前提とした上に成立していること、また米国高等教育の自律性、及び、多元性を実現するために「市場」、及び、「政府」を介した資金ではなく、「寄付」を維持する必要があるとの反論を展開したこと、(4)評価性資産の寄付に関しては、公正市場価格で慈善寄付控除を認める制度が1980年代後半から1990年代前半の時期に制限されるが、長らく米国において維持されて来たこと、(5)1980年代の評価性資産に対する慈善寄付控除制度が一時制限されていた時期における高等教育関係者の反応からみると、大規模大学のみならず、私立・州立問わず、小規模のカレッジからも、公聴会などで慈善寄付が大きく減少していることが報告され、評価性資産に対する慈善寄付控除制度の維持に向けて連邦政府に政治的な圧力をかけており、米国の高等教育セクター全体を支える制度として認識されていたことを資料より確認した。

　以上の議論を踏まえて注目されることは、第1に、米国高等教育においては、寄付は、政府や市場を介して大学に流れる資金とは異なった性質を持ち、代替不可能な資金として位置づけられ、米国高等教育の多元性、自律性を特徴づけるものとして捉えられて来たことである。第2に、連邦寄付税制に対する高等教育関係者の反応に見られたように、米国高等教育にあっては、株・土地・建物等の評価性資産の寄付が重要な位置を占めており、それは、その慈善寄付控除に関して、公正市場価格での所得控除を認めるという税制度を前提とした上に成立していると認識されてきた点である。

　これは、高等教育機関に対する評価性資産寄付が一般化されていない我が国において1つの有益な視点を提供してくれるものといえる。次章以降では、米国の高等教育機関に対する個人寄付の拡大に、米国高等教育関係者がその維持に向けて政治的圧力を展開してきた連邦政府の評価性資産に対する慈善

寄付控除制度が、個人寄付の拡大に、どのような影響を与えたのかを定量データより実証的に検証していくことにしよう。

## 注

1　ここで参照した税務申告に関する資料とは、連邦所得税の申告書のU.S. Department of the Treasury, Internal Revenue Service（2012b）、連邦代替ミニマム税の申告書のU.S. Department of the Treasury, Internal Revenue Service（2012a）、連邦所得税に関する内国歳入庁の解説書のU.S. Department of the Treasury, Internal Revenue Service（2013f）、慈善寄付控除に関する内国歳入庁の解説書のU.S. Department of the Treasury, Internal Revenue Service（2013c）、免税団体に関する内国歳入庁の解説書のU.S. Department of the Treasury, Internal Revenue Service（2011）である。また、連邦税法の概要については、長岡（2006）が詳しく解説しており、これを参照した。

2　所得調整項目には、「転居費用（moving expense）」、「教育ローンの利子（student loan interest deduction）」、「授業料（tuition and fees）」等が含まれている（U.S. Department of the Treasury, Internal Revenue Service, 2012b）。

3　「人的控除（personal exemption）」とは、配偶者がいる場合に適用される控除項目であり、「扶養者控除（dependency exemption）」とは、扶養者がいる場合に適用される控除項目である（U.S. Department of the Treasury, Internal Revenue Service, 2013f, p.25）。

4　「定額控除（standard deduction）」の制度は1944年より開始されたとされる（Pratt and Kulsrud, 2011, p. 7-19）。

5　税額控除の項目の中には、「外国税額控除（foreign tax credit）」、「扶養家族の世話費用税額控除（credit for child and dependent care expenses）」、「退職貯蓄用拠出税額控除（retierment saving contributions credit）」、「扶養家族税額控除（child tax credit）」、「住宅用エネルギー税額控除（residential energy credits）」等の他に、「教育費税額控除（education credits）」が含まれており、高等教育に関連するものとして、「ホープ奨学金税額控除（hope scholarship credit）」、「生涯学習税額控除（lifetime learning credit）」が含まれており、教育費を支援している（長岡、2006、p. 74）。

6　連邦所得税の申告書類であるU.S. Department of the Treasury, Internal Revenue Service（2013b）を参照した。また、項目別控除項目の日本語訳に関しては長岡（2006）のpp.52-58を参考にした。

7　U.S. Department of the Treasury, Internal Revenue Service（2013b）より、慈善寄付の内訳を確認すると、「現金・小切手（cash or check）」での寄付、「現金・小切手以外（other than by cash or check）」の寄付、「前年度から繰り越された（carryover from prior year）」寄付の3項目が記載されている。

8　U.S. Department of the Treasury, Internal Revenue Service（2013f, p. 141）を参照した。

9 U.S. Department of the Treasury, Internal Revenue Service (2013e) を参照した。

10 U.S. Department of the Treasury, Internal Revenue Service (2012b) を参照した。

11 「通常の連邦所得税 (regular tax)」と異なり、所得申告額によって26%と28%の税率が用意されている。

12 実際には、「仮代替ミニマム税 (tentative alternative minimum tax)」が「通常の連邦所得税 (regular tax)」よりも大きかった場合、その差額分を「代替ミニマム税 (alternative minimum tax)」として追加的に支払うことになる (長岡、2006、p. 42)。

13 「通常の連邦所得税 (regular tax)」の税額計算過程において、「調整総所得 (adjusted gross income)」から各所得控除項目を減算して算出した「課税所得 (taxable income)」を算出した後、再び、「代替ミニマム課税所得 (alternative minimum taxable income)」の税額計算過程において代替ミニマム税計算用の調整項目を加算することは、実質的には、「通常の連邦所得税 (regular tax)」と「代替ミニマム税 (alternative minimum tax)」において認められる所得控除に違いがあり、それを代替ミニマム税計算用の調整項目でそれを調整しているものと考えられる。

14 「代替ミニマム税 (alternative minimum tax)」の概要については、米国公認会計士若菜雅幸氏のホームページ、若菜雅幸 (2013) の説明が参考になる。

15 これは、「代替ミニマム税 (alternative minimum tax)」の税務申告書であるU.S. Department of the Treasury, Internal Revenue Service (2012b) の代替ミニマム税計算用の調整項目に慈善寄付が含まれていないことからも確認出来るし、米国の税務サービス会社 (H & R Block) の「代替ミニマム税 (alternative minimum tax)」の解説において、"The only itemized deductions allowed under the AMT are mortgage interest used to buy, build or improve your home, charitable contributions, casualty losses, medical expenses in excess of 10% of AGI, and miscellaneous itemized deductions not subject to the 2% of AGI floor (H & R Block, 2013)" と記載されていることからも確認出来る。

16 U.S. Department of the Treasury, Internal Revenue Service (2013c. p. 2) を参照した。

17 内国歳入法170 (c) "Charitable , etc., contributions and gifts (c) Charitable contribution defined"。法律の内容を確認するにあたっては、Cornell University Law School が提供する Legal Information Institute (http://www.law.cornell.edu/) のデータベースを参照した。

18 内国歳入法501 (c) "Exemption from tax on corporations, certain trusts, etc. (c) List of exempt organizations"。

19 免税団体は、厳密には501 (d)、(e)、(f) 等にも含まれているが、ここでは省略している。

20 U.S. Department of the Treasury, Internal Revenue Service (2011)。

21 内国歳入庁における「教育活動を目的とする団体 (educational organization)」について説明を加えておきたい。まず、"educational" という用語は、内国歳入庁の U.S. Department of the Treasury, Internal Revenue Service (2011) においては、「1. 個人の能力を改善・発達させることを目的とし、個人を教授し、鍛えること、ま

たは、2. 個人にとって価値があり、コミュニティにとって有益な事柄を公衆に
教授すること（U.S. Department of the Treasury, Internal Revenue Service, 2011, p.
27）」とされている。「教育活動を目的とする団体（educational organization）」とし
て認められるためには、幾つかの基準が設定されており、特に私立学校において
は、内国歳入庁に対して、学生、教員、管理スタッフの人種構成に関する情報、
奨学金を受けている学生の人種構成などの情報を報告する必要がある。また、学
校は、新聞やメディアなどに人種差別を行わないことを宣言することを求められ
るケースもあり、内国歳入庁に教育を活動の目的とする団体として認められる上
で人種差別に対する取り組みの姿勢は重要な点となっている。その他には、学生
に授与している奨学金や貸与資金の額、学校の創設者や理事のリスト、土地や建
物を寄付したもののリスト、学校のある地区の公立学校などの情報に関して内国
歳入庁に提出する必要があるとされる。詳しくは、U.S. Department of the
Treasury, Internal Revenue Service（2011, pp. 27-29）を参照されたい。

22 内国歳入庁では、「教育活動を目的とする団体（educational organization）」として
認められる組織のタイプを6つあげており、その1番目のタイプとして「初等学
校、中等学校、カレッジ、専門職、職業訓練学校のように、恒常的に組まれてい
るカリキュラムが有り、教員を有し、学生を有し、恒常的に教育活動を行ってい
る場所のある組織（U.S. Department of the Treasury, Internal Revenue Service,
2011, p. 27）」としている。よって、大学は、原則、IRSの規定する「教育活動を
目的とする団体（educational organization）」に含まれているといえる。

23 同窓会は、501(c)(3)の条件を満たさない場合、501(c)(7)の「社交・レクリエー
ション団体（social and recreation clubs）」として認可される場合もある（U.S.
Department of the Treasury, Internal Revenue Service, 2011, p. 27）。

24 「民間財団（private foundation）」は、1つの主要な財源（通常、1つの家族からの
寄付または、1つの企業からの寄付）があり、自らが直接的に慈善プログラムを
運営するのではなく、慈善団体や個人に対して寄付することを目的としている団
体であるとされる（U.S. Department of the Treasury, Internal Revenue Service,
2013d）。

25 U.S. Department of the Treasury, Internal Revenue Service（2011, p. 33）。

26 表3. 2は、U.S. Department of the Treasury, International Revenue Service（2013c）
の資料よりその特徴をまとめたものである。慈善寄付控除制度の歴史的変遷につ
いては、Lindsey（2003）が詳細にまとめており、本稿においては、本章2節2項
以降に示した。

27 例えば、Rudolph（1962 阿部他訳 2003）によれば、ニューイングランドのカレッ
ジ教育における最初の本格的な個人的協賛者は、イギリス人のジョン・ハー
ヴァードとエリヒュー・イェールであったし、「アメリカのカレッジに最初に与
えられた奨学基金は、未婚時代の姓をラドクリフといったアン・モールソン夫人
によっておこなわれたキリスト教的な慈善の行為として寄せられたものであった
（Rudolph, 1962 阿部他訳 2003, p.181）」とされる。

28 慈善寄付控除制度に関する政策以外では、連邦政府の政策に対する高等教育関係

者のロビー活動の内容について検討したものとして、米国の連邦政府の政策に大学団体がどのように影響を及ぼすのか検討したCook (1998) や、1992年の高等教育法改正を事例に高等教育政策の政策過程について検討したHannah (1996) がある。本研究では、あくまでも慈善寄付控除制度に対する高等教育関係者の主張内容が如何なるものであったか当時の資料より歴史的に跡づけていくことを目的としており、Hannah (1996) にみられるような政策過程に関する特定のモデルを高等教育に関連する政策に当てはめ、その政策過程モデルの有用性について議論することを目的とするものではないことに留意されたい。

29 National Association of State Universities and Land Grant Colleges (1966) の序文、及び、報告書の巻末に掲載された会員校のリストを参照した。

30 National Association of State Universities and Land Grant Colleges (1966) の序文を参照した。

31 1966年時点の「全米州立大学・国有地付与大学協会 (National Association of State Universities and Land Grant Colleges)」と「州立大学協会 (Association of State Colleges and Universities)」の参加校の数は不明であるが、National Association of State Universities and Land Grant Colleges (1969) によれば、この2つの大学団体に参加している大学は約350校であるとされる。

32 詳しい数値は、次の通り。有力な電気企業の47％、巨大な化学企業の53％、国で最も大きい自動車企業の39％、有力な航空企業の87％の従業員は州立高等教育機関が輩出した卒業生であるとしている (National Association of State Universities and Land Grant Colleges, 1966, p. 5)。

33 National Association of State Universities and Land Grant Colleges (1966, p. 7)。

34 National Association of State Universities and Land Grant Colleges (1966, pp. 10-11)。報告書では、1962年度と1964年度の寄付額を比較すると、全米の大学では37％上昇しているのに対し、州立大学は30％しか上昇していないと報告している。

35 National Association of State Universities and Land Grant Colleges (1966, p. 10)。報告書では、1964年度においては、47の大学が少なくとも100万ドルの寄付を受けているが、その他の大学は、1000ドル以下しか寄付を受けていないと報告している。

36 National Association of State Universities and Land Grant Colleges (1966, p. 11)。

37 National Association of State Universities and Land Grant Colleges (1966, p. 11)。当時、慈善寄付控除の限度額は、個人であれば調整総所得の30％とされていたが、1963年時点で実際になされた寄付は、調整総所得の3.5％程度しかない。また、企業においても連邦税法で認められている慈善寄付控除の限度額が課税所得の5％であったのに対して、実際になされた寄付は、課税所得の1.1％程度しかないことが指摘されている。

38 それはタイトルからみても明らかであり、1966年の報告書が『卓越性への道のり (Margin for Excellence)』であるのに対し、1969年の報告書は、『卓越性と機会への道のり (Margin for Excellence and Opportunity)』とされ、『機会 (Opportunity)』

という言葉が付け加えられている。

39 「私は、過去20年間の私たちの基本財産は、新しい資金の注入を別にすれば、ダウジョーンズ平均の上昇率に比べて低い上昇率であると強く思っている（Bolling, 1970, p. 4)」。

40 Bolling (1970, p. 5)。

41 寄付の連邦所得税からの税額控除の提案以外には、公共政策に対しては、政府の学生に対する直接補助、授業料の税額控除の制度を評価している。ただし、「税額控除制度についていえば、授業料の税額控除制度よりも、寄付の税額控除制度の方が実際上は好ましい（Bolling, 1970, p. 7)」と述べており、寄付の税額控除制度の優先順位を高く位置づけていることが読み取れる。

42 Association of American Universities (1973, p. 28) の記述を参照した。

43 網倉 (2011) は、一部の団体に10％の追加控除が認められた理由について、Odendahl (1987) を引用しながら、「なぜ両者間に差がもうけられたか定義されていないが、教会などの‘パブリック’な団体は税制度を濫用するはずがないと考えられたため（網倉、2011, p. 6)」としており、信頼性が高い団体であったことが両者に差が設けられた一因であった見方を紹介している。

44 なお、「民間財団 (private foundation)」については、「事業型民間財団 (pirvate operating foundations)」とそれ以外の民間財団、「非事業型民間財団 (private non operating foudations)」という定義が新たに設けられている（Staff of the Joint Committee on Internal Revenue Taxation and Committee on Finance, 1970, pp. 60-61)。

45 ただし、評価性資産寄付に関する慈善寄付控除については、原則、調整総所得の30％とこれまで通り据え置きにされた、また、非事業型民間財団への寄付については調整総所得の20％とされた（Staff of the Joint Committee on Internal Revenue Taxation and Committee on Finance, 1970, p. 75)。

46 ただし、パブリック・チャリティへの寄付であっても、「有形動産 (tangible personal property)」の寄付については、受け取る団体の目的に沿ったものでなければ、キャピタルゲインの50％となった（Staff of the Joint Committee on Internal Revenue Taxation and Committee on Finance, 1970, p. 78)。Lindsey (2003) が、「美術品を大学に対して寄付をしたとき、その美術品が芸術学の教科に使用されれば、この減額は適用されないが、美術品が学部長の部屋に飾られているものであれば適用される（Lindsey, 2003, p. 1067)」という例を示しているように、高等教育機関であっても有形動産が教育目的に使用されなければ、公正市場価格での慈善寄付控除が利用出来ないこととなったのである。

47 「米国大学協会 (Association of American Universities)」の1973年の報告書の次の記述より確認出来る。「1969年、下院はパブリック・チャリティーと大学に対する評価性資産の寄付の税制上の恩恵を制限することを認めた。 ―中略― 最終的には、慎重な検討の後、議会は、パブリック・チャリティと事業型財団に対して寄付がなされた場合は、評価性の株式や不動産の公正市場価格での控除を認める先の法律を維持することを決定した（Association of American Universities, 1973,

pp. 30-31)」。また、Sheldon (1975) も、1969年の税制改革の過程で、高等教育をはじめとするパブリック・チャリティへの評価性資産を制限しようとする議論が行われたことを指摘している (Sheldon, 1975, p. 2)。

48 Council for Financial Aid to Education (1973) によれば、1969年の税制改正の後、税の公平性、単純化を求める主張は、1971年後半より再燃し、1972年の選挙において大きな争点となり、連邦議会において議論されるが、慈善寄付控除制度の制限に関する税制改正は、第92議会において最終的には成立せず、継続的に審議していくことが示された。また、1973年においても審議されるが、ボランタリーセクターからの強い抵抗があったとされる。1970年代の慈善寄付控除制度に対する議員の動きについては Council for Financial Aid to Education (1973, pp. 13-15) がその詳細をまとめており、参考になる。

49 この他に、遺贈寄付をした際の連邦遺産税からの慈善寄付控除と、高所得者の慈善寄付控除の幅をより制限する「ミニマム所得税 (minimum income tax)」の創設も、当時、高等教育関係者から懸念されている (Council for Financial Aid to Education, 1973, p. 5)。

50 ゲイロード・ネルソン上院議員 (Gaylord A. Nelson、民主党、ウィスコンシン州選出) によって、「1972年税制改革法 (Tax Reform Act of 1972)」として提案された (Council for Financial Aid to Education, 1973, pp. 13-14)。

51 Council for Financal Aid to Education (1973, p.18) の次の記述、「彼らは、大きな遺産の100％もを好みのチャリティー団体に対して、税金を支払うこと無く残す権利はないと感じている。ある程度のサイズを過度に超過した全ての遺産額は、財務省の歳入として提供されるべきであると考えている。それ故、彼らは、連邦遺産税における慈善寄付控除に上限を設けるべきだと主張し、調整総遺産の50％にすべきだとしている (Council for Financial Aid to Education, 1973, p. 18)」より確認できる。

52 Association of American Universities (1973) の巻末の会員リストを参照した。

53 税制改革委員会のメンバーは次の6人である。ミシガン大学学長のロッベン・フレミング氏 (Robben W. Fleming)、プリンストン大学学長のウィリアム・ボウエン氏 (William G. Bowen)、カリフォルニア工科大学学長のハロルド・ブラウン氏 (Harold Brown)、ミシガン大学教育学部長のウィルバー・コーヘン氏 (Wilbur J. Cohen)、チュレイン大学学長のハーバート・ロンゲネッカー氏 (Herbert E. Longenecker)、ミネソタ大学学長のマルコム・モース氏 (Malcolm C. Moos)。

54 タスクフォース・チームのメンバーは以下の13名である。デューク大学副学長のジュアニータ・クレプス氏 (Juanita M. Kreps)、National Center for Higher Education Management Systems のアソシエート・ディレクターであったペギー・ハイム氏 (Peggy Heim)、クレアモント大学大学院経済学のハワード・ボウエン氏 (Howard R. Bowen)、マンデライン・カレッジ学長のアン・ギャノン氏 (Ann Ida Gannon)、モアハウス・カレッジ学長のハフ・グロスター氏 (Hugh M. Gloster)、リリー財団教育担当副総長のジェイムス・ホルダーマン氏 (James B. Holderman)、ウースター大学ファイナンス・ビジネス副学長のハンス・ジェニー

氏 (Hans H. Jenny)、Academy for Educational Development 副会長のジョン・ミ
レー氏 (John D. Millett)、テキサス・クリスチャン大学チャンセラーのジェイム
ズ・モウディ氏 (James M. Moudy)、ジョンズホプキンス大学学長のスティーヴ
ン・ミュラー氏 (Steven Muler)、カリフォルニア大学ロサンジェルス校教育学部
教授のローズマリー・パーク氏 (Rosemary Park)、カラマズーカレッジ学長の
ジョージ・レインズフォード氏 (George N. Rainsford)、オレゴン私立カレッジ協
議会エグゼクティブディレクターのジム・サリバン氏 (Jim Sullivan) の13名であ
る (Association of American Colleges, 1974, p.4)。

55 この委員会は、議長であったジョン・ファイラー氏 (John H. Filer) の名前に従い、
ファイラー委員会と呼ばれる。私的委員会が創設された背景は、Tax Reform Act
of 1969において、財団にとって不利な制度改正が行われたことに対して、ジョ
ン・ロックフェラー3世が反応し、その強力な推進にのもとに設立されたことが
主な理由であると指摘される (Brilliant, 2001)。委員会の設立経緯、及び、議論
の過程については、Brilliant (2001) が詳しくまとめている。また、日本語でまと
められたものとしては、網倉 (2013) があり、参考になる。

56 高等教育関係者は、アーカンソー私立大学団体の委員のウィリアム・ボウエン氏
(William H. Bowen)、ノースウェスタン大学の理事のレスター・クラウン氏
(Lester Crown)、ウェスレヤン大学の前学長のエドウィン・エザリントン氏
(Edwin D. Etherington)、チュレイン大学の名誉学長のハーバート・ロンゲネッ
カー氏 (Herbert E. Longenecker)、ダートマスカレッジの理事のウィリアム・モー
トン氏 (William H. Morton)、カリフォルニア大学の理事のウィリアム・ロス氏
(William M. Roth)、マウントホロヨーク・カレッジ理事のデイヴィッド・ター
マン氏 (David B. Turman) の計7人が参加している (Commission on Private
Philanthorpy and Public Needs, 1975, pp. 231-234)。

57 例えば、「米国カレッジ協会 (Association of American Colleges)」の報告書におい
ては、「ファイラー報告書において提言されているように低所得納税者層に対す
る寄付控除を広げていく必要がある (Association of American Colleges, 1974, p.
39)」という記述が残されている。

58 その内容とは、企業が寄付した「通常所得資産 (ordinary income property)」が (1)
納税者によって製造されたものであること、(2) 完成して2年以内のものである
こと、(3) それを使用する主体が寄付の受け手であること、(4) 物理学や生物化
学の分野の研究教育の目的で使用される器具や装置であること、(5) 寄付された
後に、その資産を寄付の受け手が他のものと交換或いは換金しないこと、(6) 寄
付者が寄付の受け手より (4)、及び、(5) の条件が満たされていることを示す文
書を受け取っていることの6つの条件を満たした時、寄付主体である企業に適用
する慈善寄付控除額を通常よりも増額するという措置である。通常、企業が「通
常所得資産 (ordinary income property)」を寄付した場合には、その「取得価格」で
しか課税所得より控除出来なかったのに対し、上記の条件を満たしている場合は、
器具や装置の「取得価格」と「現在価値と取得価格の差額 (キャピタルゲイン) の
半分」を合計したもの (ただし、上限は、取得価格の2倍) とされた (Staff of the

*172*

Joint Committee on Taxation, 1981, p. 140）。

59　その措置とは、「当該年度の企業の試験研究費のうち直近三年間の試験研究費の平均を超えた増加分」の25％を税額控除の対象とするものである（Staff of the Joint Committee on Taxation, 1981, p. 121）。このとき、当該年度に企業が大学の基礎研究に対して資金を提供していた場合、その資金の65％は、企業の試験研究費の一部に加算され、そのうえで、企業は、試験研究費に関する税額控除分を計算するとされた（Staff of the Joint Committee on Taxation, 1981, p. 129）。少し複雑なため、例をあげると、企業が当該年度に100万ドルの試験研究費を支出し、その上で4万ドルを大学の基礎研究のために支出していた場合、企業の当該年度の試験研究費は、100万ドルと4万ドルの65％（2.6万ドル）を合計した102.6万ドルとなる。ここで、直近の3年間の試験研究費の平均が90万ドルであったとすると、102.6万ドルと90万ドルの差の12.6万ドルの25％にあたる3.15万ドルを企業は税額控除することが出来るとするものである。ただし、ここで対象となっている大学の基礎研究は、商業目的ではない理科系の基礎研究に対する資金であり、社会科学系、人文科学系の基礎研究に対する資金は、この対象からはずされている（Staff of the Joint Committee on Taxation, 1981, p. 130）。

60　「重要な問題は、慈善寄付に望ましい刺激を与えるために、すべての寄付についての控除 ―したがって税率をより高らしめること– を認めることが必要もしくは効率的であるか否かということである。かりに租税上の利益はなくても慈善寄付はやはり行われていたのだとすれば、所得控除を行っても、それは単に歳入を減らして、すべての税率をより高くする原因を作るだけで、しかも寄付は一向に奨励されない結果となる。たとえば、最初の少額の寄付については、控除によってインセンティブは、ほとんど生じない。これらの寄付はいずれにしてもなされるであろう（U.S. Department of the Treasury, 1984 塩崎訳 1984, p. 72）」の記述より確認される。

61　「納税者は、一般に、財産のまだ課税されていない価格の増加に関して所得控除することは許されない（U.S. Department of the Treasury, 1984 塩崎訳 1984, p. 72）」の記述より確認される。

62　「非項目別選択者への慈善寄付控除が寄付額を大きく増加させたというデータはほとんど無い。なぜなら、非項目別選択者は、一般的に低所得であるため、項目別選択者に比べて、低限界税率であり、彼らの寄付は、一般的に税に大きく影響を受けないからである。むしろ、非項目別選択者は、寄付する意思といった、税制とは関係のない事柄にはるかに影響を受ける。それ故、慈善寄付に対する提案がもたらす負の結果は、特に、大統領政権案がもたらす税収の結果との関係から見ても、大きくないと予想する。慈善寄付控除を非項目別選択者に対して認めなくすることで、1986財政年度と1987財政年度の歳入は、それぞれ4億1900万ドル、26億8700万ドル増加する（U.S. Department of the Treasury, 1985, p. 71）」の記述から確認される。

63　「非項目別選択者に対して慈善寄付控除を認めることは、内国歳入庁にとって管理上重荷となると同時に、納税者にとって複雑なものである。特に、内国歳入庁

にとって、数えきれない数の小さな寄付が慈善寄付の資格があるか監視すること
は非常に難しい。検証作業の費用は、それに関わる税額と釣り合わない。不誠実
な納税者は、それゆえ、彼らは彼らの慈善寄付について処罰を受けずにごまかし
て伝えられる。更に、慈善寄付控除を申請する納税者は、その寄付を証明する証
明書を保持しておく必要がある。少額寄付の場合、必要不可欠な証拠の基準に準
拠することに要する努力と、それに関わる（税：引用者）額は釣り合わないであ
ろう（U.S. Department of the Treasury, 1985, pp. 70-71)」の記述から確認される。

64 「非項目別選択者に対して慈善寄付に対する控除を認めてしまうと、結果として、
寄付のために二重の控除を創出してまうことになる。即ち、1つめは非項目別選
択者のみが利用出来るZBAを通じて、もうひとつは、慈善寄付控除を通じてで
ある（U.S. Department of the Treasury, 1985, p. 70)」の記述から確認される。

65 下院歳入委員会においては、1985年7月8日に税制改革が慈善寄付に与える影響
について、7月22日には、個人の代替ミニマム税に関する提案がトピックとして
取り上げられ、関係者からのヒアリングが集中的に行われている（Comprehensive
Tax Reform, 1985, p. III)。

66 公聴会議事録の資料に掲載された団体の名称は次の通り。American Association
of College of Nursing, American Association of Community and Junior Colleges,
American Association of State Colleges and Universities, American Council on
Education, American Society for Engineering Education, Association of American
Medical Colleges, Association of American Universities, Association of Catholic
Colleges and Universities, Association of Jesuit Colleges and Universities, Association
of Presbyterian Colleges and Universities, Association of Urban Universities, Council
of Independent Colleges, Council of Graduate Schools in the United States,
National Association for Equal Opportunity in Higher Education, National
Association of Colleges and University Business Officers, National Association of
Independent Colleges and Universities, National Association of Schools and Colleges
of the United Methodist Church, National Association of State Universities and
Land-Grant Collegesである（Comprehensive Tax Reform, 1985, p. 3589)。

67 公聴会における次の証言より確認される。「特に、私たちは、政権の提案である、
慈善寄付として寄付された資産に関する未実現の高騰部分を、代替ミニマム税を
計算する際のプリファレンス・アイテム（代替ミニマム税の課税対象となる項目：
引用者）として、包含することは、不必要であるし、賢いものではないと考えて
い る（Comprehensive Tax Reform, 1985, p. 6655, Statement of Edward H.
Jennings, President, Ohio State University, on Behalf of the American Council on
Education, et al.)」、「評価性資産をミニマム税の計算に含めるというアイディア
について、私は適切ではないと強く信じている。私は、不必要であり、究極的に
賢いものではないと信じている（Tax Reform Proposals XI, 1985, p, 88, Statement
of Dr. Kenneth H. Keller, President, University of Minnesota, Minneapolis, MN.)」。

68 「ミニマム税は、私たちを過度の税逃れから守ることを意図しているものである。
慈善寄付は、税逃れではない。慈善寄付は、ただの慈善寄付である。それは、あ

なたが所有していた何かを、どこかに渡すものであり、その後あなたの手元には残らない (Tax Reform Proposals XI, 1985, p. 88, Statement of Dr. Kenneth H. Keller, President, University of Minnesota, Minneapolis, MN.)」の証言から確認される。

69 「評価性資産の寄付については、1年に控除出来る額が調整総所得の30%という制限がある。この制限は、大統領案でも継続されている。それ故、評価性資産をタックス・プリファレンス (代替ミニマム税の課税対象となる項目:引用者) として取り扱うことをしなかったとしても、大統領案は、評価性資産の寄付をする納税者が、税逃れをすることが出来ないことを確実にする手段を持っている (Comprehensive Tax Reform, 1985, p. 6652, Statement of Lawrence B. Lindesey, Faculty Research Fellow, National Bureau of Economic Research and Assistant Professor of Economics, Harvard University, on Behalf of the Association of American Universities.)」の証言から確認される。

70 「慈善寄付は、税逃れではない。これらは、この国の最も重要な資産、特に世界で最も効果的で高い質の教育機関に対する投資を意味している (Comprehensive Tax Reform, 1985, p. 3587, Statement of Joe B. Wyatt, Chancellor and Chief Executive Officer, Vanderbilt University, and on Behalf of the American Council on Education, et al.)」の証言から確認される。

71 「これ (改正案:引用者) は、必要ない。なぜなら、税の徴収に対する効果は非常に小さいからである。事前のシミュレーションによれば、調整総所得が100,000ドル以上の79,600人の納税者が1986年にミニマム税を支払うことになっている。これは、その所得階層に占める150万人の納税者のだいたい5%に過ぎない。仮に慈善寄付を税のタックス・プリファレンス (代替ミニマム税の課税対象となる項目:引用者) のリストから取り除いたとしても、このグループの93%はミニマム税が依然として適用される。この改正案 (評価性資産の寄付に関する慈善寄付控除の改正案:引用者) は、軽率である。税の徴収に対する効果は小さい一方で、カレッジや大学への大口の寄付に非常に大きな影響を与える。ミニマム税のグループにあたる5%の納税者は、その所得階層の個人によって寄付された評価性資産全ての65%を占める (Tax Reform Proposals XI, 1985, pp. 93-94, Statement of Dr. Kenneth H. Keller, President, University of Minnesota, Minneapolis, MN.)」の証言から確認される。

72 「昨年度、私たちは、値上がりした普通株をある個人寄付者から受けた。それは、国に指定された私たちの総合癌センターにおける医学研究に対する支援を増やすために使用されるものであった。同様に、私たちは最近、1,000アーカーの農場を寄付された。農業技術と研究のための国家的なモデルケースとなるために使用されるものである (Comprehensive Tax Reform, 1985, p. 6654, Statement of Edward H. Jennings, President, Ohio State University, on Behalf of the American Council on Education, et al.)」の証言から確認される。

73 「事実、過去三年間における、キャンプベルスヴィルカレッジに対する25,000ドルを超える全ての寄付は評価性資産の形態でなされた (Tax Reform Proposals XI,

第 3 章　米国の高等教育と連邦寄付税制の変遷　*175*

1985, p. 158）」の証言から確認される。

74 「私たちは、大学での寄付募集の経験から、最も大口寄付の人々が慈善寄付の税制のインパクトを考慮していることを知っている（Comprehensive Tax Reform, 1985, p. 3527, Statement of Dr. Jean Mayer, President, Tufts University, and Chairman, New England Board of Higher Education.）」の証言から確認される。

75 「カレッジと大学は、少額の寄付者、彼らはしばしば新しい卒業生であるが、からの寄付のパターンを促進する必要性についてとても敏感である。若い卒業生の寄付者は、ほとんどが確かに非項目別控除選択者である。控除のインセンティブがないと、彼らは、早い時期から寄付のパターンを構築していこうとする傾向が発展していかない可能性がある。その傾向とは、その後大きなサポートに慈善寄付のベースを拡大することに繋がるかもしれない傾向である（Comprehensive Tax Reform, 1985, p. 3596, Statement of Joe B. Wyatt, Chancellor and Chief Executive Officer, Vanderbilt University, and on Behalf of the American Council on Education, et al.）」の証言から確認される。

76 「州立大学で共有されているその他の関心は、項目別控除のステータスが失われることと、非項目別控除者における標準以上の慈善寄付控除が失われることである。これは、慈善寄付の数に大きな影響を及ぼすだろう（Comprehensive Tax Reform, 1985, pp. 3531-3532, Statement of Dr. Jean Mayer, President, Tufts University, and Chairman, New England Board of Higher Education.）」の証言から確認される。

77 「多くの納税者は、彼らの限界税率が下がるゆえに、寄付の価格が上昇することを見るであろう。これは、慈善寄付を下げる傾向にある（Comprehensive Tax Reform, 1985, p. 6646, Statement of Lawrence B. Lindesey, Faculty Research Fellow, National Bureau of Economic Research and Assistant Professor of Economics, Harvard University, on Behalf of the Association of American Universities.）」の証言から確認される。

78 「それは（税率を下げることは、：引用者）、社会全体に対する望ましい国の政策であると私は信じているけれども、教育に打撃を与えるだろう。しかしながら、私たちを苦しめるであろう国の財産に対する有害な副作用は、財務省案に含まれる慈善寄付に対する『特有』の制度変化と、組み合わされるべきではないと考えている（Comprehensive Tax Reform, 1985, p. 3585, Statement of Joe B. Wyatt, Chancellor and Chief Executive Officer, Vanderbilt University, and on Behalf of the American Council on Education, et al.）」の証言からも確認される。

79 法案の審議経過の確認にあたっては、Civic Impulse, LLC社が提供するGovTrack. usのデータベース（http://www.govtrack.us/）を参照した。

80 1986年の税制改正の内容については、Staff of the Joint Committee on Taxation（May 4, 1987）を主に参照した。

81 なお、福井（2010）において、「第4に、Economic Recovery Tax Act of 1981で創設された試験研究費の税額控除における控除幅を縮減する一方、理科系の基礎研究のみならず、社会科学、人文科学の基礎研究に対する寄付も適用することを認

めた。(福井、2010、p.169)」という記述があるが、正しい記載は、「第4に、Economic Recovery Tax Act of 1981で創設された試験研究費の税額控除における控除幅を縮減する一方、理科系の基礎研究のみ認め、社会科学、人文科学の基礎研究に対する寄付に適用することを認めなかった。」である。

82 現在は、ニューイングランド大学 (University of New England) に合併されている。

83 この事件については、Clotfelter (1990) や Durney (1991) の論考においても、税制改革後に寄付が減少した典型的なケースとして取り上げられている。

84 提出された法案番号と提出日時は、以下の通り。第100議会においては、H.R. 2050 (1987年4月9日)、S. 1940 (1987年12月10日)、S. 2160 (1988年3月14日)、H.R. 4507 (1988年5月2日)、第101議会においては、H.R. 173 (1989年1月3日)、S. 262 (1989年1月25日)、H.R. 1427 (1989年3月15日)、S. 1503 (1989年8月3日)、S. 1577 (1989年8月4日)、H.R. 5081 (1990年6月19日) が慈善寄付控除制度の改正を求めた法案として確認することが出来る。なお、法案の確認にあたっては、Civic Impulse, LLC社が提供するGovTrack.usのデータベース (http://www.govtrack.us/) を参照した。

85 この中で、高等教育関係者は、「米国大学協会 (Association of American Universities)」の議長であったロバート・ロセンズウィーグ氏 (Robert Rosenzweig) が下院歳入委員会の特別小委員会にて、ヴァンダービルド大学チャンセラーのジョー・ワイアット氏 (Joe Wyatt) が「教育支援カウンシル (Council for Aid to Education)」を代表して下院歳入委員会にて証言を行っている。

86 法案の審議経過の確認にあたっては、Civic Impulse, LLC社が提供するGovTrack. usのデータベース (http://www.govtrack.us/) を参照した。

87 法案の審議経過の確認にあたっては、Civic Impulse, LLC社が提供するGovTrack. usのデータベース (http://www.govtrack.us/) を参照した。

88 法案の審議経過の確認にあたっては、Civic Impulse, LLC社が提供するGovTrack. usのデータベース (http://www.govtrack.us/) を参照した。

89 法案の共同提出者などの情報については、Thomas (Library of Congress) のデータベース (http://thomas.loc.gov/home/thomas.php)、及び、Civic Impulse, LLC社が提供するGovTrack.usのデータベース (http://www.govtrack.us/) を参照した。

90 声明に含まれている他の高等教育団体は、「米国コミュニティ・ジュニアカレッジ協会 (American Association of Community and Junior Colleges)」、「米国歯学協会 (American Association of Dental Schools)」、「米国州立大学協会 (American Association of State Colleges and Universities)」、「米国大学協会 (Association of American Universities)」、「全米独立カレッジ・大学協会 (National Association of Independent Colleges and Universities)」、「全米州立大学・国有地付与大学協会 (National Association of State Universities and Land-Grant Colleges)」、である (State of the U.S. Economy, Federal Budget Policy, and the President's Budget Proposals for Fiscal Year 1992 and Beyond, Including Estimated Costs of Operation Desert Storm and Expiring Tax Provisions, 1991, p. 872, Statement of Patricia McGuire, President, Trinity College, Washington. Dc. On Behalf of the American Council on

Education.)。

91 State of the U.S. Economy, Federal Budget Policy, and the President's Budget Proposals for Fiscal Year 1992 and Beyond, Including Estimated Costs of Operation Desert Storm and Expiring Tax Provisions, 1991, p. 882, Statement of Patricia McGuire, President, Trinity College, Washington. Dc. On Behalf of the American Council on Education.

92 Cooper (April 7, 1991).

93 「6年前の税制改正により、多くの高等教育機関で評価性資産の寄付が減少しており、場合によっては急激に減少している。―中略― 明白なことは、失われた寄付は、大学コミュニティにとって非常に重要な資源、例えば、貧しい学生への奨学金、アカデミックプログラム、教授の職、キャンパス設備の建設や改築のための資源であったことである。次の例は、ここ数年、AMTのため、また、評価性資産寄付への課税により寄付募集が困難になったため、評価性資産の寄付が無くなってしまったり、減少してしまった例である (Permanent Extension of Certain Expiring Tax Provisions, 1992, p. 514, Statement of David Admany, Ph.D., Presidnet, Wayne State University, Detroit, Mich., on Behalf of the American Council on Education)」の証言から確認される。

94 なお、上院予算案、両院協議会の案においては、2年間の制限がつけられている (U.S. House of Representatives, March 20, 1992, pp. 394-395)。

95 当時の、米国の予算制度については柏木 (1993) が詳しくまとめている。個別項目別拒否権については、柏木 (1993, p. 10) を参照した。

96 法案の審議経過の確認にあたっては、Civic Impulse, LLC社が提供する GovTrack. us のデータベース (http://www.govtrack.us/) を参照した。

97 法案の審議経過の確認にあたっては、Civic Impulse, LLC社が提供する GovTrack. us のデータベース (http://www.govtrack.us/) を参照した。

98 Staff of the Joint Committee on Taxation (August 23, 1993) を参照した。

# 第4章
# 米国の高等教育における個人寄付の時系列分析

　前章で示した通り、米国の高等教育関係者は、歴史的に連邦政府の評価性資産寄付に対する慈善寄付控除制度を重視し、その維持に向けて政治的圧力を展開してきた。この事実を手がかりに、本章では、評価性資産寄付控除制度の構造に着目しながら、従来の研究において寄付の拡大要因として指摘されてきた「株価」が高等教育における個人寄付に影響を及ぼすメカニズムについて検討していくことにしたい。

　第1節では、経済状況と連邦寄付税制が高等教育における寄付に与える影響について検証した先行研究の内容を示し、本章で明らかにする課題を設定する。第2節では、評価性資産寄付控除制度の構造を示した上で、株価が高等教育における個人寄付に影響を及ぼすメカニズムを考察し、本研究で検証する仮説を示す。第3節では、米国のマクロ統計データを用いた時系列分析に使用する変数について説明する。第4節では、時系列分析を行った結果を示し、米国の高等教育における個人寄付の拡大の背景に、資本市場の拡大と連邦政府の評価性資産寄付に対する誘導政策が複合的に機能したことを検証する。

---

### 第1節　経済状況と連邦寄付税制が高等教育に対する個人寄付に与える影響

---

　本章は、経済状況と連邦政府の「慈善寄付控除制度（charitable deduction）」の影響に着目し、米国の高等教育における個人寄付の拡大要因を理論的・実証的分析を通じて考察することを目的とするが、ここで、まず経済状況と連邦

第4章　米国の高等教育における個人寄付の時系列分析　*179*

寄付税制の影響に着目する理由をいまいちど述べておきたい。

　第1に、米国の高等教育における寄付を研究対象とした我が国の先行研究の多くは、高等教育機関レベルの寄付募集戦略を研究対象の重点に置いている。その一方、政府レベルの政策の影響に着目した研究は、立ち遅れていることが指摘されている[1]（新日本監査法人、2008）。高等教育セクターに対する寄付の拡大に資する基礎的研究を進展させるためには、米国の個々の高等教育機関の寄付募集努力のみならず、その背景にある政府の政策の影響に目を向けることが不可欠である。

　第2に、米国の先行研究では、Bristol（1992）、Arena（2003）、Drezner（2006）をはじめとして「株価」の変動が高等教育への寄付と強く相関することが指摘されており、1980年代以降の個人寄付の拡大要因として「株価」の上昇が一部で強調されてきた（新日本監査法人、2008、p. 38）。この指摘は、潜在的な寄付者は、好景気時に、高等教育機関に多くの寄付をすることを示唆している。しかし、米国の高等教育における個人寄付の拡大要因に迫る上で重要な点は、株価と高等教育に対する個人寄付がなぜ連動するのか、そのメカニズムを明らかにしておくことにあるといえよう。本稿で示すように、この問題を解決するためには、連邦寄付税制の構造に着目した上で、両者の関係性を検証し直さなければならない。米国においても、「高等教育に対する個人寄付が、経済状況、特に不景気や定期的な税制度の変化から、どのような影響を受けているのか検証した研究は僅かしかない（Drezner, 2006, p. 289）」と指摘されており、管見の限り、この点に関する実証研究は、課題として残されている。よって、経済状況と連邦寄付税制という変数は、高等教育における個人寄付の拡大要因に迫る上で、いくつかの分析課題が残された変数といわざるを得ない。

### 第1項　経済状況と連邦寄付税制の影響に着目した先行研究

　はじめに、経済状況と連邦寄付税制の影響に着目した先行研究の内容とその課題について示していくこととしたい。Arena（2003）、Drezner（2006）、Council for Aid to Education（2009a）等により、米国の高等教育における寄付

と強く相関することが強調されてきたのが「株価」の変動であり、複数の実証研究において、株価の変動が高等教育に対する個人寄付と強く関連があるとされている[2] (Bristol, 1992; Clotfelter, 2003; Smith and Ehrenberg, 2003)。

Bristol (1992) は、卒業生からの高等教育に対する寄付額に関する1950年度から1989年度のマクロ時系列データを用いて、株価との関係性を分析した結果、卒業生からの高等教育に対する寄付額の変動の3分の2は株価の変動によって説明出来るとしている (Bristol, 1992, p. 5)。また、Clotfelter (2003) は、1991年度から1995年度の選抜性の高い14の私立大学の寄付者の個票データを使用し、株価が個人寄付に与える影響を見出している。この他に、Drezner (2006) は、1965年度から2000年度の高等教育に対する寄付総額のマクロ時系列データを用いて、景気と高等教育に対する寄付総額の連動性について記述統計から検討をしている。その結果、1965年度から2000年度の間にあった5つの景気後退期において、高等教育に対する寄付額が減少していることを指摘しており、「高等教育に対する個人寄付は、経済、特に、株式市場と強く連動している (Drezner, 2006, p. 302)」としている。

しかし、ここで指摘しておかなければならない点は、これらの先行研究は、株価と高等教育に対する個人寄付の関係性を現象的に確認するにとどまっており、そのメカニズムに関しては、必ずしも実証的に明示されていないという点である。高等教育に対する個人寄付が株価と連動することを説明する1つの解釈は、株価が景気を代替する変数であり、潜在的な寄付者は好景気時に、高等教育に対して多くの寄付をするという解釈である[3] (Drezner, 2006; Brown, 2012)。しかし、後で詳しく説明するように、株価が高等教育に対する個人寄付に影響を及ぼすメカニズムは、連邦寄付税制における評価性資産寄付控除制度の構造からも導くことが出来る (金子、2010、p. 14)。よって、連邦寄付税制の影響を考慮した上で、両者の関係性を検証し直す必要性が先行研究の課題として指摘出来る[4]。

株価以外に用いられた経済変数には、「州民1人当たり家計所得」がある。しかし、複数の実証研究が高等教育機関の個人寄付収入と所在する州の州民1人当たり家計所得との間に、統計的に有意な関係性を認めていない[5]

（Coughlin and Erekson, 1986; Liu, 2006; Liu, 2007）。

　続いて、連邦寄付税制の影響に着目した研究を見れば、Clotfelter（2003）やHolmes（2009）が、非営利団体に対する寄付を研究対象とした研究が多くある一方、連邦寄付税制と高等教育セクターに対する寄付との関係性を詳細に検証した研究は僅かしかないことを指摘している[6]。しかし、次のAuten and Rudney（1986）、Clotfelter（2003）、Smith and Ehrenberg（2003）、Drezner（2006）は、その例外として挙げられる[7]。

　税制度の影響を検証する上で用いられた変数としてまず挙げられるのは、「連邦所得税率」や「連邦キャピタルゲイン課税率」といった税率変更の影響である。例えば、Clotfelter（2003）は、卒業生からの寄付額を連邦所得税率、株価、同窓会開催年度の3つの変数より説明するモデルの検証を行い、連邦所得税率が影響を及ぼさないという結果を示している。しかし、連邦所得税率の引き下げが高等教育に対する個人寄付を減額させる効果があったとするDrezner（2006）や、機関レベルのデータを使用し、連邦キャピタルゲイン課税率の引き上げが高等教育に対する個人寄付を減少させるという結果を示したSmith and Ehrenberg（2003）等の研究もあり、実証分析の結果は、混在している。

　連邦政府は、税率の変更以外にも、個人寄付に影響を及ぼす政策手段を有している。その1つが株式等の評価性資産を寄付した場合に、それに関わる連邦キャピタルゲイン課税を非課税にし、なおかつ、その公正市場価格を連邦所得税の税額計算過程において所得控除することを認める、極めて優遇された税制度である。この「評価性資産に対する連邦寄付税制」が高等教育機関の寄付収入に影響を及ぼす可能性を指摘した数少ない研究として、Auten and Rudney（1986）がある．ただし、同論文は、当該制度が改正された場合の、高等教育に対する個人寄付額を予測したものであり、その影響を実証的に検証したものではない。また、Durney（1991）は、1986年度から1989年度のデータを用いて1986年の税制改革が小規模のリベラルアーツカレッジに与えた影響を記述統計から検討した初期の貴重な研究であるが、サンプル期間が短く、1993年包括予算調整法による税制改正の影響は検討の埒外にある

ため、1990年代以降の個人寄付拡大に当該制度がどのように寄与したのか
は明らかではない。

　第3章において示した通り、当該制度を巡っては、歴史的に米国の高等教
育関係者が重視し、その維持に向けて政治的圧力を展開してきた。また、非
営利団体を研究対象とした研究を見れば、O'Neil, Steinberg and Thompson
(1996)等により、当該制度が個人の寄付行動に影響を及ぼすことが指摘され
ている。よって、高等教育における個人寄付の拡大要因に迫るためには、停
滞期から拡大期へと転換した1970年代から1990年代の長期間のデータを使
用し、推測統計学的な方法を用いて「評価性資産に対する連邦寄付税制」の
影響を加味した実証研究が必要である。

### 第2項　課題設定

　以上より、本章で明らかにすべき課題は、第1に、これまでの実証研究で
所与のものとされてきた評価性資産を高等教育機関に寄付した場合に適用さ
れる連邦寄付税制に着目し、その影響を実証的に検証すること、第2に、先
行研究で高等教育に対する個人寄付と強く相関することが一部で強調されて
きた、株価の影響を連邦寄付税制の影響を考慮した上で検証し直すことであ
る。

---

## 第2節　連邦寄付税制が個人寄付に影響をもたらすメカニズム

　本章では、高等教育に対する個人寄付が株価と連動するメカニズムを検討
するに当たり、連邦寄付税制の構造に着目する。その理由は、本節で示すよ
うに、連邦寄付税制は、制度設計上、株価の変動と潜在的寄付者の寄付に対
するインセンティブが連動する構造になっていることが見出されるからであ
る。

### 第1項　寄付の租税価格という概念

Clotfelter(1985)をはじめとして、寄付行動と税制度の関係を分析した多

くの研究で用いられる概念が「寄付の租税価格（price of giving）」という概念である。これは、税制優遇措置により軽減された寄付者の税負担を考慮した時の「寄付の実質的な価格」を指すものである[8]（山内、1997、p. 166）例えば、納税者が1,000ドルを寄付した結果、所得控除により200ドルを所得税から軽減することが可能となるケースを考えた場合、寄付の実質的な価格は800ドルとなる。この場合、寄付額1に対する寄付の租税価格は、0.8となる。これは、寄付をするか消費財を購入するかの2つの選択に迫られている個人の行動において、寄付の相対的な価格を低下させることを意味し、寄付に対するインセンティブを向上させることになる。よって、潜在的な寄付者は、寄付により軽減される税負担の額が大きいほど、寄付に対するインセンティブが高まることが理論上確認されている（跡田他、2002、p. 89）。

　「寄付の租税価格」は、政府がどの程度の税制優遇措置を寄付者に対して認めているかということに影響を受ける。第3章で示した通り、米国において、ある団体への資金提供が「慈善寄付（charitable contributions）」にあたり、税制上の優遇措置が認められるかどうかは、内国歳入法170（c）によって規定され、寄付先の団体が適格団体として認定されているか否かに依存する。高等教育機関は、通常、慈善寄付控除が適用される団体の中でも税法上最も優遇された「パブリック・チャリティ（public charities）」という枠組みに分類されている（U.S. Department of the Treasury, Internal Revenue Service, 2011, p.33）。そこで、パブリック・チャリティに寄付した場合の「寄付の租税価格」を(1)現金を寄付したケースと、(2)株式等の評価性資産を寄付したケースの2つに分けて、例を挙げながら示していくこととしたい。

## (1)　現金を寄付した場合の税制優遇措置

　まず、個人が現金で寄付をした場合、連邦所得税額の計算過程において寄付額を所得控除することが可能となる[9]。例えば、連邦所得税率20%のとき、1,000ドルの現金を寄付した場合、200ドル税負担が軽減されるので寄付者の実質的な負担分は800ドルとなる。これを一般化すると、現金で高等教育機関に寄付した場合の寄付の租税価格は、$t_i$を連邦所得税率とおくと、

$$現金寄付額 \times (1 - t_i) \tag{4.1}$$

と表記することが出来る（Andreoni, 2006, p. 1230; 山内、1997、p. 167）。

## (2) 評価性資産を寄付した場合の税制優遇措置

　一方、個人が評価性資産を寄付した時には次のような税制優遇措置が設けられている。1つは、「連邦キャピタルゲイン課税の非課税措置」であり、いまひとつは「連邦所得税における公正市場価格での所得控除」である（Andreoni, 2006, p. 1233）。

　例えば、連邦所得税率20％、連邦キャピタルゲイン課税率15％のとき、取得価格100ドル、公正市場価格1,000ドルの1年以上保有した評価性資産を高等教育機関に寄付した場合に軽減される税負担は，次のようになる。まず、「連邦キャピタルゲイン課税の非課税措置」が適用され、含み益のある評価性資産を売却した場合に課される連邦キャピタルゲイン課税が免除される。よって、このケースの場合、キャピタルゲイン900ドルの15％にあたる135ドルの税負担が軽減される。

　さらに、「連邦所得税における公正市場価格での所得控除」が適用され、寄付額の公正市場価格にあたる1,000ドルを連邦所得税額の計算過程において所得控除することが可能となる。よって、このケースの場合、200ドルの税負担が軽減される。以上より、このケースでは、寄付をしたことにより合計335ドルの税負担が軽減され、寄付者の実質的な寄付の負担分は665ドルとなる。よって、寄付額1に対する寄付の租税価格は0.665ということになる。

　これを一般化すると、評価性資産を高等教育機関に寄付した場合の寄付の租税価格は、$t_i$を連邦所得税率、$t_c$を連邦キャピタルゲイン課税率、bを評価性資産の取得価格、fを評価性資産の公正市場価格とすると、

$$評価性資産寄付額 \times \left\{ 1 - t_i - t_c \times \left( 1 - \frac{b}{f} \right) \right\} \tag{4.2}$$

と表記することが出来る（Andreoni, 2006, p. 1233; 山内、1997、p. 169）。

### 第2項　仮説

次に上の式(4.1)、式(4.2)を基に、本章で検証する必要のある仮説を以下に提示していく。まず、寄付額1に対する寄付の租税価格は、式(4.1)、式(4.2)の係数部分がそれに当たる。それを踏まえ、式(4.1)、式(4.2)の連邦所得税率$t_i$と連邦キャピタルゲイン課税率$t_c$に着目すると、税率の上昇は、係数部分を低下させ、寄付のインセンティブを高めることが想定される。よって、次の仮説が導出される。

仮説1：「連邦所得税率の上昇は、高等教育に対する個人寄付を拡大させる」。
仮説2：「連邦キャピタルゲイン課税率の上昇は、高等教育に対する個人寄付を拡大させる」。

次に、式(4.2)の評価性資産の公正市場価格(f)に着目すると、評価性資産の価格が上昇すればするほど、式(4.2)の係数部分が低下することが見出される。よって、連邦寄付税制を前提とした場合、評価性資産価格の上昇は、評価性資産寄付1に対する寄付の租税価格を低下させ、寄付のインセンティブを高める。よって、次の仮説も導出される。

仮説3：「『評価性資産に対する連邦寄付税制』を前提としたとき、株価の上昇は、高等教育に対する個人寄付を拡大させる」。

また、式(4.2)は、評価性資産価格の変動が個人寄付に与える影響力は「評価性資産に対する連邦寄付税制」と独立に決定されているのでなく、「評価性資産に対する連邦寄付税制」の構造に影響を受けていることを示すものである。

よって、「評価性資産に対する連邦寄付税制」が、制度改正により制限された時、例えば評価性資産の公正市場価格ではなく取得価格でしか連邦所得税からの所得控除が認められなくなった時は、その制度改正の前後で、評価

性資産価格の個人寄付に与える影響力が変化すると想定出来る。以上より、仮説4が導出される。

　仮説4：「株価の変動が高等教育に対する個人寄付に与える影響力は、『評価性資産に対する連邦寄付税制』が制度改正される前後で変化する」。

　先述の株価を変数に取り込んだ実証研究は、「評価性資産に対する連邦寄付税制」の影響を考慮していない。しかし、上述のように高等教育に対する個人寄付と株価の関係性を「寄付の租税価格」の観点から検証し直すと、その前提条件として「制度」の存在に目を向ける必要がある。

　以上を総合すると、本研究は、これまで先行研究で拡大要因と強調されてきた「株価」の影響力が「評価性資産に対する連邦寄付税制」の構造に影響を受けることを実証し、1980年代以降の個人寄付拡大における「評価性資産に対する連邦寄付税制」の重要性を見出そうとするものである。

---

## 第3節　分析に用いるデータ

### 第1項　使用する変数

　分析に先立ち、本稿で用いる変数とデータの出所について説明しておく。高等教育に対する個人寄付を計測する上で設定したのは、「教育支援カウンシル (Council for Aid to Education)」が推計し、『教育への慈善寄付 (Voluntary Support of Education)』によって公表された高等教育に対する個人寄付額のマクロ時系列データである[10]。

　本研究では、Cheslock and Gianneschi (2008) と同様、物価変動の影響を除去するために、「高等教育物価指数 (higher education price index)」を用いる[11]。高等教育価格指数とは、各年度の高等教育における主なコストをもとに調査された物価指数であり、「より一般的な消費者物価指数よりもカレッジや大学のコストの変化をより正確に示した指数 (Commonfund Institute, 2011, p. 1)」とされる。よって、個人寄付額については、原データを高等教育物価指数を

用いて物価調整した後、対数変換したものを被説明変数とする。

　本稿では、この「高等教育に対する個人寄付」の変動を説明する変数として、「連邦所得税率」、「連邦キャピタルゲイン課税率」、「株価」、「評価性資産に対する連邦寄付税制」の4つの変数を用いるが、具体的には、次のように算出した。

　まず、連邦所得税率と連邦キャピタルゲイン課税率は、Tax Foundation (2013)、Tax Foundation (2010) より入手し、連邦所得税率、連邦キャピタルゲイン課税率ともに、最高税率を用いた。ここで、最高税率を用いる理由は、Auten and Rudney (1986) が指摘するように、高等教育に対する寄付が高所得者層からの寄付を中心と想定されるためである。

　株価は、Smith and Ehrenberg (2003) に倣い、Council of Economic Adviser (2011) より入手したスタンダード・アンド・プアーズ株価指数を使用する。これは、1月から12月の毎日の株価終値の平均値をとったものであり、これを対数変換したものを使用する。

　「評価性資産に対する連邦寄付税制」の影響を把握するにあたっては、第3章において示した、「1986年税制改革法 (Tax Reform Act of 1986)」と「1993年包括予算調整法 (Omnibus Budget Reconciliation Act of 1993)」という2つの税制改正に着目した。評価性資産を寄付した場合に適用される連邦政府の慈善寄付控除制度は、Association of American Universities (1973) が指摘するように、「1923年以来、評価性資産の寄付を慈善団体に寄付した納税者は、価格上昇分に対する非課税措置とともに、評価性資産の公正市場価格での寄付控除が認められてきた (Association of American Universities, 1973, p. 28)」とされる。しかし、「評価性資産に対する連邦寄付税制」は、1987年から1993年の間、一部制限されていた時期が存在する[12] (Auten, Clotfelter, and Schmalbeck, 2000, pp. 395-396)。そのきっかけとなったのが、レーガン政権下における「1986年税制改革法」であり、代替ミニマム税対象者の課税標準に評価性資産のキャピタルゲインを包含するという制度改正である。これは、代替ミニマム税対象者に対して、実質、評価性資産の慈善寄付控除額をその公正市場価格から取得価格へと制限する内容であった (Staff of the Joint Committee on Taxation, May

4, 1987, p. 444）。この制度改正は、後に、クリントン政権下における「1993
年包括予算調整法」により再修正され、再び、その寄付額の公正市場価格で
の所得控除が実質的に認められている（Staff of the Joint Committee on Taxation,
August 23, 1993, p. 9）。

　よって、1987年から1993年の期間においては、「評価性資産に対する連
邦寄付税制」が一部制限されており、高所得者を中心とする代替ミニマム税
対象者は、実質的に評価性資産の取得価格でしか所得控除を適用出来ない時
期が続いていたのである。よって、先述の仮説4が正しければ、この制度改
正前後で、「株価の変動」が「高等教育に対する個人寄付」に及ぼす影響力が
変化しているはずである。本稿では、この時期を「評価性資産寄付控除制限
期」とし、1987年度から92年度を1、それ以外の期間を0とするダミー変数
（以下、評価性資産寄付控除制限ダミー）を設定した[13]。その上で、この期間に
おける株価の影響力の変化を確認するため、「評価性資産寄付控除制限ダ
ミー」に「株価」を乗じた変数を実証分析に用いる。よって、この交差項の係
数がマイナスの値であるならば、株価の影響力は評価性資産寄付控除制度に
影響を受けていたことになる。

　なお、本書では、米国の高等教育における個人寄付が停滞していた1970
年代から1990年代の寄付の拡大現象までの個人寄付の変動を規定する要因
について明らかにすることを主眼とするため、対象とするサンプル期間は、
1970年度から1999年度の30年間の時系列データとした[14]。分析上、留意
しなければならない点は、米国において財政年度と学年年度が異なっている
という点である[15]。よって、データの制約上、被説明変数と説明変数の期
間に一部ずれが生じている点において本研究の限界があることに留意された
い。

### 第2項　単位根の検定

　近年の時系列分析では、使用するデータそのものの特性について注意を払
うことが一般的となっており、データの定常性過程に注意を支払うことが重
要とされる[16]。定常性過程とは、次の式(4.3)、(4.4)を満たす過程$y_t$のこと

第4章　米国の高等教育における個人寄付の時系列分析　*189*

をいう（沖本、2010、p. 8）。

$$E(y_t) = \mu \qquad (4.3)$$

$$Cov(y_t, y_{t-1}) = E[(y_t - \mu)(y_{t-k} - \mu)] = \gamma_k \qquad (4.4)$$

　これは即ち、過程$y_t$の期待値と自己共分散が時間を通じて一定であること
を必要とすることを意味しており、トレンドがなく、平均回帰性を持つとい
う性質のある過程のことを指す[17]。

　原系列同士のデータをそのまま使用し変数同士を回帰させた場合、両方の
データが定常過程のデータであれば問題はないが、原系列のデータが非定常
過程の場合、「見せかけの回帰」が発生する可能性がある。見せかけの回帰
とは、「単位根過程$y_t$を定数と$y_t$と関係のない単位根過程$x_t$に回帰すると、
$x_t$と$y_t$の間に有意な関係があり、回帰の説明力が高いように見える現象（沖本、
2010、p. 127）」と定義される[18]。即ち、非定常過程のデータ同士を回帰させ
た場合、本来関係のない変数を関係のあるものとして判断される可能性に注
意を支払う必要がある。

　よって、時系列データを扱う上で重要な点は、使用する各変数が単位根を
もつデータかどうか確認しておくことである。各変数が単位根をもつか否か
の検定は、Augmented Dickey-Fuller: ADF検定が一般的に使用されており、
本稿においても時系列分析に入る前に使用する各変数についてADF検定を

### 表4.1：単位根検定（推計期間1970年度から1999年度）

|  | 定数項、トレンド含む | 定数項のみ含む | 定数項、トレンド含まない |
|---|---|---|---|
| ln個人寄付額 | −1.755 | 1.020 | 2.221 |
| △ln個人寄付額 | −4.710*** | −3.660** | −2.970*** |
| ln株価 | −1.211 | 2.227 | 3.184 |
| △ln株価 | −5.056*** | −3.145** | −1.944* |
| 連邦所得税率 | −1.592 | −1.150 | −1.274 |
| △連邦所得税率 | −3.316* | −3.333** | −3.202*** |
| 連邦キャピタルゲイン課税率 | −1.785 | −1.393 | −0.936 |
| △連邦キャピタルゲイン課税率 | −3.383* | −3.456** | −3.412*** |

*10%水準で有意、**5%水準で有意、***1%水準で有意

行った[19]。**表4.1**が、個人寄付額、株価、連邦所得税率、連邦キャピタルゲイン課税率の原系列データと差分系列に変換したデータを対象に、それぞれ、ADF検定を行った結果である。

ADF検定の結果、殆どのケースで、個人寄付額、株価、連邦所得税率、連邦キャピタルゲイン課税率の原系列データについては、単位根が存在するという帰無仮説を棄却出来ない。よって、原系列データには、単位根が存在すると想定した上で分析を行う必要があり、原系列データをそのまま使用すると、見せかけの回帰の問題が発生する可能性が残る。

そこで、見せかけの回帰を回避する1つの方法は、「単位根過程に従う変数の差分をとり、定常過程にしてから解析を行う(沖本、2010、p. 128)」方法である。表4.1より、一階の階差系列で単位根検定を行った結果を確認すると、本稿で使用するデータは、一階の階差をとった場合、単位根が存在するという帰無仮説が棄却され、単位根が存在しない系列に変換出来ることが確認出来た。

また、原系列と差分系列に変換した時系列データを示した**図4.1**、**図4.2**、

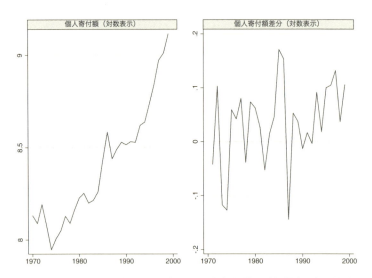

**図4.1：個人寄付額(対数表示)と個人寄付額差分(対数表示)の推移**

出典：Council for Aid to Education (2002) の Summary table D より算出。

第4章 米国の高等教育における個人寄付の時系列分析　*191*

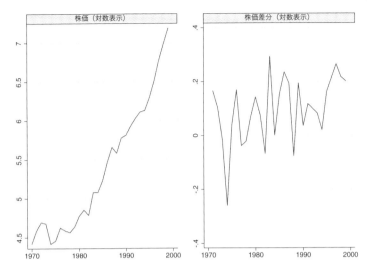

**図4.2：株価（対数表示）と株価差分（対数表示）の推移**

出典：Council of Economic Advisers（2011）の table95-B より算出。

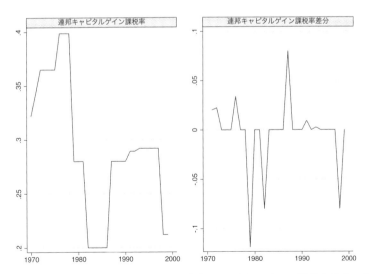

**図4.3：連邦キャピタルゲイン課税率と連邦キャピタルゲイン課税率差分の推移**

出典：Tax Foundation（2010）より算出。

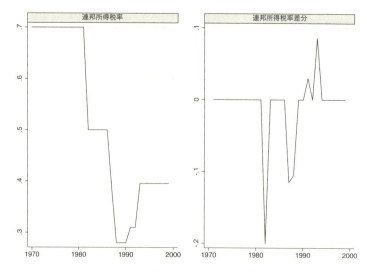

図4.4：連邦所得税率と連邦所得税率差分の推移

出典：Tax Foundation (2013) より算出。

図4.3、図4.4からも差分をとることで、単位根が除去されトレンドがなく平均回帰性の性質が保たれている様子が見て取れる。

### 第3項　推計モデル

以上より、時系列分析においては、差分系列に変換した定常なデータを用いて、個人寄付額を被説明変数とし、説明変数を株価、連邦所得税率、連邦キャピタルゲイン課税率、評価性資産寄付控除制限ダミーと株価の交差項として、最小二乗法を用いて推計を行うこととする。推計するモデルは、以下の3つである[20]。

$$\Delta \ln(gift_t) = \beta 1 \times \Delta intax_t + \beta 2 \times \Delta capitax_t$$
$$\Delta \ln(gift_t) = \beta 1 \times \Delta intax_t + \beta 2 \times \Delta capitax_t + \beta 3 \times \Delta \ln(stock_t)$$
$$\Delta \ln(gift_t) = \beta 1 \times \Delta intax_t + \beta 2 \times \Delta capitax_t + \beta 3 \times \Delta \ln(stock_t) + \beta 4 \times \Delta \ln(stock_t) \times dummy_t$$

*gift*：個人寄付額

*intax*：連邦所得税率

*capitax*：連邦キャピタルゲイン課税率

*stock*：株価指数

*dummy*：評価性資産寄付控除制限ダミー

## 第4節　分析結果と考察

### 第1項　記述統計と相関係数

分析に使用したデータの記述統計量、相関係数をまとめたものが次の**表4.2**と**表4.3**である。説明変数間の相関係数は高くなく、多重共線性の問題も発生する可能性は低いと考えられる。念のため、多重共線性の危険度を示す尺度であるVIF（variance inflation factor）の基準から判断する。全変数を投入し、最小二乗法を用いて推計を行った場合のVIFを算出すると、**表4.4**の通りである。表4.4より、いずれの変数もVIFは10以下であり、許容量も0.1以上となっている。よって、VIFから見ても、多重共線性の問題が生じている可能性は考えにくい。

次に、本章で着目する、個人寄付額（対数差分）と株価（対数差分）の関係性を検討するに当たり、この2つの変数を散布図としてプロットし、まとめたものが**図4.5**である。先行研究で指摘されるように2つの変数の間には、相関関係が見てとることが出来る。

この散布図に、本稿で着目する評価性資産寄付控除制限期（1987年度から1992年度）を含めたときの回帰直線と、評価性資産寄付控除制限期（1987年度

### 表4.2：時系列分析に使用するデータの記述統計量

| 変数 | 度数 | 平均 | 標準偏差 | 最小値 | 最大値 |
|---|---|---|---|---|---|
| ln個人寄付総額（差分） | 29 | 0.034 | 0.079 | −0.145 | 0.171 |
| 連邦所得税率（差分） | 29 | −1.048 | 4.977 | −20.000 | 8.600 |
| 連邦キャピタルゲイン課税率（差分） | 29 | −0.380 | 3.537 | −11.875 | 8.000 |
| ln株価（差分） | 29 | 0.095 | 0.122 | −0.260 | 0.293 |
| ln株価（差分）×評価性資産寄付控除制限ダミー | 29 | 0.019 | 0.058 | −0.076 | 0.194 |

表4.3：時系列分析に使用する変数間の相関係数

| | ln個人寄付総額<br>（差分） | 連邦所得税率<br>（差分） | 連邦キャピタルゲイン<br>課税率（差分） | ln株価（差分） | ln株価（差分）×評価性資<br>産寄付控除制限ダミー |
|---|---|---|---|---|---|
| ln個人寄付総額（差分） | 1.000 | | | | |
| 連邦所得税率（差分） | 0.366 | 1.000 | | | |
| 連邦キャピタルゲイン課税率（差分） | -0.154 | 0.125 | 1.000 | | |
| ln株価（差分） | 0.462 | 0.229 | 0.153 | 1.000 | |
| ln株価（差分）×評価性資産寄付控除制限ダミー | -0.333 | -0.060 | 0.324 | 0.262 | 1.000 |

表4.4：時系列分析に使用する変数のVIF

| 変数 | VIF | 許容量 |
|---|---|---|
| ln株価（差分）×評価性資産寄付控除制限ダミー | 1.33 | 0.750 |
| ln株価（差分） | 1.21 | 0.830 |
| 連邦キャピタルゲイン課税率（差分） | 1.13 | 0.889 |
| 連邦所得税率（差分） | 1.07 | 0.938 |

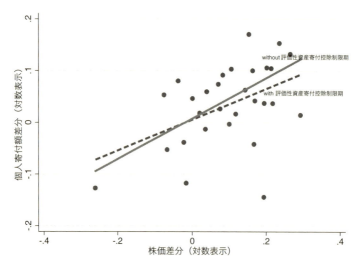

図4.5：個人寄付額差分（対数表示）と株価差分（対数表示）の散布図

から1992年度）を含めないときの回帰直線（図の破線）を当てはめてみると、評価性資産寄付控除制限期が含まれている場合の回帰直線は、評価性資産寄付控除制限期を含んでいない回帰直線よりも、傾きが緩やかになっていることが見て取れる。よって、評価性資産寄付控除制限期には、両者の関係性が抑

制されていると考えられる。次項の重回帰分析で、その関係性について更に
検討していくこととしよう。

### 第2項　時系列分析の結果

　以上を踏まえ、差分系列に変換したデータを使用し最小二乗法を用いて推
計した結果は、**表4.5**の通りである。まず、各モデルの攪乱項に系列相関が
存在しているかどうかをBreusch-Godfrey: BG検定の結果より確認する[21]。
BG検定の結果、いずれのモデルも、攪乱項の系列相関によるバイアスが発
生している可能性は低いと判断出来る。しかし、連邦所得税率と連邦キャピ
タルゲイン課税率のみを投入したモデル1については、F値が統計的な有意
水準に達しておらず、決定係数も0.042と非常に低いものとなっている。以
下に、各説明変数の回帰係数を解釈していくこととする。

　まず、連邦所得税率の影響に着目すると、決定係数の高いモデル3におい
て有意水準に達しておらず、「高等教育に対する個人寄付」を説明する上で
有力な説明変数とはいえないという結果が得られた。これは、Clotfelter
(2003)の分析結果と整合的な結果である[22]。また、モデル3において連邦
キャピタルゲイン課税率も同様に、統計的有意水準に達しておらず、「高等

### 表4.5：重回帰分析の結果 (標準化係数)

| 変数 | model1 | model2 | model3 |
|---|---|---|---|
| 連邦所得税率(差分) | 0.295 | 0.272* | 0.197 |
|  | (1.50) | (1.72) | (1.35) |
| 連邦キャピタルゲイン課税率(差分) | −0.242 | −0.271 | −0.155 |
|  | (−1.22) | (−1.69) | (−1.01) |
| ln株価(差分) |  | 0.497*** | 0.625*** |
|  |  | (3.98) | (5.02) |
| ln株価(差分)×評価性資産寄付控除制限ダミー |  |  | −0.400** |
|  |  |  | (−2.52) |
| 調整済みR2乗 | 0.042 | 0.382 | 0.488 |
| F値 | 1.64 | 6.98*** | 7.91*** |
| サンプル数 | 29 | 29 | 29 |
| Breusch-Godfrey検定 (カイ2乗) | 2.160 | 2.442 | 1.276 |

*10%水準で有意　**5%水準で有意　***1%水準で有意

教育に対する個人寄付」に対する影響力は認められなかった。これは、Smith and Ehrenberg (2003) が指摘するように、連邦所得税率、連邦キャピタルゲイン課税率の引き上げは、寄付の租税価格を低下させる一方で、可処分所得を減少させる効果を持っており、その効果が個人寄付への影響を相殺した可能性が考えられる。

　続いて、株価の影響に着目すると、統計的に有意にプラスの影響があることが、モデル2、モデル3から認められ、「高等教育に対する個人寄付」に強い影響力をもつことが推定された。これは、Clotfelter (2003) 等をはじめとする先行研究と整合的な結果であり、仮説3を支持するものである。

　しかし、株価と評価性資産寄付控除制限ダミーの交差項を変数として投入したモデル3に着目すると、株価と評価性資産寄付控除制限ダミーの交差項の回帰係数は、マイナスに有意な影響を及ぼすという結果が得られ、モデル全体の説明力も上昇している。よって、評価性資産寄付控除制限期には、株価の上昇に伴う個人寄付の拡大が抑制されており、株価の影響力が低下していたことが推定され、仮説4を支持する結果が得られた[23]。

　この結果は、1980年代以降の米国の高等教育における個人寄付の拡大要因に迫る上で、「評価性資産に対する連邦寄付税制」の重要性を見出すものである。これまで1980年代以降の高等教育に対する個人寄付の拡大は、株価の上昇に起因するものであったという説が一部で強調されてきた。しかし、「株価の変動が、高等教育に対する個人寄付に及ぼす影響力は、評価性資産寄付控除制限期に低下する」という本研究の結果は、株価の個人寄付に対する影響力が、「評価性資産に対する連邦寄付税制」と独立に決定されているのではないことを示す。即ち、1980年代以降の高等教育における個人寄付の拡大は、株価上昇単独の影響ではなく、それに「評価性資産に対する連邦寄付税制」が寄与していたことを示すものである。

　ここで、米国の高等教育に対する個人からの評価性資産寄付の規模を、Council for Aid to Education (2002) の調査報告より確認すると、2001年、少なくとも34億ドルとされており、全ての評価性資産寄付の94.1%が「有価証券 (securities)」と報告されている (Council for Aid to Education, 2002, pp. 18-19)。

第4章　米国の高等教育における個人寄付の時系列分析　*197*

また、Auten and Rudney（1986）によれば、特に、高等教育に対する個人からの寄付は、評価性資産の寄付が大きい割合を占め、重要な役割を果たしていると指摘される[24]。

　以上を総合すると、1980年代以降の米国の高等教育における個人寄付の拡大は、先行研究が強調してきた株価上昇の影響のみならず、「評価性資産に対する連邦寄付税制」の構造により、好景気時に寄付に対するインセンティブが高まったことに起因する側面があることが推定される。よって、米国の高等教育における、「評価性資産に対する連邦寄付税制」の重要性が見出される[25]。

## 第5節　小　括

　本章では、米国の高等教育に対する個人寄付のマクロ時系列データを用いて、その長期的変化の規定要因を解明するに当たり、経済状況と連邦寄付税制の影響に着目し、実証分析を行った。本章で行った時系列分析の内容を整理すると、「評価性資産に対する連邦寄付税制」の構造に着目し、当該制度が、株価が高等教育における個人寄付に影響を及ぼす前提条件となっているという仮説の妥当性を検証するために、1980年代後半から1990年代前半の「評価性資産寄付控除制限期」に着目し、実証分析を行った点にある。実証分析の結果は、株価が個人寄付に与える影響力は、「評価性資産に対する連邦寄付税制」が制限された場合、低下することが推定された。よって、株価の上昇は、高等教育における個人寄付を急拡大させる十分条件とはならず、連邦寄付税制と組み合わさることで強い影響を及ぼすことが示された。

　しかし、本章の時系列分析に関しては、データの制約上幾つかの課題が残る。最大の課題は、本章の分析においては、マクロ時系列データを用いて検証しているため、高等教育機関の位置する州の特性や個別高等教育機関の特性を考慮出来ていないという点である。よって、本章の分析結果から直接的な政策的含意を示す前に、時系列分析で対象とすることが困難な課題について、次章で検討していくこととしたい。

# 注

1 高等教育機関に限定しない非営利部門への寄付を対象とした研究の動向を見れば、寄付税制が寄付行動に影響を及ぼすことを理論的・実証的に示した山内 (1997)、跡田他 (2002)、米国の非営利部門に対する寄付が景気変動と深く関連していることを示した本間 (1993) 等がある。こうした研究の知見を踏まえれば、高等教育に対する個人寄付の規定要因に迫る上においても、各高等教育機関の寄付募集努力のみならず、経済状況の変化や寄付税制の影響に目を向けることが必要と言えるであろう。

2 米国においても高等教育に対する寄付と株価の関係性を検証した研究は少ない状況にあるという指摘もある。例えば、Clotfelter (2003) は、税制研究者が株式市場の動向が寄付に与える影響について殆ど注目を払っていないことを指摘し、「Bristol (1992) の卒業生寄付に関する研究が唯一、株式市場と寄付の関係性について検討したものである (Clotfelter 2003, p. 118)」としている。

3 Drezner (2006) においても、連邦所得税率が変化した際のインパクトについて若干考察が加えられてはいるが、本研究で着目する評価性資産に対する慈善寄付控除制度の変化が与えた影響については触れられておらず、景気変動との関連性が強調されている。

4 Clotfelter (2003) では、「株価の上昇は評価性株式形態で寄付をする寄付者において直接的な影響を及ぼす (Clotfelter, 2003, p. 119)」という記述があるが、それが連邦政府の評価性資産に対する慈善寄付控除制度に起因するものかは明示されておらず、実証的にも示されていない。また、Council for Aid to Education (2009a)、Brittingham and Pezzulo (1990) や Durney (1991) は、株価の増減とともに、1986年の税制改革により、翌年度の寄付が減少したことを報告しているが、本研究で着目する 1993 年包括予算調整法の影響とそれらの交互作用については明示されていない。

5 ただし、Liu (2007) の分析では、卒業生以外の個人寄付には正の影響があるという結果が得られている。

6 非営利団体に対する寄付行動と税制度の関係性に関する研究は、Bekkers and Wiepking (2011) と、先行研究のメタアナリシスを行った Peloza and Steel (2005) によってレビューがなされている。多くの研究で、寄付の租税価格は、個人寄付に負の影響を及ぼす結果が得られているが、研究手法やデータの規模によって大きく変動があることが指摘されている (Bekkers and Wiepking, 2011, p. 933)。

7 なお、州政府の税制度の影響を扱った研究として、各州の慈善寄付控除制度の有無と高等教育に対する個人寄付の関係性を見出した Holmes (2009) がある。

8 寄付の租税価格 (price of giving) について詳しく解説したものについて、山内 (1997) や Andreoni (2006) がある。

9 現金寄付に関して 1 年間に慈善寄付控除出来る額は、総所得から転居費用等の所得調整項目を減産した調整総所得 (Adjusted Gross Income) の 50％までとされる。ただし、翌年以降への繰り越しも認めている。詳しくは本稿第 3 章を参照されたい。

10 被説明変数は、「教育支援カウンシル（Council for Aid to Education）」が調査協力機関数の影響を調整した上で発表している高等教育に対する個人寄付額の推計値を用いた。データは、Council for Aid to Education（2002, p. 42）のSummary table Dから入手した。

11 高等教育物価指数（higher education price index）は、Commonfund Institute（2011, p. 3）のtable Aより入手した。

12 厳密には、1993年8月10日に法案が成立し制限が解除された。その結果、1992年12月31日より後の評価性資産寄付は代替ミニマム税の課税対象とならなくなった。

13 第3章で示した通り、1990年の包括予算調整法においては美術品をはじめとする有形動産に関しては慈善寄付控除制度の制限が解除されているが、その後も1993年の包括予算調整法の成立までは、株式・不動産をはじめとする評価性資産に関する慈善寄付控除制度が制限され続けた。よって、評価性資産に関する慈善寄付控除制度が制限されていた時期を本稿では一括して1987年度から1992年度とし「評価性資産慈善寄付控除制度制限ダミー」という用語を使用していることに留意されたい。

14 本稿の研究対象が1970年代から90年代に焦点を当てているため30年分の時系列分析としたが、年次データの少ないサンプルであるため、これらのバイアスの可能性が否定できない。よって、時系列分析の結果の頑健性については次章の高等教育機関別パネルデータを使用したパネル分析をもとに確認する。このように、少ないサンプルの年次データを用いた時系列分析の結果の頑健性をパネル分析において確認するという手法をとったものとしては、31年分の年次データを用いて少年犯罪の発生率と労働市場の関係性を検証した大竹・岡村（2000）等がある。

15 例えば、1999年度のデータは、高等教育に対する個人寄付が1999年7月から2000年6月までの寄付額を示している。

16 定常性には、弱定常性と強定常性の2つに分類されるが、経済・ファイナンスの分野においては定常性といった場合単に弱定常性を指すことが多い（沖本、2010、p. 10）。本節の定常性過程に関する記述は、沖本（2010）を参照した。

17 平均回帰性とは、過程が長期的に平均の方向に戻ることを意味するものである（沖本、2010、p. 104）。

18 単位根過程とは、非定常過程の代表的な過程であり、原系列が非定常過程であり、1階の差分をとると定常過程になる過程のことを指す（沖本、2010、p. 105）。

19 ADF検定の基本的な考え方は、$y_t = \alpha y_{t-1} + u_t$、 $u_t \sim iid(0, \sigma^2)$のとき$\alpha = 1$という帰無仮説を$\alpha < 1$の対立仮説に対して検定する手法を拡張したものであり、帰無仮説が棄却された場合、その系列に単位根が存在しないと判断される。ADF検定の詳しい方法論については、沖本（2010、pp. 117-118）を参照されたい。

20 筒井・平井・水落・秋吉・坂本・福田（2011）によれば、「差分系列の推定では、トレンド項がある場合を除いて、定数項をはずして推定すべきである（筒井他、p.107）」とされる。本章の時系列分析においても、単位根を除去するために差分を取ったことでトレンドが除去されていると考えられるので、定数項をはずした

モデルで推定を行った。なお、念のため、仮にトレンド項があると想定し、定数項をはずさず、上述の変数に定数項ダミーとして「評価性資産寄付控除制限ダミー」を加えて投入して検証した場合、定数項ダミーの「評価性資産寄付控除制限ダミー」は統計的に有意な説明力は持たず、「株価」と「株価と評価性資産寄付控除制限ダミー」の交差項が有意な影響力を持つという結果が得られており、本稿で用いた分析モデルから得られた結論は左右されないことに付言しておく。

21 系列相関の確認については、ダービーワトソン検定を使用することが有名だが、本稿で分析するモデルのように定数項をモデルに含めない場合、ダービーワトソン検定では検定出来ないため、変わりにBreusch-Godfrey: BG検定を使用している。

22 Clotfelter (2003) では、個票データを基に、同窓会開催年度、株価、連邦所得税率を基に算出した寄付の租税価格を投入して検討した結果、寄付の租税価格は5%水準で有意でないという結果を報告している。

23 なお、Drezner (2006, pp. 297-298) は、1987年10月のブラック・マンデーの翌年1988-89年において高等教育に対する寄付が大きく減少していることを取り上げ、株式市場が回復した後も寄付が減少していることを、大口寄付者が心理的に寄付をすることを控えたことによるものと推測している。しかし、Council for Aid to Education (2009a) のデータより高等教育に対する寄付の増加率を算出すると、寄付が大きく減少しているのは1987-88年であり、事実、Council for Aid to Education (2009a) の報告書においても1987-88年に高等教育に対する寄付が減少したと報告されている (Council for Aid to Education, 2009a, pp. 35-36)。また、Council for Aid to Education (2009a) のデータからは1988-89年は、前年度より寄付は増加に転じており、ブラック・マンデーの心理的な影響が翌年度以降にも影響を及ぼしたとする根拠は十分でない。

24 Auten and Rudney (1986) は、1973年のデータを基に高等教育に対する個人寄付の34%が有価証券をはじめとする評価性資産寄付であると指摘している。データの制約上、近年の状況を把握することは難しいが、Council for Aid to Education (2002) より、高等教育に対する個人寄付に占める評価性資産寄付の割合を推計すると、私立大学で平均31.5%、州立大学で平均35.9%となる。ただし、Council for Aid to Education (2002) のデータは、標本調査の結果であり、米国の高等教育機関全体の状況を示したものではないことに留意する必要がある。

25 Council for Aid to Education (2009a) においても、1986年の税制変更が高等教育に対する寄付額に影響したことが指摘されている。本研究の実証研究の結果が持つ意味は、株価と評価性資産に対する連邦寄付税制の交互作用の影響を確認し、この税制の存在如何で、株価の変動が高等教育に対する寄付の増減に与える影響力が変化することを確認したことにある。

# 第5章
# 米国の高等教育における個人寄付のパネル分析

　前章では、時系列データを使用して分析を行い、1980年代以降に米国の高等教育における個人寄付が拡大した背景に、連邦政府の評価性資産に対する慈善寄付控除制度と株価の上昇が複合的に機能した可能性を実証研究から指摘した。これを踏まえ、本章では、高等教育機関別のパネルデータを用いて、時系列分析では扱うことがデータの制約上困難であった変数に着目し、米国の高等教育における個人寄付の拡大要因について検討していくこととする。

　本章で特に注目して明らかにすることは、第1に、政策要因や経済要因のみならず、機関要因、即ち各高等教育機関の寄付募集努力や規模の変化などの影響を考慮に入れた上で、連邦政府の評価性資産に対する慈善寄付控除制度が米国の高等教育における個人寄付の拡大に寄与していたのかどうかを検証すること、第2に、政策要因、経済要因、機関要因から受ける影響は、高等教育機関のタイプによって異なるものなのかパネルデータを使用して検証することにある。

## 第1節　時系列分析の課題

### 第1項　機関要因を考慮した分析の必要性

　はじめに、時系列分析において残された課題について整理していくこととしよう。前章では、マクロ時系列データを用いて米国の高等教育における個人寄付の変動と連邦政府の慈善寄付控除制度、及び、株価の関係性について検討をおこなってきた。その結果、連邦政府の評価性資産に対する慈善寄付

控除制度は、資本市場の拡大時に、潜在的な寄付者の寄付に対するインセンティブを向上させる効果を持っており、当該制度が制限された場合、株価が高等教育における個人寄付に与える影響力は低下し、個人寄付の拡大は抑制されるという点が確認された。

　時系列分析の利点は、マクロ時系列データを利用することで米国の高等教育セクター全体に対する個人寄付の変動を分析対象とすることが出来、個人寄付の全体的なトレンドと連邦政府の慈善寄付控除制度や株価との関係性を検証出来る点にあった。

　一方で、時系列分析については、データの制約上、次のような課題も残る。最大の課題は、時系列分析においては、各高等教育機関の位置する州の特性、個々の高等教育機関の規模の変化、卒業生に対する寄付募集の取り組み、また各高等教育機関がもつ観察出来ない特質性、例えば、寄付が伝統的に盛んな文化などの「機関要因」をコントロールすることが出来ないという点である。第1章の米国の高等教育と寄付に関する先行研究のレビューで示したとおり、これまでの高等教育研究の成果の1つは、各高等教育機関の規模や寄付募集努力などの機関要因が、高等教育に対する個人寄付の変動に影響を与えるという点を明らかにしたことにある。よって、1980年代以降の米国の高等教育における個人寄付の拡大現象を論じる上でも、この機関要因を踏まえた上で議論を進めていく必要がある。そこで、前章で示した連邦政府の評価性資産寄付控除制度などの「政策要因」や株価などの「経済要因」の影響とともに、これまでの高等教育研究において示されてきた「機関要因」の影響を統合する視点に立ち、機関要因の影響を出来る限りコントロールした上で、連邦政府の慈善寄付控除制度の影響力を推定することが本研究の残された課題になってくるといえる。

### 第2項　高等教育機関類型別分析の必要性

　もう1つの課題は、政策要因、経済要因、機関要因から受ける影響は、高等教育機関タイプによって異なるのかという問いに対し、貢献出来る基礎的なデータを示すことにある。特に、本研究は、連邦政府の評価性資産に対す

る慈善寄付控除制度と株価の影響について着目しているわけだが、当該制度が特定の高等教育機関タイプのみに影響を与えているのか、あるいは、高等教育機関タイプに拘わらず、いずれのタイプの高等教育機関にも影響を与えているものであるのかを実証的に検証しておくことは、本研究がもつ高等教育政策上の政策的含意を考える上で非常に重要な視点といわなければならない。

　第3章で示した通り、連邦政府の慈善寄付控除制度に対する大学団体の意見書を見る限り、評価性資産に対する慈善寄付控除制度に対しては大規模大学のみならず小規模のカレッジからも、当該制度の維持に向けた積極的な主張が展開されていたことが確認出来る。よって、当時の連邦議会の議事録をはじめとする資料の内容分析からは、評価性資産に対する慈善寄付控除制度は大規模大学のみならず、小規模のカレッジにおいても高等教育の質を支える上で重要なものとして認識されていたといえる。これを踏まえると、実際に当該制度が各高等教育機関の個人寄付の変動にどのように寄与していたのか統計データから実証的に確認しておくことが必要であろう。時系列分析では、データの制約上、高等教育セクター全体の変動に着目せざるを得ず、この問題については検討することが出来ていなかったため、その点に関する追加的な検討が必要とされるのである。

## 第3項　政策要因・経済要因・機関要因を考慮した先行研究

　上述の2つの課題を解決するためには、時系列データでは限界があり、十分な多様性を持つ高等教育機関の個人からの寄付収入、高等教育機関の規模、寄付募集などの取り組み状況を把握したパネルデータが必要となる。

　近年、数はそれほど多くはないものの、米国においても高等教育に対する個人寄付の規定要因を解明しようとする研究群において、パネルデータを使用して、機関要因、経済要因、政策要因を同時に分析のモデルに組み込み、各変数の影響力を把握しようとする研究が見られるようになってきた。その代表的な研究としては、Ehrenberg and Smith (2001)、Smith and Ehrenberg (2003)、Liu (2006, 2007)、Cheslock and Gianneschi (2008) が挙げられる。こ

れらの研究において使用されている変数、サンプルの特徴について、以下に
見ていくことにしよう。

はじめに、州立高等教育機関を研究対象としたLiu (2007)、Cheslock and
Gianneschi (2008) の研究内容から見ていくこととしたい。

まず、Liu (2007) は、「高等教育における寄付募集に関する殆どの研究は、
寄付者の動機を追求するものと、高等教育機関の寄付募集のケース・スタ
ディーを様々な変数から検証するところに焦点が当てられている一方、どの
要因が州立高等教育機関に対する寄付に影響を及ぼすのか検証した研究が殆
どない (Liu, 2007, p. 10)」と指摘し、高等教育に対する寄付に与える影響を
「機関要因 (institutional factor)」と「環境要因 (environmental factor)」に区分した
上で、各変数の影響力を把握することを試みている。

Liu (2007) が分析に使用しているサンプルについて見ていくと、1994年度
から2003年度の4年制の州立大学の寄付収入を対象としている。使用され
ている変数は、「機関要因」として卒業生数、学生1人当たり支出、学生1人
当たり総収入、学生1人当たり基本財産額、卒業生寄付勧誘率、「政策・ガ
バナンス要因」として州政府のマッチングファンドプログラムの有無、学生
1人当たり州財政支出、州民家計所得1,000ドル当たりの州高等教育支出、
学生1人当たり州政府奨学金、宝くじ収入の州高等教育支出への利用有無、
「社会経済要因」として州民のイデオロギー、州民1人当たり家計所得を使用
し、各高等教育機関の持つ個体の特質性の影響を加味した上で分析を行って
いる。

使用されている変数の内容からわかるように、Liu (2007) の特徴は、政策
要因として州政府の政策内容が州立大学の寄付収入に与える影響について検
討したことにある。しかし、Liu (2007) の分析結果は、州政府の政策に関す
る上記5つの変数のうち4つは個人寄付に対して統計的に有意な影響力を
持っていないという結果が得られており、唯一、州民家計所得1,000ドル当
たりの州高等教育支出が卒業生寄付に正に有意な影響力を持っているという
結果[1]が得られている。

Liu (2007) と同様に、州立大学への寄付を対象としたサンプルデータを用

いて、州政府の政策が州立大学の寄付収入に与える影響について検討したのがCheslock and Gianneschi (2008) である。Cheslock and Gianneschi (2008) では、政府の政策要因として州の高等教育財政支出を取り上げ、それが各州立大学の学生1人当たりの寄付収入にどのような影響を与えるか検討することに焦点を当てている。

Cheslock and Gianneschi (2008) で使用されているサンプルデータについて見ていくと、1994年度から2004年度のデータを使用しており、341の4年制の州立大学を対象としている。使用されている変数は、学生1人当たり寄付収入を被説明変数とし、政策要因を州政府の前年度の高等教育財政支出、経済要因を州民1人当たり家計所得と失業率、機関要因を学生数とした上で、各高等教育機関の持つ個体の特質性の影響を加味した上で分析を行っている。分析の結果は、前年度の州政府の高等教育財政支出を変数として使用した場合、州立大学の学生1人当たり寄付収入にプラスの影響を与えていることを指摘している。ただし、Cheslock and Gianneschi (2008) の分析においては、コントロール変数として用いた経済要因において、経済状況が好転すると学生1人当たり寄付収入は減少するという解釈することが困難な結果が得られており、検討の余地が残されていることが指摘されている (Cheslock and Gianneschi, 2008, p. 221)。

以上、Liu (2007) と Cheslock and Gianneschi (2008) は、機関要因、政策要因、経済要因をモデルに組み込み、米国の州立大学の寄付収入の増減に影響を与える要因を実証的に示している点において貴重な研究であるが、本研究の目的である1980年代から90年代にかけて見られた米国高等教育に対する個人寄付の拡大を説明するに当たっては、分析上幾つかの課題が残る。

第1に、Liu (2007) と Cheslock and Gianneschi (2008) で用いているデータは、いずれも1990年代後半から2000年初頭のデータであるため、本研究が着目する1970年代の寄付の停滞期から1980年代後半以降の寄付拡大期については分析の対象から外されている。1970年代の寄付の停滞期から1980年代後半から90年代の米国の高等教育における個人寄付の拡大期について論じる上では、上記の研究で使用されているサンプルよりも過去のデータにさかの

ぼり機関要因、経済要因、政策要因を考慮した分析を行う必要が残っている。

第2に、Liu (2007)、及び、Cheslock and Gianneschi (2008) の主な関心は、州政府の政策が州立大学の寄付収入に与える影響を検討することにあり、連邦政府の政策の影響については分析の対象とされていないという点である。具体的にいえば、Liu (2007) は、「政策・ガバナンス要因」として、州政府の財政支出、州政府の高等教育支出、マッチングファンドプログラムの有無、州政府奨学金、高等教育支出への州政府宝くじ収入の利用の有無を変数とし、Cheslock and Gianneschi (2008) では、前年度の州政府の高等教育支出を変数として扱っており、いずれも「州レベル」の政策要因にのみ着目している。よって、本研究が米国の高等教育における個人寄付の拡大要因として着目する連邦政府の評価性資産に対する慈善寄付控除制度の影響については、分析の対象とされておらず、この点について検討する必要がある。

第3に、Liu (2007)、Cheslock and Gianneschi (2008) が扱っている経済要因は、家計所得の動向についてのみ扱っており、株式市場の変動が高等教育機関に与える影響については分析の対象とされていないという点である。Drezner (2006) や Council for Aid to Education (2009a) をはじめとして、これまでの先行研究で株価は、個人寄付と強く連動することが指摘されており、株価の影響力に対して関心が払われていない点において検討の余地が残る。

第4に、研究対象として取り上げられている大学は、両者の研究とも州立大学に限定されているため、私立大学に対する寄付がどのような要因に規定されているかについても、追加的な分析が必要とされるであろう。

続いて、私立大学を研究対象とした Ehrenberg and Smith (2001)、Smith and Ehrenberg (2003) の研究内容を見ていくこととしたい。Ehrenberg and Smith (2001)、Smith and Ehrenberg (2003) の中心的な関心は、各高等教育機関によって、また各時代によって、高等教育機関の個人寄付・企業寄付・財団寄付の割合、経常支出目的寄付、基本財産目的寄付、建築・備品目的寄付の割合がなぜ違うのか、という点についてであり、各高等教育機関のそれぞれの年代の寄付の構成比に着目している。よって、中心的な関心は本研究のものと若干異なるが、Ehrenberg and Smith (2001) においては、「寄付額」そ

のものを被説明変数とした分析の結果も掲載されており、そこで使用されているデータと分析結果について以下に見ていくこととする。

まず、Ehrenberg and Smith（2001）、Smith and Ehrenberg（2003）で分析の対象としているサンプルについてみていくと、78の私立博士研究型大学を対象としている。サンプルの期間は、Liu（2007）、及び、Cheslock and Gianneschi（2008）よりも過去にさかのぼった1968年度から1998年度を対象としており、本研究の中心的な研究課題である1980年代以降の米国高等教育機関に対する寄付の拡大過程と深く関連するものであるといえる。

ここで使用されている説明変数は、「機関要因」としてフォーチュン500に掲載された企業のCEOとなった卒業生数、大学ランキング、工学分野の学位授与数の割合、経営学分野の学位授与数の割合、学生数、学生1人当たり基本財産額、教員1人当たりの研究費支出、女子学生の割合、マイノリティ学生の割合、学生1人当たり卒業生数、メディカルスクールダミー、学士課程学生の割合、宗教団体ダミーを、「政策要因」として連邦キャピタルゲイン課税率、連邦遺産税率、連邦法人税率を、「経済要因」として家計所得中央値、株価と家計所得中央値の比率が使用されている。

このようにEhrenberg and Smith（2001）、Smith and Ehrenberg（2003）は、機関要因、経済要因、政策要因を変数として組み込み、かつ、長期間のデータを利用した研究として貴重な研究といえる。しかし、Ehrenberg and Smith（2001）、Smith and Ehrenberg（2003）による研究には、次の点で検討の余地が残されている。

課題の1つは、上述の研究においては、連邦政府の政策要因として連邦キャピタルゲイン課税率、連邦遺産税率、連邦法人課税率を投入し、税率の変化にのみ着目している点である。第3章で示した通り、1970年代から90年代の連邦政府の慈善寄付控除制度をめぐる議論においては、Ehrenberg and Smith（2001）、Smith and Ehrenberg（2003）で検討されている税率を変更するという政策手段以外に、評価性資産の寄付に対する慈善寄付控除制度をどこまで認めるか、即ち公正市場価格で認めるかそれよりも減額するか、といった議論がさかんになされている。よって、連邦政府は、税率変更以外の

政策手段を寄付誘導政策として有しており、Ehrenberg and Smith (2001)、Smith and Ehrenberg (2003) の分析においては、連邦政府の寄付誘導政策の一部しか扱っていない。実際に「1986年税制改革法 (Tax Reform Act of 1986)」、「1993年包括予算調整法 (Omnibus Reconciliation Act of 1993)」において、評価性資産に対する慈善寄付控除制度が修正されていることから見ても、その影響について検討しておく必要があるだろう。

それと関連し、第2の課題は、株価の取り扱いについてである。Ehrenberg and Smith (2001)、Smith and Ehrenberg (2003) の研究では、株価と家計所得の比率を説明変数として投入し、寄付との相関関係を認めているが、その理由については明確に示されていない。前章で示した通り、「株価」は、単純に景気を代表する変数という側面を持つのみならず、米国の特徴的な評価性資産の慈善寄付控除制度が成立しているという前提条件のもとで、寄付に影響を与える特性をもつ可能性がある。即ち、評価性資産の慈善寄付控除を公正市場価格で認めるという制度的前提条件があるかないかで、株価の寄付に与える影響は異なる可能性がある。

第3の課題は、Liu (2006) の研究と対照的に、分析対象とされたサンプルは、私立の博士研究型大学に限定されており、他の私立修士型大学、私立学士型大学、州立大学が分析対象とされていない点が挙げられる。

以上、代表的な米国の先行研究の内容について見てきたわけだが、政策要因、経済要因、機関要因を同時に取り上げた米国の過去の研究においては、連邦政府の評価性資産に対する慈善寄付控除制度と株価の複合的要因の影響は所与のものとされており、モデルの中に組み込まれていない。よって、これらを統合する視点からの実証研究が米国の高等教育における個人寄付の長期的なトレンドを規定する要因を解明する上で必要となる。

---

第2節　分析に用いるデータ

---

上述の課題を解決するためには、十分な多様性を持つ高等教育機関の個人からの寄付収入、高等教育機関の規模、寄付募集などの取り組み状況を把握

したパネルデータが必要となる。本節では、本研究で分析に用いるデータセットについて、以下に説明する。

### 第1項　パネルデータセットの構築

本研究では、データセットの構築にあたり、はじめに、「教育支援カウンシル（Council for Aid to Education）」が毎年度発行する報告書、『教育への慈善寄付（Voluntary Support of Education）』の1969年度版から1999年度版の31年分を収集した[2]。これに掲載された各高等教育機関の個人からの寄付額、高等教育機関の規模（在籍者数、卒業生数など）、寄付募集の取り組みに関わる変数（寄付勧誘数、基本財産の規模など）を電子化し、31年分のクロスセクショナルデータを構築した。

次に、年度ごとに電子化されたクロスセクショナルデータをパネルデータ化するにあたり、本研究は、以下の手順を踏んだ。第1に、『教育への慈善寄付』の各年度版に掲載された大学名を基準に、それに対応する「大学識別番号（IPEDS ID）」を付与した。「大学識別番号（IPEDS ID）」とは、米国の教育関連データベースの1つである「中等後教育機関総合データシステム（Integrated Postsecondary Education System）」が各高等教育機関を識別するために付与している各大学の固定番号である。IPEDS IDのデータについては、1994年版のカーネギー分類表に掲載されているものを使用した[3]。このIPEDS IDを基準に、31年分のクロスセクショナルデータをパネル化し、機関要因に関わるパネルデータを構築した[4]。

第2に、このパネルデータセットに、経済要因に関する変数（株価、各高等教育機関の位置する州の州民1人当たり家計所得）、政策要因に関する変数（評価性資産寄付控除制度の制限の有無、連邦キャピタルゲイン課税率、連邦所得税率）に関わる変数を結合し、パネルデータを構築した。なお、各変数の出典については、本節第3項において示すこととする。

### 第2項　母集団とサンプル数の関係

構築されたパネルデータにおいては、途中で回答をやめた大学や、一部の

変数について回答をしていない年度のある大学などが含まれている「不完備 (unbalanced panel data)」であった[5]。本研究では、脱落サンプルのバイアスを出来る限り低減すると同時に、サンプル数を確保するため、使用する全ての変数について50%以上（31年×0.5＝15.5より、16年以上）の回答を確保出来る高等教育機関のみを分析対象とした[6]。

**表5.1：母集団とパネル分析に使用するサンプル数**

| | 母集団 | サンプル | カバー率 |
|---|---|---|---|
| 州立 | | | |
| 博士研究型 | 151 | 90 | 60% |
| 修士型 | 277 | 62 | 22% |
| 学士型 | 87 | 3 | 3% |
| 専門型 | 72 | 2 | 3% |
| 合計 | 587 | 157 | 27% |
| | | | |
| 私立 | | | |
| 博士研究型 | 85 | 74 | 87% |
| 修士型 | 256 | 171 | 67% |
| 学士型 | 558 | 318 | 57% |
| 専門型 | 618 | 30 | 5% |
| 合計 | 1517 | 593 | 39% |
| 分析用サンプル合計 | 1050 | 653 | 62% |

注：母集団は、1994年版のカーネギー分類表を基に算出した。サンプル数は、分析に使用する変数の全てにおいて16年以上のデータを確保出来た高等教育機関の数を示す。準学士型大学は除く。

この基準より抽出出来た高等教育機関の数と、1994年版のカーネギー分類表に掲載された高等教育機関数を比較したものが**表5.1**ある。表5.1より、1994年のカーネギー分類表に掲載された大学の代表性が保てると考えられる大学群は、私立博士研究型大学の74大学、私立修士型大学の171大学、私立学士型大学の318大学、州立博士研究型大学の90大学であり、これらは、それぞれカーネギー分類表に掲載された大学の87%、67%、57%、60%を占めている。しかし、その他の大学は、サンプル数が十分母集団をカバー出来ておらず、サンプルの代表性という点から考えると分析対象としてふさわしくない。よって、本章のパネル分析においては、私立博士研究型、私立修士型、私立学士型、州立学士型の合計653大学を分析対象とすることとする[7]。

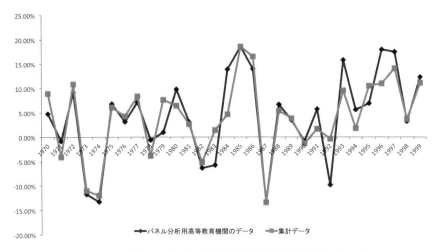

**図5.1：集計データとパネル分析用高等教育機関のデータ
（個人寄付額年平均増減率）**

注：集計データについては、Council for Aid to Education（2002）のSummary table Dより推計した。

　続いて、個人寄付額の推移との関係からも本研究に用いるパネルデータの代表性についても検討しておく。なぜなら、本章の主要な分析課題は、高等教育に対する個人寄付額の推移が何によって規定されているか解明することにあるからだ。**図5.1**は、前章で使用した米国の高等教育に対する個人寄付額の時系列データと、本章で使用する653大学（私立博士研究型、私立修士型、私立学士型、州立博士研究型）の個人寄付額の推移を年平均増減率で示したものである。一部パネル分析用サンプルデータの増減率が大きくなっているところがあるが、2つのグラフの推移は、ほぼ一致しており、相関係数を算出すると0.90となっている。よって、寄付額の推移から見ると、集計データとほぼ同様の傾向を持つデータセットであるといえるであろう。

### 第3項　使用する変数

　本項では、本研究に使用する変数、即ち、個人寄付額と、機関要因、経済要因、政策要因に関わる変数の記述統計を示すことを通じて、各変数の各高等教育機関タイプ別のトレンドを確認しておく。変数の選択にあたっては、

次の3つの点、(1)高等教育機関に対する寄付の規定要因を検証した関連するこれまでの先行研究との整合性、(2)サンプル数の完備度、(3)説明変数同士の多重共線性の問題の回避という点を重視して、以下の変数を設定した[8]。

### (1) 高等教育機関別の個人寄付額

これまでの先行研究に従い、各年度の各高等教育機関に対する個人寄付額を計測する上で設定したのは、「教育支援カウンシル(Council for Aid to Education)」が発行した1969年度版から1999年度版の『教育への慈善寄付(Voluntary Support of Education)』の「機関データ(institutional data)」のページに掲載されたデータを使用した。

『教育への慈善寄付』において「個人」からの寄付というデータは、「卒業生(alumni)[9]」、「保護者(parents)[10]」、「その他の個人(other individuals)[11]」など、幾つかのサブカテゴリーに分かれて掲載されている。本研究の関心は、高等教育機関に対する個人からの寄付総額の変動に関心があるため、分析に使用

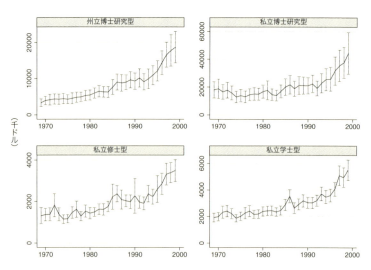

**図5.2：個人寄付総額(平均値)の推移(1969年度から1999年度)**

注：「教育支援カウンシル(Council for Aid to Education)」が発行した『教育への慈善寄付(Voluntary Support of Education)』の1969年度版から99年度版を結合したデータセットを基に、分析に使用する変数の全てにおいて16年以上のデータを確保出来た高等教育機関を対象に算出した値。

する「個人寄付額」は、これらのサブカテゴリーを合算した値を用いることとする[12]。

合算した値は、個人寄付額の名目値であるため物価上昇の影響を考慮する必要がある。そのため、Cheslock and Gianeschi (2008) と同様、「高等教育物価指数 (higher education price index)」を使用し、1990年価格に物価調整を行ったデータを分析に用いることとする。

分析に先立ち、高等教育機関別の個人寄付額の推移を確認しておく。州立博士研究型大学、私立博士研究型大学、私立修士型大学、私立学士型大学の個人寄付額の平均値の推移を**図5.2**に示す。各高等教育機関の個人寄付額の平均値の推移をみると、いずれのタイプも、1980年代に緩やかに拡大しはじめ、1990年代に急激に拡大しているように見受けられる。

年代ごとの寄付の増減率をより明確にするために、各高等教育機関タイプの個人寄付額(平均値)の10年ごとの年平均上昇率を算出し、まとめたものが**図5.3**である。これより、州立博士研究型、私立博士研究型、私立修士型、私立学士型のタイプいずれも、全体的な傾向として、1970年代に比べて1980年代、及び、1990年代の年平均上昇率が高いことが窺える。特に、1990年代において、私立博士研究型、私立修士型、私立学士型、州立博士

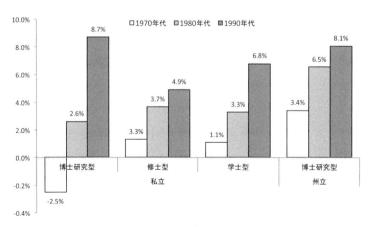

**図5.3：個人寄付額年平均上昇率（年代別・高等教育機関タイプ別）**

注：図5.2の注と同じ。

研究型大学の年平均上昇率が、それぞれ、8.7％、4.9％、6.8％、8.1％と非常に高い。以上より、米国の高等教育に見られた個人寄付の拡大現象は、特定の大学群のみに該当するものではなく、全体的に底上げされたものであるということが確認出来る。

しばしば、米国の高等教育機関に対する寄付は、私立の有力大学、即ちここでいう私立博士研究型大学にのみ該当する話であり、他の大学は殆ど寄付を受けていないという指摘がなされることがある。確かに、図5.2からは、私立博士研究型大学が他の大学タイプよりも多くの寄付額を集めていることが窺える。しかし、高等教育機関の規模がそもそも違うため、学生1人当たりの個人寄付額に換算を行った**図5.4**より各大学タイプの寄付の推移を見ていくと、私立博士研究型は、私立修士型、州立博士研究型に比べれば明らかに規模が大きいが、私立学士型と比較すると大きな差がないことについては十分認識しておく必要があるであろう。

本研究では、各高等教育機関タイプ別の個人寄付額の変動を、以下の説明変数を用いて分析をしていくこととする。なお、分析には個人寄付額の原データを対数化したものを使用する。

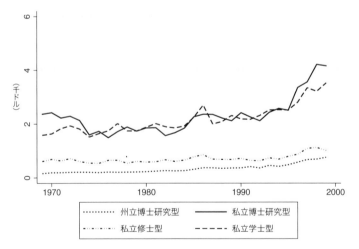

**図5.4：学生1人当たり個人寄付総額（平均値）の推移（1969年度から1999年度）**
注：図5.2の注と同じ。

## (2) 機関要因

まず、機関要因に関する変数として用いるデータと、各高等教育機関タイプ別のトレンドを確認していくこととする。

### (a) 在籍者数

まず、高等教育機関の規模を統制するに当たり用いるものは、各年度の各高等教育機関の在籍者数である。これは、Leslie and Ramey (1988)、Ehrenberg and Smith (2003)、Liu (2006) などと同じく、「教育支援カウンシル (Council for Aid to Education)」が発行した1969年版から1999年版の『教育への慈善寄付 (Voluntary Support of Education)』の「機関データ (institutional data)」のページに掲載された「在籍者数 (enrollment)」のデータを使用することとする。このデータは、「調査対象となる学年度の秋学期はじめの在籍者数 (Council for Aid to Education, 2001, p. 49)」として定義されている。各高等教育機関タイプ別に、各年度の在籍者数の平均値を算出し、まとめたものが**図5.5**である。

図5.5より、在籍者数の平均値は、大学タイプによって多少増減の幅は異

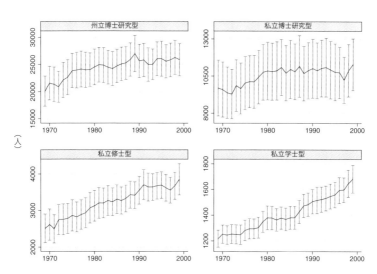

**図5.5：在籍者数（平均値）の推移（1969年度から1999年度）**

注：図5.2の注と同じ。

なるが、全体的な傾向としては、1969年度から1999年度の期間、増加してきていることが確認出来る。在籍者数は過去の先行研究において、主にコントロール変数として使用されており、高等教育に対する個人寄付に対してはプラスに有意な影響を与えることが確認されているものが多い(Leslie and Ramey, 1988; Ehrenberg and Smith, 2001; Smith and Ehrenberg, 2003)。なお、分析には、原データを対数化したものを用いることとする。

(b) 学生1人当たり卒業生数

在籍者数に加え、高等教育機関の規模に関する変数として他の先行研究において使用されているのが、各年度の各高等教育機関の「学生1人当たり卒業生数」である。「学生1人当たり卒業生」についてEhrenberg and Smith(2001, 2003)、Smith and Ehrenberg(2003)は、「高等教育機関の歴史と在籍者数の変化の歴史的なパターンを示す指標(Ehrenberg and Smith, 2003, p. 232)」として使用し、高等教育への寄付にプラスに有意な影響を及ぼすということを確認しており、高等教育機関への寄付を予測するものとして非常に重要な指標であるとしている。

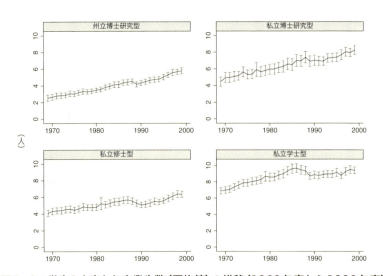

**図5.6：学生1人当たり卒業生数（平均値）の推移（1969年度から1999年度）**

注：図5.2の注と同じ。

「卒業生数」については、「教育支援カウンシル（Council for Aid to Educa-tion)」が発行した1969年版から1999年版の『教育への慈善寄付（Voluntary Support of Education)』の「機関データ（institutional data)」のページに掲載された「卒業生数（alumni record)」のデータを使用することとする。このデータは、「当該機関に記録があり、現住所が判明している、生存している卒業生（Council for Aid to Education, 2001, p. 49)」とされるものである。よって、大学側が当該年度において把握している卒業生数であることに留意する必要がある。

各年度の学生1人当たり卒業生数についてまとめたものが**図5.6**である。学生1人当たり卒業生数のデータは、1969年度から1999年度を通じて、私立学士型が最も大きく、続いて、私立博士研究型、私立修士型、州立博士研究型の順になっている。

Liu（2007）が「（大学側の把握する：引用者）卒業生数が多くなればなるほど、寄付募集担当者は、卒業生と繋がりを持つ寄付者とコンタクトをとることが可能になる（Liu, 2007, p. 36)」と指摘しているように、学生1人当たり卒業生数の増加は、個別大学の寄付収入に正の影響をもたらすと想定出来る。実証研究においても、私立博士研究型大学を対象とした Ehrenberg and Smith（2001)、Smith and Ehrenberg（2003)、州立大学を対象とした Liu（2007）においてその効果が確認されている。なお、分析には、原データを対数化したものを用いた。

### (c) 寄付勧誘率

高等教育機関の寄付募集に関連する取り組みについては、複数の先行研究で使用されている次の2つの指標を用いることとする。

1つは、卒業生に対する「卒業生寄付勧誘数（alumni solicited)」を「卒業生数（alumni record)」で除した指標である。「卒業生寄付勧誘数」については、『教育への慈善寄付（Voluntary Support of Education)』の「機関データ」のページに掲載された「卒業生寄付勧誘数（alumni solicited)」を使用することとする[13]。このデータは、「報告年度の中で、少なくとも1回寄付の勧誘を受けた卒業生の数（Council for Aid to Education, 2001, p.49)」と定義されている。

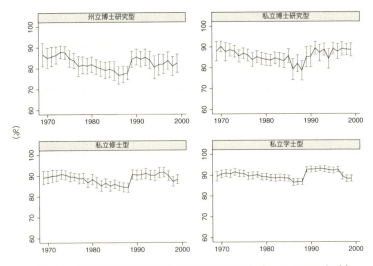

図5.7：寄付勧誘率（平均値）の推移（1969年度から1999年度）

注：図5.2の注と同じ。

　各高等教育機関タイプ別に卒業生寄付勧誘率の平均値の推移をまとめたものが、図5.7である。年度を通じて、私立学士型、私立修士型、私立博士研究型、州立博士研究型の順に寄付勧誘率は高く、いずれの機関も概ね卒業生の80％以上に何らかの形で寄付の勧誘をしている。寄付募集を積極的に行うほど、個人寄付は増えると考えられるためプラスの効果が期待されるが、州立大学を対象としたLiu (2007) おいては、その効果が認められないという結果が得られている。

　**(d)　学生1人当たり基本財産額**

　高等教育機関の寄付募集の取り組みに関連するもう1つの指標として用いられているのが、「基本財産額」である。「基本財産額」については、同じく『教育への慈善寄付 (Voluntary Support of Education)』の「機関データ」のページに掲載された「基本財産の時価額 (endowment: market value)」を使用することとする[14]。

　当該データを、既出の在籍者数で除した「学生1人当たりの基本財産額（平均値）」の推移を高等教育機関別に掲載したものが図5.8である。

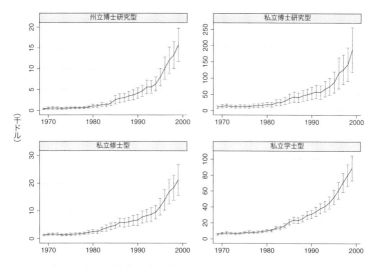

**図5.8：学生1人当たり基本財産額（平均値）の推移（1969年度から1999年度）**
注：図5.2の注と同じ。

いずれの大学も1990年代に急激に増加しているが、私立博士研究型が突出して大きいものとなっている。先行研究において、学生1人当たり基本財産の規模は、寄付募集の歴史の代理指標として扱われており、寄付募集の歴史は寄付募集プログラムが成熟するための機会のみならず、寄付募集の期待や伝統に対する意識を形成する機会を与えるため、寄付収入に対して正の効果が予想される (Liu, 2007, p. 37)。

**(3) 経済要因**

経済要因については、前章の時系列分析においても使用した株価に加え、各州の経済状況を把握するために各州の州民1人当たり家計所得を使用する。

**(a) 株価**

経済要因の1つである株価は、Ehrenberg and Smith (2001)、Smith and Ehrenberg (2003) の研究と整合性を保つため、前章の時系列分析で使用したものと同様、Council of Economic Advisers (2011) より入手した1月から12月の株価終値の平均値をとったスタンダード・アンド・プアーズ株価指数を

使用する。

### (b) 州民1人当たり家計所得

　株価に加え、経済要因のもう1つの変数として、各地域の経済動向を把握する指標である州民1人当たり家計所得を用いる。州民1人当たり家計所得が与える影響は、Liu（2006）、Liu（2007）、Cheslock and Gianneschi（2008）等によって検討され、卒業生からの寄付に統計的に正の影響がみられないとする結果が得られているが[15]、本研究の対象とする1970年代から90年代のサンプルデータを使用して、そのトレンドに影響を及ぼしていたのか改めて検討を行いたい。

　データについては、Liu（2007）やCheslock and Gianneschi（2008）と同様、「商務省経済分析局（Department of Commerce Bureau of Economic Analysis）」のデータベース[16]より入手し、「消費者物価指数（consumer price index）」を用いて、物価調整した後、対数化したものを実際の分析には用いた。


## (4)　政策要因

　政策要因については、前章の時系列分析においても使用した指標、即ち、評価性資産寄付控除制度、評価性資産寄付控除制度と株価の交差項、連邦キャピタルゲイン課税率、連邦所得税率を使用する。

### (a) 評価性資産寄付控除制度

　まず、評価性資産寄付控除制度については、「1986年税制改革法（Tax Reform Act of 1986）」と「1993年包括予算調整法（Omnibus Reconciliation Act of 1993）」に着目し、1987年度から1992年度にダミー変数1を、それ以外の時期を0とする評価性資産寄付控除制限ダミーを与えた。この変数については、2つの影響が想定される。1つは、評価性資産寄付控除が制限された時期においては、個人寄付額の平均額が低下している。いまひとつは、評価性資産寄付控除制度は、構造上、株価の上昇と組み合わさることで個人寄付額に影響を与えるため、評価性資産寄付控除制限期においては、株価の影響力が低下するという点を検証する。

## （b） 連邦キャピタルゲイン課税率

連邦キャピタルゲイン課税率については、Ehrenberg and Smith（2001）、Smith and Ehrenberg（2003）に倣い、最高限界税率を使用する。前章で示した寄付の租税価格の影響が強ければ、予想される結果は正の効果が考えられる。しかし、Ehrenberg and Smith（2001）、Smith and Ehrenberg（2003）の分析で指摘されるように、連邦キャピタルゲイン課税率は、税率が低下した場合、可処分所得を増加させる効果があるため、その効果が上回れば負の効果をもたらすと考えられる。

## （c） 連邦所得税率

連邦所得税率は、Tax Foundation（2013）より入手し、最高限界税率を使用する。しかし、次節で詳しく示すが、連邦所得税率は株価との相関性が高いため、連邦所得税率を投入すると多重共線性の問題が発生する可能性が非常に高い。本稿では、株価と評価性資産寄付控除制度の存在が複合的に機能するかどうかを検証することを最大の目的としていることを踏まえ、連邦所得税率の扱いは次節で検討をすることとする。

### 第4項　多重共線性の問題

以上、候補となる説明変数を示してきたが、パネル分析においても、説明変数間の相関が高い場合、多重共線性の問題が発生し推定結果にバイアスがかかる可能性がある。よって、本研究で使用する変数に多重共線性の問題が

### 表5.2：パネル分析に使用する変数の記述統計量

| | 度数 | 平均 | 標準偏差 | 最小値 | 最大値 |
|---|---|---|---|---|---|
| 個人寄付総額（ln） | 17724 | 7.636 | 1.348 | 1.281 | 12.695 |
| 在籍者数（ln） | 17806 | 7.927 | 1.178 | 4.828 | 11.310 |
| 学生一人あたり卒業生数（ln） | 17535 | 1.778 | 0.560 | -2.007 | 3.998 |
| 卒業生寄付勧誘率 | 17279 | 88.133 | 14.700 | 0.000 | 100.000 |
| 学生一人あたり基本財産額（ln） | 17320 | 1.529 | 1.896 | -10.820 | 7.173 |
| 州民一人あたり家計所得（ln） | 17857 | 9.754 | 0.183 | 9.056 | 10.305 |
| 株価（ln） | 17857 | 5.359 | 0.808 | 4.417 | 7.191 |
| 評価性資産寄付控除制限ダミー | 17857 | 0.197 | 0.398 | 0.000 | 1.000 |
| 株価（ln）×評価性資産寄付控除制限ダミー | 17857 | 1.142 | 2.307 | 0.000 | 6.030 |
| 連邦キャピタルゲイン課税率 | 17857 | 29.012 | 6.103 | 20.000 | 39.875 |
| 連邦所得税率 | 17857 | 52.226 | 16.136 | 28.000 | 70.000 |

## 表5.3：パネル分析に使用する変数間の相関係数

| | 個人寄付総額(ln) | 在籍者数(ln) | 学生一人あたり卒業生数(ln) | 卒業生寄付勧誘率 | 学生一人あたり基本財産額(ln) | 州民一人あたり家計所得(ln) | 株価(ln) | 評価性資産寄付控除制限ダミー | 株価(ln)×評価性資産寄付控除制限ダミー | 連邦キャピタルゲイン課税率 | 連邦所得税率 |
|---|---|---|---|---|---|---|---|---|---|---|---|
| 個人寄付総額(ln) | 1.000 | | | | | | | | | | |
| 在籍者数(ln) | 0.490 | 1.000 | | | | | | | | | |
| 学生一人あたり卒業生数(ln) | 0.244 | -0.457 | 1.000 | | | | | | | | |
| 卒業生寄付勧誘率 | -0.034 | -0.195 | 0.008 | 1.000 | | | | | | | |
| 学生一人あたり基本財産額(ln) | 0.536 | -0.202 | 0.609 | 0.134 | 1.000 | | | | | | |
| 州民一人あたり家計所得(ln) | 0.220 | 0.144 | 0.098 | -0.028 | 0.322 | 1.000 | | | | | |
| 株価(ln) | 0.254 | 0.093 | 0.201 | 0.011 | 0.488 | 0.677 | 1.000 | | | | |
| 評価性資産寄付控除制限ダミー | 0.044 | 0.028 | 0.060 | 0.005 | 0.149 | 0.255 | 0.259 | 1.000 | | | |
| 株価(ln)×評価性資産寄付控除制限ダミー | 0.044 | 0.028 | 0.060 | 0.008 | 0.150 | 0.256 | 0.261 | 1.000 | 1.000 | | |
| 連邦キャピタルゲイン課税率 | -0.132 | -0.045 | -0.134 | 0.072 | -0.256 | -0.300 | -0.436 | -0.051 | -0.050 | 1.000 | |
| 連邦所得税率 | -0.201 | -0.081 | -0.186 | 0.001 | -0.434 | -0.603 | -0.813 | -0.656 | -0.656 | 0.497 | 1.000 |

## 表5.4：パネル分析に使用する変数のVIF

| | VIF | 許容量 |
|---|---|---|
| 個人寄付総額(ln) | 3.53 | 0.28 |
| 在籍者数(ln) | 3.39 | 0.30 |
| 学生一人あたり卒業生数(ln) | 2.24 | 0.45 |
| 卒業生寄付勧誘率 | 1.10 | 0.91 |
| 学生一人あたり基本財産額(ln) | 3.48 | 0.29 |
| 州民一人あたり家計所得(ln) | 1.90 | 0.53 |
| 株価(ln) | 6.04 | 0.17 |
| 評価性資産寄付控除制限ダミー | 3.79 | 0.26 |
| 連邦キャピタルゲイン課税率 | 1.76 | 0.57 |
| 連邦所得税率 | 11.32 | 0.09 |

発生していないかどうか注意を払う必要がある。

　各変数の記述統計量と変数間の相関係数をまとめたものが**表5.2**と**表5.3**である。この表から明らかなように、連邦所得税率と株価の間の相関係数が-0.813と高くなっている[17]。このことは、パネル分析において同時に連邦所得税率と株価を投入した場合、多重共線性が発生する可能性を示唆している。そこで、**表5.4**のVIFの値より判断すると、連邦所得税率が11.32と10を超えており、多重共線性の原因になっている可能性が示唆される[18]。よって、本分析で使用するモデルについては連邦所得税率を除外した上で分析を行うこととする[19]。

## 第3節　パネル分析の方法

本節では、実際の推計に先立ち、本研究で用いるパネル分析の基本的な方法について概説することとする[20]。第1項においてパネル分析の基本的なモデルであるプーリング回帰モデル、固定効果モデル、変量効果モデルについて説明した後、本研究で採用するモデルを提示する。次に、第2項においてパネル分析を行う際に注意を払うべき撹乱項に関する幾つかの前提について説明した後、本研究においてその前提を満たすために用いた処理について説明する。

### 第1項　分析モデル

#### (1)　プーリング回帰モデル

パネルデータを分析する上で、最も単純な方法は、データセットをプーリングデータとして扱い、通常の最小二乗法で推定するプーリング回帰モデルである。このモデルは、観察者が観察することの出来ない各個体の特質性を特に考慮しないモデルであり、式(5.1)のような通常の最小二乗法による回帰モデルと同じものである。本研究で言えば、例えば、卒業生が寄付をすることに積極的な風土があるかどうか、あるいは、その地域住民が大学への寄付に積極的である風土があるかどうかといった事柄が、観察者が観察することの出来ない個体の特質性として考えることが出来る。

$$y_{it} = \alpha + \beta' x_{it} + \mu_{it} \qquad i = 1, \cdots, N, \ t = 1, \cdots T, \ \mu_{it} \sim iid\,(0, \sigma^2) \qquad (5.1)$$

このように、上記のプーリング回帰モデルにおいては、観察者が観察することの出来ない各個体の特質性については考慮出来ない。これに対し、以下の固定効果モデル、及び、変量効果モデルは、式(5.2)のように撹乱項 $\mu_{it}$ を観察不可能な個体特有の効果 $v_i$ とその他の撹乱項 $\epsilon_{it}$ に分割するものである（筒井・平井・水落・秋吉・坂本・福田、2011、p. 203）。

$$y_{it} = \alpha + \beta' x_{it} + v_i + \epsilon_{it} \qquad i = 1, \cdots, N, \ t = 1, \cdots T, \ \epsilon_{it} \sim iid\,(0, \sigma^2) \qquad (5.2)$$

## (2) 固定効果モデル

はじめに、固定効果モデルの内容からみていくこととしよう。ここでの問題は、個体特有の効果をどのように除去するかというところにある。それを踏まえた上で、固定効果モデルの推定方法についてみていくと、固定効果モデルは以下の手順から推計出来る[21]。

まず、式 (5.2) について、各個体の時間平均をとると、式 (5.3) を得る。

$$\bar{y}_i = \beta' \bar{x}_i + v_i + \bar{\epsilon} i \qquad (5.3)$$

$$\bar{y}_i = T^{-1} \sum_{t=1}^{T} y_{it} \qquad (5.4)$$

$$\bar{x}_i = T^{-1} \sum_{t=1}^{T} x_{it} \qquad (5.5)$$

このとき、個体の特有の効果 $v_i$ は、時間を通じて一定のため式 (5.3) においても、そのまま残る。よって、式 (5.2) から式 (5.3) を引くことで、個体特有の効果は除去され、式 (5.6) を得る。得られた、式 (5.6) を最小二乗法で推定することにより、各個体特有の効果 $v_i$ を除去した上で推計を行うことが可能となる。このモデルが固定効果モデル、あるいは、グループ内変動モデルと呼ばれるものである。

$$y_{it} - \bar{y}_i = \beta' (x_{it} - \bar{x}_i) + \epsilon_{it} - \bar{\epsilon}_i \qquad (5.6)$$

## (3) 変量効果モデル

固定効果モデルの特徴の1つは、個体特有の効果 $v_i$ を除去することで、個体特有の効果 $v_i$ と他の説明変数が相関していたとしても、推計を行える点である (Wooldridge, 2009, p. 489)。しかし、全ての時点において、個体特有の効果 $v_i$ と他の説明変数が相関しないという前提を置くことが出来る場合、次の変量効果モデルを使用することが出来る。

変量効果モデルの推計方法を簡単に示すと、次のようになる[22]。まず、個体特有の効果を含んだ式 (5.2) を再掲する。

$$y_{it} = \alpha + \beta' x_{it} + v_i + \epsilon_{it} \qquad i = 1, \cdots, N,\ t = 1, \cdots T,\ \epsilon_{it} \sim iid\ (0, \sigma^2) \qquad (5.2)'$$

　このとき、個体特有の効果$v_i$と説明変数$x_{it}$が無相関であるならば、プーリング回帰モデルのように通常の最小二乗法を用いて推計することも考えられる。しかし、個体特有の効果が含まれている時、通常の最小二乗法を用いて推計すると、最小二乗法において重要な前提である撹乱項間の相関がないという前提が満たされない。それは、次のように考えることが出来る。

　まず、撹乱項が個体特有の効果$v_i$と撹乱項$\epsilon_{it}$の和を、$\mu_{it} = v_i + \epsilon_{it}$とおくと、その時、式 (5.2) は、

$$y_{it} = \alpha + \beta' x_{it} + \mu_{it} \qquad (5.7)$$

と表記することが出来る。このとき、それぞれの時点の撹乱項には個体特有の効果$v_i$が含まれているため、変量効果モデルの仮定においては、撹乱項が時点間で相関してしまっていることになる。よって、個体特有の効果を認めながら通常のプーリング回帰モデルによる最小二乗法を使用した場合、最小二乗法の前提である撹乱項間の相関がないという前提を満たさない (Wooldridge, 2009, pp. 489-490)。

　そこで、変量効果モデルにおいては、撹乱項 $\mu_{it}$ の系列相関を取り除くために通常の最小二乗法ではなく、「一般化最小二乗法 (generalized least squares: GLS)」を使用する (筒井他、2011、p. 205)。式 (5.7) を、一般化最小二乗法の推計の形に変換すると、式 (5.8) のようになる。

$$y_{it} - \theta \bar{y}_i = \alpha\ (1 - \theta) + \beta' (x_{it} - \theta \bar{x}_i) + \mu_{it} - \theta \bar{\mu}_i \qquad (5.8)$$

$$\theta = 1\ \left( \sqrt{\frac{\sigma_\epsilon^2}{T\sigma_v^2 + \sigma_\epsilon^2}} \right) \qquad (5.9)$$

よって、変量効果モデルとは、式 (5.8) を最小二乗法で推定したものとなる。

## (4)　検定方法とその結果

以上3つのパネル分析に関する基本的な3つのモデルについて示してきた。次に、これらのモデルの中で、どのモデルを採用するか検討していく必要がある。プーリング回帰モデル、固定効果モデル、変量効果モデルのいずれのモデルを用いるかについては、検定方法が確立されており、以下に見ていくこととする[23]。

まず、プーリング回帰モデルと固定効果モデルのどちらを採用するべきかについて考えてみる。上述の通り、プーリング回帰モデルと固定効果モデルの最大の違いは、個体特有の効果を想定するか否かという点にある。よって、各高等教育機関の個体特有の効果が全て同じであるならば、個体特有の効果はないと想定することが出来、プーリング回帰モデルを使用することとなる。一方、各高等教育機関の個体特有の効果が同じではないと想定する必要があるならば、個体特有の効果の影響を除去した固定効果モデルを採用することが妥当となる。この検定については、固定効果モデルの残差平方和とプーリング回帰モデルの残差平方和を使用してF検定を行い、仮説が棄却された場合、固定効果モデルによる推定が採択される(筒井他、2011、p. 206)。

次に、固定効果モデルか変量効果モデルかの選択については、ハウスマン検定を用いて行われる。変量効果モデルの場合、個体特有の効果が説明変数と相関することを前提としないため、この前提が保てるかどうかが固定効果モデルと変量効果モデルのどちらを選択するか判断する上で重要なポイントとなる。それ故、ハウスマン検定は「個別主体要因が、説明変数と無相関であるとの帰無仮説を立て、それをカイ2乗検定するもの(北村、2005、p.69)」であり、帰無仮説が棄却された場合、固定効果モデルが望ましいと判断される。

本研究で使用するデータを用いて固定効果モデル、変量効果モデルで推計

#### 表5. 5：F検定・ハウスマン検定の検定結果

|  | 州立博士研究型 | 私立博士研究型 | 私立修士型 | 私立学士型 |
|---|---|---|---|---|
| F検定 | 24.21*** | 33.60*** | 17.36*** | 24.99*** |
| ハウスマン検定 | 312.25*** | 323.08*** | 170.92*** | 570.30*** |

***1%水準 **5%水準 *10%水準で有意

を行った後、F検定とハウスマン検定を行った結果が**表5.5**である。いずれのサンプルにおいても帰無仮説が棄却され、個別主体要因と説明変数が無相関という前提をおくことは難しいと判断されるため、本研究では固定効果モデルを採用し、分析を行うこととする。

### 第2項　攪乱項に関する前提

パネル分析を行う際に、もう1つ抑えておかなければならないことは、最小二乗法を用いる際の攪乱項に関する前提の1つである「攪乱項がi.i.d (independently and identically distributed) であること」を満たしているかどうか検定を行うことである。i.i.dとは、「independently distributed」と「identically distributed」の2つのことを指しており、前者は、攪乱項どうしが相関していない状態のことを指し、後者は攪乱項の分散が均一の仮定と呼ばれている（筒井他、2011、p. 87）。攪乱項がi.i.dであるという条件に違反した場合、OLS推定量の点推定には影響しないが、誤差を歪ませることで区間推定に影響を与える（筒井他、2011、p. 87）。

よって、攪乱項が相互に無相関、且つ、攪乱項の分散が均一であるという仮定を満たすかどうか検定を行う必要があり、その仮定を満たさない場合、誤差の算出方法を工夫するなどしてその問題に対処する必要がある。

### (1)　攪乱項の自己相関の検定

攪乱項どうしが相関するパターンとしてまず挙げられるのは、攪乱項の系列相関の問題がある。これは、ある時点の攪乱項とその1期前の攪乱項との間に相関がみられることに代表されるように、時点間で攪乱項が相関関係にあるケースのことをいう。攪乱項に系列相関が有るとき、通常の最小二乗法を用いて推定を行うと、分散を過小評価してしまうため、本来有意でない変数を有意であると判定してしまうことがある（筒井他、2011、p. 104）。攪乱項に系列相関が発生しているかどうかについては、Wooldridge（2002）によって考案されており、帰無仮説を「1階の系列相関が存在しない」とするWooldridge検定を行う[24]。

撹乱項どうしの相関について、もう1つ気をつけなければいけないパターンとして、グループ間で撹乱項が相関しているケースである。これは、本研究で言えば、撹乱項が高等教育機関Aと高等教育機関Bの間で相関してしまっているケースのことをいう。グループ間で撹乱項が相関している場合、標準誤差の推定を誤ることにあり、区間推定に影響を与える可能性がある。撹乱項がグループ間で相関しているかどうか検定する方法は、Pesaran's CD検定が考案されており、帰無仮説「クロスセクション間の従属性が存在しない」を検定する[25]。

## (2) 分散不均一性の検定

撹乱項の自己相関の問題の他に、確認しておくことが必要な問題として、撹乱項の分散不均一性の問題がある。北村(2005)がMazodier and Trognon (1978)やBaltagi (2001)を引用しながら指摘するように「不均一分散が存在するときに推計を行うと、一致推定は得られるが、有効推定ではなく、推計パラメータは推計誤差のロバスト修正を行わなければ、バイアスが残る(北村、2005、p. 64)」とされ、この問題を考慮に入れて分析を行う必要がある。誤差項の分散不均一性が発生しているかどうかについては、Wald検定が一般的に使用されており、本研究においてもその検定結果を下に、分散不均一性を考慮した標準誤差を使用するか否かを決定する。

## (3) 検定方法とその結果

以上を踏まえ、クロスセクションの従属性、系列相関、分散不均一性の検定を行った結果をまとめたものが、**表5.6**である。

はじめに、クロスセクション間の従属性について、Pesaran's CD検定を行い確認したところ、私立博士研究型、私立修士型、私立学士型においては、帰無仮説「クロスセクションの従属性は存在しない」が棄却され、クロスセクション間の従属性がある可能性が高いという結果が得られた。

次に、撹乱項の系列相関についてWooldridge検定を行い確認すると、州立博士研究型、私立修士型、私立学士型のサンプルにおいては撹乱項に系列

第 5 章　米国の高等教育における個人寄付のパネル分析　*229*

### 表5．6：撹乱項の検定

| | 州立博士研究型 | 私立博士研究型 | 私立修士型 | 私立学士型 |
|---|---|---|---|---|
| クロスセクションの独立性 | 0.266 | 2.194** | 3.782*** | 9.129*** |
| 系列相関無し | 5.698** | 0.553 | 23.647*** | 74.021*** |
| 分散均一性 | 5731.53*** | 1569.67*** | 2657.97*** | 5410.99*** |

***1%水準 **5%水準 *10%水準で有意

相関が発生していることが否定出来なかった[26]。そのため、パネル分析を行う際、系列相関を考慮した分析を行う必要がある。

　最後に、分散不均一性について、Wald検定を行い確認したところ、州立博士研究型、私立博士研究型、私立修士型、私立学士型のいずれのサンプルにおいても、分散不均一性の問題を抱えていると考えられる。

　以上より、撹乱項に関するクロスセクションの従属性、系列相関、分散不均一性の存在を踏まえた上での推定を行う必要性がある。これらの問題を同時に考慮する方法としては、通常の標準誤差を算出し区間推定を行うのではなく、Driscoll-Kraayの標準誤差を用いることが適切であると指摘されている (Hoechle, 2007)。よって、本研究におけるパネル分析では、固定効果モデルを使用し、標準誤差にDriscoll-Kraayの標準誤差を使用した推定を行うこととする。

---

### 第4節　パネル分析の結果と考察

---

　以上を踏まえ、本節では高等教育機関のタイプ別に、各高等教育機関の個人寄付収入を上述の説明変数を用いた上で、固定効果モデル (within) で推計をし、Driscoll-Kraayの標準誤差を使用して区間推定を行った分析結果について示していく[27]。第1項に私立大学の結果、第2項に州立大学の結果、第3項に全大学をサンプルとした場合の結果を示すこととする。

#### 第1項　私立大学に関する分析結果

#### (1)　私立博士研究型大学

　まず、74の私立博士研究型大学の31年分のデータを基に、固定効果モデ

ルを採用しパネル分析を行った結果は、**表5.7**の通りである。

はじめに、コントロール変数として投入した機関要因に関する変数の影響を見ていくと、大学の規模に関しては、在籍者数が統計的に有意に正の影響力を持っており、在籍者数が1％上昇すると、個人寄付額が近似的に0.144％上昇すると推定された。これは、同じく私立博士研究型大学のサンプルを用いた Ehrenberg and Smith（2001）の結果と整合的である。一方、Ehrenberg and Smith（2001）でその影響力が指摘された学生1人当たり卒業生数は、有意な影響力を持っておらず、卒業生数から見た追加的な規模の影響力は見られなかった。

続いて、寄付募集努力に関する変数の影響を見ていくと、寄付勧誘率についても統計的に有意に正の影響力を持っていることが推定された。この結果は、私立博士研究型大学の1989年度と1999年度のデータを用いプーリング回帰モデルを使用した Baade and Sundberg（1996）と整合的な結果である。よって、本分析により、Baade and Sundberg（1996）が考慮していなかった各高等教育機関の観察出来ない特質性、経済要因、及び、政策要因を統制した場合においても、寄付勧誘率が影響力を持っていることが確認出来た。ただし、その影響力は1％の寄付勧誘率の上昇で、0.001％の上昇と影響力はそれほど大きくない。

もう1つの寄付募集努力に関連する指標である、当該大学の寄付募集の歴史の代理変数として用いた学生1人当たり基本財産額に関して見ていくと、学生1人当たり基本財産額が1％上昇すると、個人寄付額が近似的に0.109％上昇するという結果が得られ、統計的に有意な影響力を持っていることが推定された。これは、私立博士研究型大学のサンプルを用いた Ehrenberg and Smith（2001）の結果と整合的な結果である。

続いて、経済要因に関する変数の影響を見ていく。各高等教育機関の位置する州の経済状況の代理変数として投入した州民1人当たり家計所得は、有意な影響力を持っていないという結果が得られた。Ehrenberg and Smith（2001）においても連邦レベルの家計所得の年度ごとのデータを使用し、家計所得の影響力は見られないという結果を導き出しているが、本分析のように

第5章　米国の高等教育における個人寄付のパネル分析　*231*

## 表5.7：パネル分析の結果（私立博士研究型大学）

| 被説明変数:個人寄付総額(ln) | モデル1 | モデル2 |
|---|---|---|
| 在籍者数(ln) | 0.144** | 0.145** |
| | (2.03) | (2.03) |
| 学生一人あたり卒業生数(ln) | -0.020 | -0.020 |
| | (-0.36) | (-0.36) |
| 卒業生寄付勧誘率 | 0.001* | 0.001* |
| | (1.72) | (1.73) |
| 学生一人あたり基本財産額(ln) | 0.109*** | 0.109*** |
| | (3.99) | (3.99) |
| 州民一人あたり家計所得(ln) | 0.235 | 0.234 |
| | (1.24) | (1.24) |
| 株価(ln) | 0.190*** | 0.190*** |
| | (3.61) | (3.62) |
| 評価性資産寄付控除制限ダミー | -0.034** | |
| | (-2.44) | |
| 株価(ln)×評価性資産寄付控除制限ダミー | | -0.006** |
| | | (-2.48) |
| 連邦キャピタルゲイン課税率 | -0.006*** | -0.006*** |
| | (-2.81) | (-2.80) |
| 定数項 | 4.369** | 4.372** |
| | (2.36) | (2.36) |
| 観測数 | 2008 | 2008 |
| 観測グループ数 | 74 | 74 |
| R二乗(with-in) | 0.335 | 0.335 |
| F値 | 234.490*** | 235.497*** |

***1%水準 **5%水準 *10%水準で有意

連邦レベルではなく各州レベルの家計所得のデータを使用した場合においても、統計的に有意な影響がみられないという結果が得られたこととなる。これは、私立博士研究型大学への個人寄付は所在州の家計所得には影響を受けていないということが追試的に確認されたものといえる。

　その一方で、株価は統計的に正に有意な影響力を持っており、株価が1％上昇すると、近似的に個人寄付が0.190％上昇すると推定された。よって、私立博士研究型大学の個人からの寄付収入は、資本市場の影響は受けていることがこの分析結果より示唆される。

　政策要因について見ていくと、連邦キャピタルゲイン課税率は、統計的に有意に負の影響力を持っており、1ポイント連邦キャピタルゲイン課税率が上昇すると、0.006％個人寄付額が低下すると推定された。この結果は、Ehrenberg and Smith（2001）の結果と整合的なものである。

続いて、本研究で注目する評価性資産寄付控除制度の影響をモデル1から確認すると、評価性資産寄付控除制限ダミー変数は、統計的に有意に負の影響力を持っており、その影響力は、当該制度が制限された場合、個人寄付額が近似的に3.4%低下すると推定される。

次に、評価性資産寄付控除制度が株価に与える影響力をモデル2の結果から確認すると、株価と評価性資産寄付控除制限ダミーの交差項は、統計的にも有意に負の影響力を持っていることが確認出来る。その係数を解釈すると、評価性資産寄付控除が制限されていない場合、株価が1%上昇すると、高等教育機関に対する個人寄付額が0.190%上昇するが、評価性資産寄付控除が制限された場合、個人寄付額の上昇が0.184%（0.190-0.006）に低下すると推定された。これは即ち、評価性資産寄付控除が制限された場合は、評価性資産寄付控除が制限されていない場合に比べて、株価が高等教育に対する個人寄付に与える影響力が、3.2%低下したことを意味する。

## (2) 私立修士型大学

続いて、171の私立修士型大学の31年分のデータを基に、固定効果モデルを採用しパネル分析を行った結果は、**表5.8**の通りである。

はじめに、コントロール変数として投入した機関要因の影響を見ていくと、大学の規模に関しては、在籍者数が統計的に有意に正の影響力を持っており、在籍者数が1%上昇すると近似的に0.329%上昇すると推定され、比較的大きな影響力を持っていることが推定された。過去の研究において、在籍者数が個人寄付に正の影響をもたらすことは、研究型大学をサンプルとして用いた Leslie and Ramey (1988)、私立研究型大学をサンプルとして用いた Ehrenberg and Smith (2001)、4年制州立大学をサンプルとして用いた Liu (2006) において確認されてきた。本研究の分析結果は、こうした他の大学タイプをサンプルとして用いた先行研究において指摘された在籍者数の影響が、私立修士型大学においても同様に見られることを確認したものといえる。一方、学生1人当たり卒業生数は、有意な影響力を持っておらず、先述の私立博士研究型大学の結果と同様、追加的な影響力は見られなかった。

第5章 米国の高等教育における個人寄付のパネル分析 *233*

　続いて、寄付募集努力に関する変数の影響を見ていくと、寄付勧誘率についても統計的に有意に正の影響力を持っていることが推定された。この結果は、研究型大学をサンプルとして用いたLeslie and Ramey (1988) や、私立博士研究型大学をサンプルとして用いたBaade and Sundberg (1996) において確認された寄付勧誘率の個人寄付に対する正の影響が、私立修士型大学においても同様にみられることを確認したものといえる。ただし、その影響力は、1%の寄付勧誘率の上昇で、0.003%の上昇と、影響力はそれほど大きくない。

　また、当該大学の寄付募集の歴史の代理変数として用いた学生1人当たり基本財産額について見ると、学生1人当たり基本財産額が1%上昇すると、個人寄付が0.121%上昇するという結果が得られ、正の影響力を持っていることが推定された。これは、私立博士研究型大学のサンプルを用いたEhrenberg and Smith (2001) や4年生州立大学をサンプルとして用いたLiu

**表5.8：パネル分析の結果 (私立修士型大学)**

| 被説明変数：個人寄付総額(ln) | モデル1 | モデル2 |
|---|---|---|
| 在籍者数(ln) | 0.329*** | 0.330*** |
| | (3.40) | (3.41) |
| 学生一人あたり卒業生数(ln) | 0.106 | 0.106 |
| | (1.33) | (1.33) |
| 卒業生寄付勧誘率 | 0.003*** | 0.003*** |
| | (6.31) | (6.30) |
| 学生一人あたり基本財産額(ln) | 0.121*** | 0.121*** |
| | (9.33) | (9.33) |
| 州民一人あたり家計所得(ln) | 0.533** | 0.535** |
| | (2.24) | (2.24) |
| 株価(ln) | 0.105*** | 0.105*** |
| | (3.24) | (3.26) |
| 評価性資産寄付控除制限ダミー | -0.081*** | |
| | (-3.17) | |
| 株価(ln)×評価性資産寄付控除制限ダミー | | -0.014*** |
| | | (-3.37) |
| 連邦キャピタルゲイン課税率 | -0.005*** | -0.005*** |
| | (-2.61) | (-2.61) |
| 定数項 | -1.668 | -1.687 |
| | (-1.13) | (-1.15) |
| 観測数 | 4237 | 4237 |
| 観測グループ数 | 171 | 171 |
| R二乗(with-in) | 0.301 | 0.301 |
| F値 | 147.762*** | 148.618*** |

***1%水準 **5%水準 *10%水準で有意

(2006) が確認した基本財産額の正の影響が、私立修士型大学においても見られることが確認したものといえる。

続いて、経済要因に関する変数の影響を見ていく。各高等教育機関の位置する州の経済状況の代理変数として投入した州民1人当たり家計所得は、統計的にも正に有意な影響力を持っており、州民1人当たり家計所得が1％上昇すると、0.533％個人寄付額が増加するという結果が得られた。先述の私立博士研究型大学の分析結果とは対照的に、私立修士型大学においては所在州の経済状況の影響を強く受けることが判明した。また、株価も統計的に正に有意な影響力を持っており、株価が1％上昇すると、0.105％上昇すると推定された。

政策要因について見ていくと、連邦キャピタルゲイン課税率は、統計的に有意に負の影響力を持っており、1ポイント連邦キャピタルゲイン課税率が上昇すると、0.005％個人寄付額が低下すると推定された。これは、私立博士研究型大学をサンプルとして用いた Ehrenberg and Smith（2001）の結果と整合的なものであり、私立修士型大学も連邦キャピタルゲイン課税率の影響を受けていることが確認されたものといえる。

本研究で注目する評価性資産寄付控除制度の影響を、モデル1から確認すると、評価性資産寄付控除制限ダミー変数は統計的に有意に負の影響力を持っており、その影響力は当該制度が制限された場合、個人寄付額が近似的に8.1％低下すると推定される。

次に、評価性資産寄付控除制度が株価に与える影響力をモデル2の結果から確認すると、株価と評価性資産寄付控除制限ダミーの交差項は、統計的にも有意に負の影響力を持っていることが確認出来る。その係数を解釈すると、評価性資産寄付控除が制限されていない場合、株価が1％上昇すると、高等教育機関に対する個人寄付額が0.105％上昇するが、評価性資産寄付控除が制限された場合、個人寄付額の上昇が0.091％（0.105-0.014）に低下すると推定された。これは即ち、評価性資産寄付控除が制限された場合は、評価性資産寄付控除が制限されていない場合に比べて、株価が高等教育に対する個人寄付に与える影響力が、13.3％低下したことを意味する。

第5章　米国の高等教育における個人寄付のパネル分析　*235*

## (3)　私立学士型大学

　続いて、318の私立修士型大学の31年分のデータを基に、固定効果モデルを採用しパネル分析を行った結果は、**表5.9**の通りである。

　はじめに、コントロール変数として投入した機関要因に関する変数の影響をみていくと、大学の規模に関しては、在籍者数が統計的に有意に正の影響力を持っており、在籍者数が1%上昇すると近似的に0.214%上昇すると推定され、比較的大きな影響力を持っていることが推定された。過去の研究において、在籍者数が個人寄付に正の影響をもたらすことは、研究型大学をサンプルとして用いたLeslie and Ramey（1988）、私立研究型大学をサンプルとして用いたEhrenberg and Smith（2001）、4年制州立大学をサンプルとして用いたLiu（2006）において確認されてきた。本研究の分析結果は、私立学士型大学においても同様に在籍者数が影響を及ぼすことを確認したものといえる。

### 表5.9：パネル分析の結果（私立学士型大学）

| 被説明変数：個人寄付総額(ln) | モデル1 | モデル2 |
|---|---|---|
| 在籍者数(ln) | 0.214*** | 0.215*** |
| | (6.02) | (6.03) |
| 学生一人あたり卒業生数(ln) | −0.051 | −0.051 |
| | (−1.63) | (−1.63) |
| 卒業生寄付勧誘率 | 0.0001 | 0.0001 |
| | (0.29) | (0.31) |
| 学生一人あたり基本財産額(ln) | 0.132*** | 0.133*** |
| | (6.58) | (6.58) |
| 州民一人あたり家計所得(ln) | 0.680*** | 0.679*** |
| | (4.85) | (4.85) |
| 株価(ln) | 0.093*** | 0.094*** |
| | (3.14) | (3.17) |
| 評価性資産寄付控除制限ダミー | −0.107*** | |
| | (−5.99) | |
| 株価(ln)×評価性資産寄付控除制限ダミー | | −0.019*** |
| | | (−5.98) |
| 連邦キャピタルゲイン課税率 | −0.005*** | −0.005*** |
| | (−3.49) | (−3.48) |
| 定数項 | −1.336 | −1.324 |
| | (−1.12) | (−1.11) |
| 観測数 | 8227 | 8227 |
| 観測グループ数 | 318 | 318 |
| R二乗(with-in) | 0.267 | 0.267 |
| F値 | 285.403*** | 298.875*** |

***1%水準 **5%水準 *10%水準で有意

一方、学生1人当たり卒業生数は有意な影響力を持っておらず、先述の私立博士研究型大学の結果と同様、追加的な影響力は見られなかった。

続いて、寄付募集努力に関する変数の影響をみていくと、寄付勧誘率については統計的に有意に正の影響力を持っていることが推定されなかった。一方、当該大学の寄付募集の歴史の代理変数として用いた学生1人当たり基本財産額は1％上昇すると、個人寄付が0.132％上昇するという結果が得られ、正の影響力を持っていることが推定された。これは、私立博士研究型大学のサンプルを用いた Ehrenberg and Smith (2001) や4年制州立大学をサンプルとして用いた Liu (2006) が確認した基本財産額の正の影響が、私立学士型大学においても見られることを確認したものといえる。

続いて、経済要因に関する変数の影響を見ていく。各高等教育機関の位置する州の経済状況の代理変数として投入した州民1人当たり家計所得は、統計的にも正に有意な影響力を持っており、州民1人当たり家計所得が1％上昇すると、0.680％個人寄付額が増加するという結果が得られた。よって、先述の私立修士型大学の分析結果と同様に、地域の経済状況から強い影響を受けているといえる。また、株価も統計的に正に有意な影響力を持っており、株価が1％上昇すると、0.093％上昇すると推定された。

政策要因についてみていくと、連邦キャピタルゲイン課税率は、統計的に有意に負の影響力を持っており、1ポイント連邦キャピタルゲイン課税率が上昇すると、0.005％個人寄付額が低下すると推定された。これは、私立博士研究型大学をサンプルとして用いた Ehrenberg and Smith (2001) の結果と整合的なものであり、私立学士型大学も連邦キャピタルゲイン課税率の影響を受けていることが確認されたものといえる。

本研究で注目する評価性資産寄付控除制度の影響を、モデル1から確認すると、評価性資産寄付控除制限ダミー変数は、統計的に有意に負の影響力を持っており、その影響力は当該制度が制限された場合、個人寄付額が近似的に10.7％低下すると推定され、非常に大きな影響力を持っている。これは、1986年の税制改革の結果、リベラルアーツカレッジの寄付が減少することを記述統計から確認した Durney (1991) の指摘と整合的な結果である。

次に、評価性資産寄付控除制度が株価に与える影響力をモデル2の結果から確認すると、株価と評価性資産寄付控除制限ダミーの交差項は、統計的にも有意に負の影響力を持っていることが確認出来る。その係数を解釈すると、評価性資産寄付控除が制限されていない場合、株価が1%上昇すると、高等教育機関に対する個人寄付額が0.094%上昇するが、評価性資産寄付控除が制限された場合、個人寄付額の上昇が0.075%（0.094-0.019）に低下すると推定された。これは即ち、評価性資産寄付控除が制限された場合は、評価性資産寄付控除が制限されていない場合に比べて、株価が高等教育に対する個人寄付に与える影響力が、20.2%低下したことを意味する。

### 第2項　州立大学に関する分析結果

#### (1)　州立博士研究型大学

90の州立博士研究型大学の31年分のデータを基に、固定効果モデルを採用しパネル分析を行った結果は、**表5.10**の通りである。

はじめに、コントロール変数として投入した機関要因に関する変数の影響をみていくと、大学の規模に関しては、在籍者数が統計的に有意に正の影響力を持っており、在籍者数が1%上昇すると、近似的に0.755%上昇すると推定され、非常に大きな影響力を持っていることが推定された。これは、同様に州立大学のサンプルを用い分析したLiu（2006）の結果と整合的である。Liu（2006）では、単年度のクロスセクショナルデータを使用して分析を行ったものであるが、本分析の結果により、分析期間を長くし、且つ、パネルデータを使用し、各高等教育機関の観察出来ない要因を統制した場合においても、在籍者数の影響は残ることが確認された。

また、学生1人当たり卒業生数も統計的に有意に正の影響力を持っており、学生1人当たり卒業生数が1%上昇すると、個人寄付が0.363%上昇すると推計された。この結果は、同じく州立博士研究型大学をサンプルとして分析を行ったBaade and Sundberg（1996）やLiu（2007）の分析結果と整合的な結果である。

続いて、寄付募集努力に関する変数の影響を見ていくと、寄付勧誘率につ

## 表5.10：パネル分析の結果（州立博士研究型大学）

| 被説明変数：個人寄付総額(ln) | モデル1 | モデル2 |
|---|---|---|
| 在籍者数(ln) | 0.755*** | 0.755*** |
| | (8.53) | (8.55) |
| 学生一人あたり卒業生数(ln) | 0.363*** | 0.363*** |
| | (6.58) | (6.58) |
| 卒業生寄付勧誘率 | 0.002*** | 0.002*** |
| | (4.80) | (4.81) |
| 学生一人あたり基本財産額(ln) | 0.081*** | 0.081*** |
| | (6.06) | (6.06) |
| 州民一人あたり家計所得(ln) | 0.924*** | 0.924*** |
| | (4.48) | (4.48) |
| 株価(ln) | 0.217*** | 0.217*** |
| | (5.97) | (5.98) |
| 評価性資産寄付控除制限ダミー | −0.062*** | |
| | (−3.51) | |
| 株価(ln)×評価性資産寄付控除制限ダミー | | −0.011*** |
| | | (−3.69) |
| 連邦キャピタルゲイン課税率 | −0.007*** | −0.007*** |
| | (−3.35) | (−3.35) |
| 定数項 | −9.728*** | −9.731*** |
| | (−5.23) | (−5.23) |
| 観測数 | 2212 | 2212 |
| 観測グループ数 | 90 | 90 |
| R二乗(with-in) | 0.606 | 0.606 |
| F値 | 611.574*** | 606.184*** |

***1%水準 **5%水準 *10%水準で有意

いても統計的に有意に正の影響力を持っていることが推定され、寄付勧誘率が1%上昇すると、個人寄付が0.002%上昇すると推計された。また、当該大学の寄付募集の歴史の代理変数として用いた学生1人当たり基本財産額は、1%上昇すると、個人寄付が0.081%上昇するという結果が得られ、正の影響力を持っていることが推定された。同じく州立博士研究型大学をサンプルに用いたLiu (2007) では、寄付勧誘率、及び、学生1人当たり基本財産は個人からの寄付収入に影響しないという結果が得られており、本研究の結果は、Liu (2007) とは異なる結果である。その理由については、Liu (2007) が1994年度から2003年度という10年分のデータを使用しているのに対し、本研究が1969年度から1999年度の31年分のデータを使用し、州立大学の寄付募集努力の長期的変化を把握したデータを使用していることに起因する可能性が考えられる。よって、1970年代、1980年代の動向を含め分析を行った場

合、州立博士研究型大学においても寄付募集努力が影響力をもっていたことが実証的に示されたのは1つの知見といえる。

　続いて、経済要因に関する変数の影響を見ていく。各高等教育機関の位置する州の経済状況の代理変数として投入した州民1人当たり家計所得は、統計的にも正に有意な影響力を持っており、州民1人当たり家計所得が1％上昇すると、0.924％個人寄付額が増加するという結果が得られた。先述の私立大学をサンプルとした分析結果における州民1人当たり家計所得の係数（私立博士研究型大学：0.235、私立修士型大学：0.533、私立学士型大学：0.669）と比較すると、州立博士研究型大学における州民1人当たり家計所得の影響力は非常に大きく、州立博士研究型大学の個人寄付がその州の経済状況に強く影響を受けていることが窺える。

　政策要因[28]について見ていくと、連邦キャピタルゲイン課税率は、統計的に有意に負の影響力を持っており、1ポイント連邦キャピタルゲイン課税率が上昇すると、0.007％個人寄付額が低下すると推定された。これは、私立博士研究型大学をサンプルとして用いた Ehrenberg and Smith（2001）の結果と整合的なものであり、州立博士型大学も連邦キャピタルゲイン課税率の影響を受けていることが確認されたものといえる。

　本研究で注目する評価性資産寄付控除制度の影響をモデル1から確認すると、評価性資産寄付控除制限ダミー変数は統計的に有意に負の影響力を持っており、その影響力は、当該制度が制限された場合、個人寄付額が近似的に6.2％低下すると推定され、大きな影響力を持っている。

　次に、評価性資産寄付控除制度が株価に与える影響力をモデル2の結果から確認すると、株価と評価性資産寄付控除制限ダミーの交差項は、統計的にも有意に負の影響力を持っていることが確認出来る。その係数を解釈すると、評価性資産寄付控除が制限されていない場合、株価が1％上昇すると、高等教育機関に対する個人寄付額が0.217％上昇するが、評価性資産寄付控除が制限された場合、個人寄付額の上昇が0.206％（0.217-0.011）に低下すると推定された。これは即ち、評価性資産寄付控除が制限された場合は、評価性資産寄付控除が制限されていない場合に比べて、株価が高等教育に対する個人

寄付に与える影響力が、5.1%低下したことを意味する。

### 第3項　全大学をサンプルとした分析結果

最後に、これまでの分析対象とした私立大学、州立大学を合計した653の米国の高等教育機関の31年分のデータを基に、固定効果モデルを採用しパネル分析を行った結果を、参考値として**表5.11**として示す。

はじめに、コントロール変数として投入した機関要因に関する変数の影響を見ていく。まず、大学の規模（在籍者数、学生1人当たり卒業生数）は、統計的に有意に正の影響力を持っており、在籍者数が1%上昇すると、近似的に0.322%、学生1人当たり卒業生数が1%上昇すると、0.091%上昇するという結果が得られた。

また、大学の寄付募集努力を示す指標として用いた寄付勧誘率についても

### 表5.11：パネル分析の結果（全大学）

| 被説明変数：個人寄付額(ln) | モデル1 | モデル2 |
|---|---|---|
| 在籍学生数(ln) | 0.322*** | 0.323*** |
| | (9.84) | (9.87) |
| 卒業生数/在籍学生数(ln) | 0.091*** | 0.090*** |
| | (3.37) | (3.36) |
| 卒業生寄付勧誘率 | 0.001*** | 0.001*** |
| | (7.38) | (7.38) |
| 基本財産額/在籍学生数(ln) | 0.145*** | 0.145*** |
| | (13.84) | (13.81) |
| 州民一人当たり家計所得(ln) | 0.549*** | 0.548*** |
| | (4.17) | (4.18) |
| 株価(ln) | 0.106*** | 0.107*** |
| | (4.14) | (4.18) |
| 評価性資産寄付控除制限ダミー | -0.092*** | |
| | (-5.43) | |
| 株価(ln)×評価性資産寄付控除制限ダミー | | -0.016*** |
| | | (-5.63) |
| 連邦キャピタルゲイン課税率 | -0.004*** | -0.004*** |
| | (-3.40) | (-3.39) |
| 定数項 | -1.183 | -1.182 |
| | (-1.21) | (-1.21) |
| 観測数 | 16684 | 16684 |
| 観測グループ数 | 653 | 653 |
| R二乗(with-in) | 0.332 | 0.332 |
| F値 | 238.398*** | 242.793*** |

***1%水準 **5%水準 *10%水準で有意

統計的に有意に正の影響力を持っていることが推定された。ただし、その影響力は1％の寄付勧誘率の上昇で、0.001％の上昇と影響力はそれほど大きくない。一方、当該大学の寄付募集努力の蓄積の代理変数として用いた学生1人当たり基本財産額は、学生1人当たり基本財産額が1％上昇に対し0.145％の上昇という結果が得られた。

　続いて、経済要因に関する変数の影響をみていく。各高等教育機関の位置する州の経済状況の代理変数として投入した州民1人当たり家計所得は、統計的にも正に有意な影響力を持っており、州民1人当たり家計所得が1％上昇すると0.549％個人寄付額が増加するという結果が得られ、非常に強い影響力を持っていることが伺える。また、株価については統計的に正に有意な影響力を持っており、株価が1％上昇すると0.106％上昇するという結果が得られた。

　最後に政策要因について見ていくと、連邦キャピタルゲイン課税率は、統計的に有意に負の影響力を持っており、1ポイント連邦キャピタルゲイン課税率が上昇すると、0.004％個人寄付額が低下すると推定された。

　本研究で特に注目する評価性資産寄付控除制度の影響について、モデル1から確認すると、評価性資産寄付控除制限ダミー変数は統計的に有意に負の影響力を持っており、その影響力は当該制度が制限された場合、個人寄付額が近似的に9.20％低下すると推定される。

　また、評価性資産寄付控除制度制限期の株価の個人寄付に対する影響力をモデル2の結果から確認すると、株価と評価性資産寄付控除制限ダミーの交差項は、統計的にも有意に負の影響力を持っている。その係数を解釈すると、評価性資産寄付控除が制限されていない場合、株価が1％上昇すると、高等教育機関に対する個人寄付額が0.107％上昇するが、評価性資産寄付控除が制限された場合、個人寄付額の上昇が0.091％（0.107-0.016）に低下すると推定される。これは即ち、評価性資産寄付控除が制限された場合は、評価性資産寄付控除が制限されていない場合に比べて、株価が高等教育に対する個人寄付に与える影響力が、15.0％低下したことを意味する。

## 第5節　小　括

　以上、パネルデータを使用し、米国の1970年代から90年代の高等教育機関に対する個人寄付の変動に関する分析結果を示してきたが、その結果を整理すると、次のようになる。

　まず、第1に、これまでの先行研究と同様に、米国の高等教育機関に対する個人寄付は、機関要因、経済要因、政策要因のそれぞれが統計的に有意な影響力を持っていることが推定された。よって、米国の高等教育における個人寄付の拡大現象は、政策要因、経済要因からのみならず、政策・経済・機関の各要因が機能したと考える必要があるという極めて当然な結果が確認された。

　それを踏まえて、第2に指摘しておくべきことは、本研究において特に着目してきた連邦政府の評価性資産に対する慈善寄付控除制度の影響についてである。前章のマクロ時系列データを使用し、高等教育セクター全体の個人寄付の変動に当該制度が影響力をもっていることを確認したが、パネルデータを使用し、他の機関要因、各高等教育機関が持つ個体特有の効果を統制しても個人寄付に強い影響力を持っていることが確認された。また、評価性資産に対する慈善寄付控除制度と株価の複合的機能も、他の変数を統制した上でも確認することが出来、時系列分析の結果と整合性のある結果が得られた。

　更に、第3に抑えておくべきことは、この連邦政府の評価性資産に対する慈善寄付控除制度が与える影響は、特定の大学群のみではなく、本研究で対象とした私立博士研究型、私立修士型、私立学士型、州立博士研究型の個人寄付額に影響を与えているという点である。第3章で示したように、連邦政府の評価性資産に対する慈善寄付控除制度の改正過程においては、大規模大学のみならず、小規模カレッジも積極的にその制度の維持に向けて政治的圧力を展開してきたことが確認されている。特に、1986年の税制改革によって、教育の質改善や教育の機会提供のために使用されることを目的としていた比較的規模の大きな評価性資産寄付が各個別カレッジで取りやめ、或いは、大きく減少したというケースが公聴会において報告されたこととも、この結

果は整合的であり、評価性資産寄付に対する税制が米国の高等教育を支える上で、重要な制度であったことが、統計分析からも裏付けられたといえる。

　また、米国の高等教育に対する寄付の拡大と株式市場の関係性を論じた金子（2010）が指摘するように、1980年代以降に米国では株式市場が大きく拡大しており、特に1990年代に株価は飛躍的に上昇した[29]。この事実と、本章で示した結果、即ち、株価が統計的に高等教育への個人寄付に対し有意に正の影響を及ぼしていることと、株価と評価性資産寄付控除制限期の交差項が負に働いていることを伴わせて考えると次のことが指摘し得る。即ち、1990年代後半の資本市場の拡大時にみられた高等教育に対する個人寄付の拡大は、仮に評価性資産に対する慈善寄付控除の制限が継続していた場合、株価の上昇要因が十分に機能せず、個人寄付の拡大が抑制されていた可能性があったという点である[30]。これは、米国の高等教育に対する寄付の拡大に、長期的な株価の上昇と評価性資産寄付に対する税制優遇措置が機能したとする金子（2010）の指摘と、整合的な結果であるといえるであろう。

　以上の議論と本章で示した分析結果を総合的に見ていくと、連邦政府の評価性資産に対する慈善寄付控除制度は、米国の高等教育セクター全体を支える財政的諸条件の1つとして機能してきたことが窺え、当該制度と株価の急激な上昇という政策と経済の複合的要因は、米国の高等教育における個人寄付の拡大において重要なファクターであったということが出来る。

## 注

1　ただし、Liu（2007）の分析結果では、大学タイプ別に分析した場合、州民家計所得1,000ドル当たりの州高等教育支出も、多くの大学タイプにおいて、影響力をもっていないという結果が得られており、十分な説明力を持つ変数とは言えない。

2　『教育への慈善寄付（Voluntary Support of Education）』の報告書は、年度によって資料が分散して保存されていたため、次の関係機関から個別に31年分のデータを入手した。「教育支援カウンシル（Council for Aid to Education）」、「インディアナ大学図書館（Indiana University-Purdue University Indianapolis, University Library）」、「デューク大学図書館（Duke University Libraries）」、「アイオワ大学図書館（Iowa University Libraries）」。

3　1994年版のカーネギー分類表は、Carnegie Foundation for the Advancement of Teaching（2013）のホームページ（http://classifications.carnegiefoundation.org/

resources/) に公開されている。なお、パネル分析に使用するデータの大学類型の分類はこの1994年度のカーネギー分類表を基準にしており、年度間での大学類型の変化は、データの制約上考慮していないことに留意されたい。

4 なお、『教育への慈善寄付 (Voluntary Support of Education)』の報告書に掲載されたデータで入力ミス等の明らかな異常値と判断できるものについてはデータクリーニングの過程で修正除去した。また、Council for Aid to Education (2001) によれば、基本財産額の値について0と記載されている場合でも、基本財産額が調査時に把握できないため回答を0としており、実際には基本財産額を有している可能性があると指摘されている。同様に、個人寄付額や卒業生数についても、個人寄付額が0であるにもかかわらず、卒業生寄付者数の実績を報告しているものが幾つか見られ、個人寄付額について0と記載している場合でも、実際には個人寄付額の実態があった可能性がある。このように、不明回答と0の区別がつかないため、こうしたサンプルは分析の対象外としたことに留意されたい。

5 北村 (2005) は、不完備データについて、次のように指摘している。「不完備データだからといって、一概にそのサブセットである完備データにまで情報量を落とすことは薦められないし、現在では一般に用いられるパネル・データ推定プログラムでも不完備データに応じて自動的に推定を調整してくれるようになり、推定量が完備データと比べれば最良ではないとしても、不完備データの問題は大幅に縮小されるようになっている (北村、2005、p.75)」。

6 このような脱落サンプルに対する対応は、医療支出と高齢化との関係性をパネルデータで検証した細谷 (2010) などに見られる。脱落サンプルのバイアスに関する北村 (2005) のレビューによれば、米国では、脱落サンプルがどの程度推計結果にバイアスを与えるか検証が行われている。特に、米国の代表的なパネル調査 PSID (Panel Study of Income Dynamics) のデータを用いて、脱落サンプルが推計パラメータに有意な差が出るか複数の研究で検定されており、留保すべき制約条件はあるものの、50%脱落サンプルがあったとしても、脱落サンプルが推計パラメータに有意な差をもたらすことはないことが Becketti, Gould, Lillard and Welch (1988) や Falaris and Peters (1998) によって示されていることが紹介されている (北村、2005、pp.47-50)。

7 途中年度回答をしていない大学が含まれるため、厳密なランダムなサンプリングではないことに本研究の限界があることを留意されたい。

8 変数選択の基準については、細谷 (2010) を参考にした。

9 卒業生のカテゴリーに掲載された寄付における卒業生とは、「フルタイムまたはパートタイム、学部生または大学院生であった者で、当該機関が授与する学位、サーティフィケイトまたはディプロマを取得するために幾つかの単位を取得した者 (Council for Aid to Education, 2001, p. 47)」とされており、そこから得た全ての寄付が掲載されている (Council for Aid to Education, 2009b, p. 39)。

10 保護者とは、「卒業生以外で、当該機関の在学生または卒業生の両親、祖父母、又は、保護者である者 (Council for Aid to Education, 2001, p. 47)」とされている。

11 その他の個人とは、「上記の定義に分類することが出来なかった全ての者 (Council

for Aid to Education, 2001, p. 47)」とされており、具体的には、「卒業生や保護者に定義されなかった、全ての個人（理事メンバー、教員、職員、在学生も含む）(Council for Aid to Education, 2009b, p. 39)」とされている。

12 1969年度から1982年度の『教育への慈善寄付（Voluntary Support of Education）』には、「卒業生からの寄付額」と「それ以外の個人からの寄付額」という項目に分かれ掲載されているため、この2つの合算値を使用した。1983年度〜1999年度については、項目が細分化され、「卒業生からの寄付額」、「保護者からの寄付額」、「それ以外の個人からの寄付額」となっているため、これら3つの項目の合算値を使用した。

13 寄付勧誘率については、一部、100％を超える、入力ミスと思われるデータが混入していたため、それらのデータは分析サンプルから除外した。

14 基本財産額については、「中等後教育機関総合データシステム（IPEDS）」の「ファイナンス・サーベイ（Finance Survey）」によって報告されたものと同じ値を回答することが要求されている（Council for Aid to Education, 2001, p. 51）。なお、1997年度からIPEDSの調査と同じものを回答することに統一されており、その前後の年度の値を直接的に比較する際は、その点について留意する必要があるが、この分野の代表的な研究であるEhrenberg and Smith (2003)、Liu (2007) においては連続するデータとして扱っており、先行研究の結果と比較する観点から、本研究もこれらの先行研究に倣い、本データを用いることとした。

15 ただし、Liu (2007) の分析では、卒業生以外の個人寄付には正の影響があるという結果が得られている。

16 州民1人当たり家計所得については、「米国商務省経済分析局（U.S Department of Comerece Breau of Economic Analysis）」のホームページhttp://www.bea.gov/ より入手することが可能である。

17 評価性資産寄付控除制限ダミーと株価×評価性資産寄付控除制限ダミーの間の相関係数が1となり、多重共線性が発生しているため、この2つの変数は同時に投入せず、それぞれの変数を投入した効果を確認する。

18 VIFの基準に絶対的な基準はないが、しばしばVIFが10以上程度で多重共線性が発生していると判断される（筒井・平井・水落・秋吉・坂本・福田、2011、p.92）。

19 事実、他の変数とともに、連邦所得税率と株価を同時に投入したケースと、連邦所得税率または株価のどちらか一方のみを投入したケースで推計を行った場合、株価の符号条件はいずれも一貫した結果を示すのに対し、連邦所得税率の符号条件は一貫した結果をもたらさず、推定結果が不安定になることが示唆された。

20 パネル分析の方法論については、北村 (2005)、筒井他 (2011)、Wooldridge (2009)、蓑谷 (2007) に詳しい。本節の内容もこれらの文献を参照した。

21 北村 (2005、pp. 60-62)、筒井他 (2011、pp. 203-204) を主に参照した。

22 北村 (2005、pp. 63-64)、筒井他 (2011、pp. 204-206)、Wooldridge (2009, pp. 489-491) を主に参照した。

23 北村 (2005、pp. 68-72)、筒井他 (2011、pp. 206-208) を主に参照した。

24 実際の分析には、統計ソフト Stata ver.11 のプログラム xtserial を使用して検定を行った。

25 実際の分析には、統計ソフト Stata ver.11 のプログラム xtcsd を使用して検定を行った。

26 パネルデータの系列相関については、「実際のデータではある程度の系列相関が見出されるのはむしろ当たり前であって、その問題を如何に軽減するかというのがここでの問題である（北村、2005、p. 83）」と指摘される。

27 実際の分析には、統計ソフト Stata ver.11 のプログラム xtscc を使用して行った。

28 なお、本稿では、長期間のパネルデータを扱っているため、データの制約上、州立博士研究型大学を対象とした分析を行う上で、Liu（2007）等が検討した、州政府の政策に関わる変数、州政府のマッチングファンドプログラムの有無、学生1人当たり州財政支出、州民家計所得1,000ドル当たりの州高等教育支出、学生1人当たり州政府奨学金、宝くじ収入の州高等教育支出への利用有無などを考慮していないことに、本研究の限界があることに留意されたい。ただし、Liu（2007）の分析結果では、大学タイプ別に分析した場合、州政府の政策に関わる変数が州立研究型大学の個人寄付に影響力をもっていないという結果が得られていること、また、州立博士研究型大学を対象とした本稿の分析結果の決定係数0.605は、4年制州立大学を対象に分析を行った Liu（2007）の分析モデルの決定係数0.39（被説明変数：卒業生寄付）、0.11（被説明変数：卒業生以外個人寄付）と比較して小さくないことも同時に指摘しておきたい。

29 Council of Economic Advisers（2011）より、スタンダード・アンド・プアーズ社の株価指数から算出すると、1999年度のスタンダード・アンド・プアーズの株価指数は、1990年度の約3.97倍、1980年度の約11.17倍となっている。

30 参考までに、本稿のパネル分析における、株価と評価性資産寄付控除制限期の交互作用を推定したモデルの結果から、仮に代替ミニマム税対象者への評価性資産に対する慈善寄付控除の制限が継続していた場合の1999年度の1大学当たりの個人寄付額の推計値と、制限が解かれた場合の1999年度の1大学当たりの個人寄付額の推計値を比較すると、私立博士研究型大学では1大学当たり約80万ドル、私立修士型大学では1大学当たり約24万ドル、私立学士型大学では1大学当たり約40万ドル、州立博士研究型大学では1大学当たり約98万ドル減少したと推定される。

# 第6章
# 結　論

　本章では、これまでの議論を整理し、第1節において、分析結果から得られた知見をまとめ、第2節において、今後の研究課題に言及することとしたい。

## 第1節　結　論

　本書は、米国の高等教育における個人寄付の拡大を制度的側面より解明することを目的とし、議論を進めて来た。以下に、各章の内容を整理しながら得られた知見についてまとめていくこととしたい。

　序論では、本研究において明らかにする課題、本研究の着眼点、及び、その特色について示した。本研究は、高等教育の社会規定条件を解明することを課題としてきた国内外の「高等教育研究」に位置するものである。本研究の特色は、第1に、国内の高等教育研究で学術的研究対象としてこれまで十分に検討されてこなかった「慈善寄付控除制度」に着目し、「慈善寄付控除制度」という視点から米国高等教育の社会規定条件を捉えなおすこと、第2に、米国の高等教育における個人寄付の拡大要因に関して、先行研究で重視されていない変数の影響を検証する点にある。これらの目的を達成するために、具体的には、次の2つの研究課題、即ち、(1)連邦議会議事録をはじめとする一次資料を用い、慈善寄付控除制度の制度改正時における高等教育関係者の主張を跡付け、米国の高等教育関係者が慈善寄付控除制度をどのように位置づけ、これを活用してきたか把握すること、(2)「政策要因」、「機関要因」、「経済要因」が高等教育に対する個人寄付のトレンドに及ぼした影響につい

て検証する上で、「評価性資産に関する慈善寄付控除制度の存在」と「株価の上昇」の複合的要因が高等教育に対する個人寄付の拡大に影響力を及ぼしているという仮説の妥当性を検証することを、本研究の課題として明示した。

　第1章「先行研究のレビュー」では、質量ともに豊富な「高等教育における寄付」を分析対象とした米国の研究動向を整理し、この研究分野の課題について言及した。1980年代以降、米国においては、高等教育に対する寄付を規定する要因を解明しようとする研究が発展し、様々な変数が使用され、分析が行われている。これら米国の研究動向を踏まえた上で、この分野の研究をより進展させるために重要と思われる課題として、次の3点を挙げた。第1に、これまで複数の研究で、高等教育に対する寄付の拡大を支えた要因に「株価の上昇」が指摘されているが、そのメカニズムについては、必ずしも明確に示されていないことが挙げられる。一部の研究では、株価は寄付者の富を代替する指標として扱っており、潜在的な寄付者は、景気が良くなると自然と高等教育に対して多くの寄付をすることを暗に前提としている。そのため、個人寄付拡大のための政策的含意が、米国の事例より導き出せない状況に陥っている。第2に、高等教育に対する寄付を規定する実証研究において扱われた変数において「慈善寄付控除制度」の影響を取り上げた研究は、米国においても不足していることが指摘されており、特に連邦政府の「評価性資産に対する慈善寄付控除制度」が高等教育に対してどのような影響を与えたかについては、実証研究が不足している状況にあることを確認した。第3に、先行研究で確認された、高等教育に対する個人寄付に影響を与える要因は、その相対的な影響力が十分に検証されておらず、米国においても近年そうした関心に基づいた研究が進展していることを確認した。

　第2章「米国の高等教育における個人寄付の概要」では、米国の高等教育財政の枠組みを提示した上で、1960年代から現在までの高等教育財政の推移を確認し、その特徴を整理した。この結果、(1) 米国の高等教育における寄付は、一貫して高い水準を維持してきたのではなく、特定の時期に急拡大しており、1970年代から1990年代は高等教育への寄付が「停滞期」から「拡大期」へと転換した時期として位置づけられる。(2) この寄付総額の拡大に

関する、寄付主体別の寄与率を算出した結果、個人からの寄付が1980年代の拡大期における約5割、1990年代の拡大期における約6割を占めており、個人寄付の拡大が、高等教育に対する寄付総額の拡大に大きく寄与したことを確認した。また、(3)この時期の高等教育に対する個人寄付のトレンドは、非営利団体全体の個人寄付の推移と比較しても、突出して上昇率が高いことを確認した。

　第3章「米国の高等教育と連邦寄付税制の変遷」では、連邦議会議事録をはじめとする一次資料を用い、慈善寄付控除制度の制度改正時における高等教育関係者の主張を跡付け、米国において高等教育関係者が慈善寄付控除制度をどのように位置づけ、これを活用してきたのかを把握することを試みた。上記の文献資料より確認出来た主要な点について整理すると、次の通りである。(1)米国高等教育においては、寄付は、政府や市場を介して高等教育機関に流れる資金とは異なった性質を持ち、代替不可能な資金として位置づけられ、米国高等教育の「多元性」、及び、「自律性」を特徴づけるものとして捉えられて来た。(2)米国においては株式・土地・不動産等の評価性資産の寄付が教育機会の提供、教育研究環境の質改善に使用されており、そのような寄付は、連邦政府の評価性資産に関する慈善寄付控除制度の存在を前提として成立しているものと認識されている。(3)しかしながら、当該制度は、1970年代には福祉国家的政治思想からの批判と同時に、「税の公平性」という観点から高所得者を優遇する税制度としてみなされ、社会的批判の対象となった。また、1980年代の第2期レーガン政権においては、「税の公平性」と「簡素化」という理念の税制改革の下、評価性資産に関する慈善寄付控除制度を著しく制限する税制改正が行われた。その後、この制限は、1993年包括予算調整法において解除されるが、評価性資産に関する慈善寄付控除制度は、1980年代後半から1990年代前半に著しく制限された。(4)こうした慈善寄付控除制度に対する批判に対して、高等教育関係者をはじめとする非営利団体関係者が反論を繰り返すという構図があり、特に、1986年の税制改正後は、小規模カレッジから大規模研究大学にわたり、高等教育セクター全体で寄付が大きく減少している実態を、連邦議会公聴会、議員への陳情を

通じて繰り返し訴えて来たことを資料より確認した。これらは、米国の高等教育セクター全体が歴史的に、評価性資産に対する慈善寄付控除制度を活用し、米国の高等教育を支える制度として重要視してきたことを示すものといえる。

　第4章「米国の高等教育における個人寄付の時系列分析」では、1980年代以降の米国の高等教育における個人寄付の拡大要因を解明するに当たり、資本市場と連邦政府の慈善寄付控除制度の影響に着目し、実証分析を行った。特に、従来の研究において、米国の高等教育における個人寄付が株価と強く連動することが指摘されてきたことに着目した上で、本研究では、株価と個人寄付が連動するためには、評価性資産を寄付した場合に適用される連邦政府の慈善寄付控除制度が前提条件として必要であるという仮説の妥当性を、マクロ時系列分析を行って検討した。その結果、当該制度が制限された時期においては、株価の個人寄付に対する影響力が低下していることが見出され、株価の上昇は、高等教育における個人寄付が急激に拡大する十分条件とはならず、連邦政府の慈善寄付控除制度が媒介することで、強い影響力を持つことを示した。

　第5章「米国の高等教育における個人寄付のパネル分析」では、第4章で確認したマクロ時系列データの分析結果を踏まえた上で、時系列分析では対応することが困難な「機関要因」や「各高等教育機関の観察出来ない特質性」を考慮し、「政策要因」、「経済要因」、「機関要因」が各高等教育機関の個人寄付の推移にどのような影響を与えているか検証するため、高等教育機関類型別のパネルデータ分析を行った。この分析結果より特に強調されるべき点は、以下の2つである。

　第1に、各高等教育機関の観察出来ない特質性の影響を排除し、かつ、高等教育機関の規模（学生数、卒業生数）、寄付募集努力（卒業生寄付勧誘率、学生1人当たり基本財産額）といった「機関要因」を統制した上で分析した場合においても、評価性資産に関する慈善寄付控除制度と株価の複合的要因の影響力は残るという点である。第2に、この連邦政府の評価性資産に対する慈善寄付控除制度が与える影響は、特定の大学群のみではなく、本研究で対象とし

た私立博士研究型、私立修士型、私立学士型、州立博士研究型の個人寄付額に影響を与えているという点が確認された。

　以上の知見は、今後の高等教育研究、並びに、大学経営・政策にどのような含意を持つものといえるだろうか。以下に、本研究結果の持つ高等教育研究上、そして、大学経営・政策上の含意を記しておきたい。

　本研究では、米国の高等教育と連邦寄付税制について、幾つかの視点から分析をおこなってきたが、分析結果から一貫していえることは、高等教育における個人寄付を拡大させた米国の事例においては、好景気時に資本市場で拡大した資産を寄付へと誘導する「評価性資産に対する慈善寄付控除制度」が重要な役割を果たしていたことを見出した点にある。特に、第5章において詳しく見た通り、この評価性資産に対する連邦寄付税制は、米国の大規模な博士研究型大学のみならず、小規模なリベラルアーツ系のカレッジの寄付収入の拡大にも大きな影響を与えており、米国の高等教育セクター全体を支える上で重要な働きをしていることが実証分析の結果から示唆された。ここから導かれる単純な政策的含意として1つ挙げられるのは、高等教育における寄付収入を拡大させていくに当たっては、株式・土地・不動産をはじめとする評価性資産の寄付に着目した上で、資本市場が拡大した際に寄付を誘因づける制度、即ち、米国の連邦寄付税制に見られるようなキャピタルゲイン課税を免除し、且つ、寄付額の公正市場価格での所得控除を認める制度の重要性である。これは、米国の高等教育に対する巨額の寄付を説明する上で、これまでしばしば指摘されてきた米国特有の宗教文化に根を持つ博愛精神、高等教育機関による積極的な寄付募集の活動とは異なる側面であり、今後、我が国の高等教育における寄付の位置づけを考える上で有益な視点であると思われる。特に、日本の国立大学においては、これまで株式を保有することを原則、抑制する政策がとられてきた背景があり、こうした規制について再検討する必要性が示唆される[1]。

　ただし、あくまでも本研究は、米国の高等教育において見られた特徴的な高等教育への個人寄付のトレンドを説明する上で当該制度が重要なファクターであったことを示したに過ぎず、当該制度の導入が他の国々においても

同様の結果をもたらすかどうかについては、今後、国際比較、シミュレーションなどの手法を用いた上で、様々な角度から研究を加え、慎重に検討されなければならない。特に、日本と米国の家計の金融資産の構成を比較した時、我が国では現金・預金が半分以上を占める一方で、株式・出資金の割合は8.5％と、米国のそれ（32.7％）と比較して著しく小さい（日本銀行調査統計局、2013、p. 2）。よって、米国にみられた高等教育への個人寄付の拡大の構造が日本においても実現可能か否かについては、こうした個人金融資産構成の違いにも着目しながら、今後判断していかなければならないであろう。

　むしろ、本研究が示す政策的な含意としては、慈善寄付という視点から米国の高等教育を見た時、それは非常に特殊なシステムの上に成立していることの理解を深める必要性である。近年、我が国においても、高等教育機関の寄付募集努力を高めていくことの必要性が強調され、その際に米国の高等教育機関の取り組みが比較対象として持ち出されるが、本研究の分析結果から示唆されることは、フィランソロピー文化や、寄付募集のノウハウからだけでは、米国の高等教育が巨額の寄付を集めるようになった事実は説明出来ないという点であり、それを支える制度的前提に対する高等教育関係者の理解が必要であるということだろう。

　第2に、本研究の結果は、高等教育の政策・制度に関する研究において、政府の慈善寄付控除制度を高等教育システムにどう位置付けるかという課題を提起するものである。これまで高等教育の政策・制度研究は、授業料政策、補助金政策、奨学金政策等を主な研究対象として扱ってきた一方で、慈善寄付控除制度については十分な検討がなされてこなかった。しかし、本研究においてその影響力を確認した連邦寄付税制は、米国の高等教育において重要な役割を担っており、米国高等教育の社会規定条件に迫る上で無視することの出来ない制度である。また、第3章で詳しく見たとおり、慈善寄付控除制度は、高等教育セクターにとって外生的に決定されているのではなく、高等教育システムを維持するために必要な制度として米国の高等教育関係者が認識し、連邦政府に対して積極的にその制度の維持に向けて働きかけてきた制度であることも確認された。こうした事実に鑑みれば、高等教育研究におい

ても、慈善寄付控除制度をその研究の埒外においてしまうのではなく、その
分析対象として積極的に取り込み、高等教育システムの中でどのように位置
づけるか検討をすることが必要といわなければならない。そのような文脈に
視座を据えるとき、連邦議会において見られた評価性資産に対する慈善寄付
控除制度を高等教育セクターへの寄付に適用することの正当性に関する議論
は興味深い。なぜなら、本稿で示したように、慈善寄付控除制度を維持する
ことは、高等教育の財務基盤を堅固にするという目的と同時に、米国の高等
教育システムが重視してきた「価値」、即ち、高等教育の「多元性」と、政府
や市場からの「自律性」を支えるものとして認識されてきたことが見出され
るからである。これらの「価値」は、ヨーロッパで発展してきた高等教育シ
ステム、即ち、政府が補助する一方で、同時に規制をかけ、国家主導で高等
教育システムを発展させてきたシステムと明確に違うということが、米国の
高等教育関係者の認識にも見られる。換言すれば、高等教育に対する寄付を
促進させるための制度を整備するか否かという問題は、財政上の問題のみな
らず、当該国の高等教育システムの持つ特質性と深く関わる問題であるとい
うことである。確かに、我が国においては、喫緊の課題として、高等教育を
支える資金を如何に確保するかという問題があり、その文脈の中で、寄付が
注目されるのは自然な流れとも考えられる。しかしながら、こうした財政上
の問題と同時に、高等教育における政府、市場、寄付の役割をどのように位
置づけるかを並行して議論していくことが必要であろう。こうした議論の成
熟が、高等教育に対する慈善寄付を税制上優遇するかどうかということ対し
て1つの判断材料を与えることになるであろうし、逆に言えば、こうした議
論なしにおこなわれる部分的海外制度の模倣は、却って自国の高等教育シス
テムに弊害をおこす危険性を孕んでいることを強く認識する必要がある。

## 第2節　本研究の課題

　最後に、本研究の課題と、今後の展望について、以下に述べておきたい。
　第1の課題は、各州レベルの寄付税制の影響を考慮する必要性である。本

稿では、連邦政府の慈善寄付控除制度の変遷に焦点を当て、それが米国の高等教育に与えたインパクトについて検討してきた。しかし、Holmes（2009）が指摘するように、米国においては、各州レベルにおいて慈善寄付を促進するための制度を採用するか否かで違いがみられ、今後の研究では、その点に注意払う必要があるだろう。本研究においては、各州の持つ特質性については、パネル分析の固定効果モデルを使用することで、出来る限りその影響を統制しているが、米国の高等教育の重層的な仕組みの実態をより詳細に把握していくためには、そのような各州レベルの税制の違いがその地域に所在する各高等教育機関にどのように影響を与えているかを今後検討していくことが必要である。そのためには、各州の慈善寄付控除制度の歴史的変遷に関する情報と、各州の高等教育機関の寄付に関する情報を結合していていく作業が必要であり、継続して取り組んでいきたいと考えている。

　第2の課題は、寄付者個人の属性や経験に関わる変数を扱っていくことの必要性である。第1章の先行研究のレビューで扱った通り、米国の高等教育における寄付の研究は現在拡大しており、その対象も幅広い。本研究においては、1970年代から1990年代の比較的長期間の高等教育に対する個人寄付のトレンドに着目したため、機関レベルとマクロの政策・経済レベルの変数の影響に焦点を当てた。その一方で、データの制約上、個人の属性や経験に関する変数については扱っていない。高等教育機関の寄付収入は、個々の寄付者の行動の結果であることには間違いないし、また、同一高等教育機関においても事実寄付をする卒業生とそうでない卒業生が存在することを踏まえれば、各個人の属性や経験に関する変数の重要性について同時に配慮していくことが今後求められるであろう。よって、今後の研究の方向性としては、上述の個人レベルの変数と、機関レベル、政策・制度レベルの変数を考慮することの出来る大規模なデータセットを整備し、分析を行う必要が考えられる。

　それと関連し、第3の課題として、国際比較の観点からの研究の必要性が挙げられる。米国において観察された高等教育における寄付者の行動に影響を与える諸要因が他の国においても認められるかどうかは、この分野の研究

を進展させる上で重要な課題といえる。近年、我が国では、大学経営・政策上の寄付に対する関心の高まりとともに関連の調査がなされはじめている。しかし、本稿で見た米国の研究動向と比較すると、その研究蓄積はいまだ十分とはいえず、今後の発展が望まれるところである。その際、本書で示した実証研究の結果は、我が国の高等教育に対する寄付を社会科学的視点から分析する上で有益な視点を提供するものとなろう。

　最後に、第4の課題として、個人以外からの寄付、即ち、企業寄付、財団寄付の推移がどのようなトレンドに規定されているのか明らかにすることが挙げられる。本研究では、米国の高等教育に対する寄付の拡大に最も大きく寄与した個人寄付に焦点を当ててきた。しかし、企業・財団の高等教育に対する寄付も依然として重要な収入源であることは確かであり、そうした個人以外の主体の高等教育に対する寄付行動の原理についても、今後検討していく必要があるだろう。

　以上の研究課題については、他の分野の研究者と連携しながら、今後、継続して取り組んでいきたいと考えている。

## 注

1　本研究は、これまでに文部科学省や内閣府の勉強会などの政策現場においても取り上げられてきている。特に、2016年12月9日には「内閣府総合科学技術・イノベーション会議　科学技術イノベーションの基礎的な力に関するワーキンググループ第3回」において「高等教育における個人寄付の拡大と評価性資産に対する寄付税制」という題目で筆者が報告を行った。その後、2016年12月21日経済社会・科学技術イノベーション活性化委員会「科学技術イノベーション官民投資拡大イニシアティブ＜最終報告＞」において「不動産等の評価性資産であっても大学等に寄附しやすい制度への見直し」という一文が、また、2017年6月9日に閣議決定された『骨太の方針2017』には「国立大学に対する評価性資産の寄附の促進策の検討」という一文が盛り込まれ、評価性資産形態の寄付を促進するための方向性の改革が現在進んでいる状況にある。

# 文献目録

**著書・論文・報告書等**

阿部康一郎 (2004)「アメリカの寄付募集に学ぶ —タフツ大学の事例」『大学時報』
    299, 76-81.

天野郁夫 (1999)『大学 —挑戦の時代』東京大学出版会.

天野郁夫 (2006)「大学のファンドレイジング —日本の経験」『IDE現代の高等教育
    —大学の寄付金戦略』484, 4-11.

American Association of Fundraising Counsel. (2003). *Giving USA 2003: The Annual
    Report on Philanthropy for the Year 2002*. American Association of Fundraising
    Counsel.

網倉章一郎 (2011)「米国議会とプライベート・ファウンデーション —プライベー
    ト・ファウンデーションのフレームワークの形成」『城西国際大学紀要』
    19(1), 1-31.

網倉章一郎 (2012)「ロックフェラーによる米国のフィランソロピー改革に関する一
    考察 —二つのコミッションとその提言内容の研究 (第1編) ピーターソン・
    コミッション」『城西国際大学紀要』20(1), 75-96.

網倉章一郎 (2013)「ロックフェラーによる米国のフィランソロピー改革に関する一
    考察 —二つのコミッションとその提言内容の研究 (第2編) ファイラー・
    コミッション」『城西国際大学紀要』21(1), 1-33.

Andreoni, J. (2006). Philanthropy. In S. C. Kolm, and J. M. Ythier (eds.), *Handbook on
    the Economics of Giving, Altruism and Reciprocity, Volume 2* (pp. 1201-1269).
    Elsevier.

Arena, R. J. (2003). Firm's Comprehensive Study Reveals Emerging Trends in Giving.
    *Marts & Lundy Counsel*, Winter, 1-3.

Association for the Study of Higher Education. (2008). *Philanthropy, Volunteerism &
    Fundraising in Higher Education*. Pearson Custom Publishing.

Association of American Colleges. (1974). *A National Policy for Private Higher Education:
    The Report of a Task Force of the National Council of Independent Colleges and
    Universities*. Association of American Colleges.

Association of American Universities. (1973). *Tax Reform and the Crisis of Financing
    Higher Education*. Association of American Universities.

跡田直澄・前川聡子・末村祐子・大野謙一 (2002)「非営利セクターと寄付税制」
    『ファイナンシャル・レビュー』65, 74-92.

Auten, G. E., Clotfelter, C. T., and Schmalbeck, R. L. (2000). Taxes and Philanthropy among the Wealthy. In J. B. Slemrod (ed.), *Does Atlas Shrug? The Economic Consequences of Taxing the Rich* (pp. 392-424). Harvard University Press.

Auten, G. E., and Rudney, G. G. (1986). Tax Reform and Individual Giving to Higher Education. *Economics of Education Review*, 5(2), 167-178.

Baade, R. A., and Sundberg, J. O. (1996). What Determines Alumni Generosity? *Economics of Education Review*, 15(1), 75-81.

Baltagi, B. H. (2001). *Econometric Analysis of Panel Data 2nd Edition*. Wiley.

Becketti, S., Gould, W., Lilliard, L. and Welch, F. (1988). The Panel Study of Income Dynamics after Fourteen Years: An Evaluation. *Journal of Labor Economics*, 6, 472-492.

Beckham, J. C., and Godbey, G. C. (1980). Conceptualizing Federal Tax Policies Toward Higher Education in the 1980s: Balancing Social Equity and Political Realities. *Journal of Education Finance*, 5(4), 428-451.

Bekkers, R., and Wiepking, P. (2007). *Generosity and Philanthropy: A Literature Review.* Available at SSRN: http://ssrn.com/abstract=1015507

Bekkers, R., and Wiepking, P. (2011). A Literature Review of Empirical Studies of Philanthropy Eight Mechanisms that Drive Charitable Giving. *Nonprofit and Voluntary Sector Quarterly*, 40(5), 924-973.

Berry, W. D., Ringquist, E. J., Fording, R. C., and Hanson, R. L. (1998). Measuring Citizen and Government Ideology in the American States, 1960-93. *American Journal of Political Science*, 42(1), 327-348.

Bittker, B. I. (1972). Charitable Contributions: Tax Deductions or Matching Grants. *Tax Law Review*, 28, 37-63.

Bolling, L. R. (1970). *Possible Solutions for Financial Crisis of the Private Sector of Higher Education.* 25th National Conference of the American Association for Higher Education, Chicago.

Brilliant, E. L. (2001). *Private Charity and Public Inquiry: A History of the Filer and Peterson Commissions.* Indiana University Press.

Bristol Jr, R. (1992). How Much will Alumni Give in the Future? *Planning for Higher Education*, 20(2), 1-12.

Brittingham, B. E., and Pezzullo, T. R. (1990). *The Campus Green: Fund Raising in Higher Education ASHE-ERIC Higher Education Report*. The George Washington University.

Brown, J. R. Dimmock, S. G. and Weisbenner, S. J. (2012). *The Supply of and Demand for Charitable Donations to Higher Education* (NBER Working Paper No. w18389). Available at SSRN: http://ssrn.com/abstract=2147099

Caboni, T. C., and Eiseman, J. (2003). *Organizational Identification and the Voluntary Support of Higher Education*. The Association for the Study of Higher Education Annual Meeting, Portland.

Caboni, T. C., and Proper, E. (2007). *Dissertations Related to Fundraising and Their Implications for Higher Education Research* (Report No. ED498936). Retrieved from ERIC database.

Cabrera, A. F., Weerts, D. J., and Zulick, B. J. (2003). Alumni Surveys: Three Conceptualizations to Alumni Research. In J. V. García (ed.), *Métodos de análisis de la inserción laboral de los universitarios* (pp. 55-80). Universidad de León Press.

Carnegie Foundation for the Advancement of Teaching. (2013). *A Classification of Institutions of Higher Education, 1994 Edition*. Retrieved from http://classifications.carnegiefoundation.org/resources/, 2013. 1. 20.

Carter, S. B., Gartuer, S. S., Haines, M. R., Olmstead, A. L., Sutch, R., and Wright G. (Eds.). (2010). *Historical Statistics of the United States Millennial Edition Online*. Retrieved from http://hsus.cambridge.org/HSUSWeb/HSUSEntryServlet, 2010. 8. 1.

Cascione, G. (2003). *Philanthropists in Higher Education: Institutional, Biographical, and Religious Motivations for Giving*. Routledge.

Cheit, E. F., and Lobman, T. E. (1975). Private Philanthropy and Higher Education: History, Current Impact, and Public Policy Considerations, In The Commission on Private Philanthropy and Public Needs (ed.), *Research Papers* (pp. 453-514).

Cheslock, J. J., and Gianneschi, M. (2008). Replacing State Appropriations with Alternative Revenue Sources: The Case of Voluntary Support. *Journal of Higher Education*, 79(2), 208-229.

中央教育審議会 (2008)『学士課程教育の構築に向けて (答申)』.

Clotfelter, C. T. (1985). *Federal Tax Policy and Charitable Giving*. The University of Chicago Press.

Clotfelter, C. T. (1990). *The Impact of Tax Reform on Charitable Giving: A 1989 Perspective* (NBER Working Paper No. 3273). National Bureau of Economic Research.

Clotfelter, C. T. (2003). Alumni Giving to Elite Private Colleges and Universities. *Economics of Education Review*, 22(2), 109-120.

Cohen, A. M., and Kisker C. B. (2010). *The Shaping of American Higher Education: Emergence and Growth of the Contemporary System, Second Edition*. Jossey-Bass.

Commission on Private Philanthropy and Public Needs. (1975). *Giving in America: Toward a Stronger Voluntary Sector*. Commission on Private Philanthropy and Public Needs.

Commonfund Institute. (2011). *2011 HEPI: Higher Education Price Index*. Commonfund Institute. Retrieved from https://www.commonfund.org/CommonfundInstitute/HEPI/, 2013. 8. 20.

Cook, C. E. (1998). *Lobbying for Higher Education: How Colleges and Universities Influence Federal Policy.* Vanderbilt University Press.

Cook, W. B. (1997). Fund Raising and the College Presidency in an Era of Uncertainty: From 1975 to the Present. *Journal of Higher Education,* 68(1), 53-86.

Cook, W. B., and Lasher, W. F. (1996). Toward a Theory of Fund Raising in Higher Education. *Review of Higher Education,* 20(1), 33-51.

Coughlin, C. C., and Erekson, O. H. (1986). Determinants of State Aid and Voluntary Support of Higher Education. *Economics of Education Review,* 5(2), 179-190.

Council for Aid to Education. (2001). *Voluntary Support of Education 2000.* Council for Aid to Education.

Council for Aid to Education. (2002). *Voluntary Support of Education 2001.* Council for Aid to Education.

Council for Aid to Education. (2009a). *Voluntary Support of Education 2008.* Council for Aid to Education.

Council for Aid to Education. (2009b). *CASE Reporting Standards and Management Guidelines for Educational Fundraising 4$^{th}$ Edition.* Council for Aid to Education.

Council for Financial Aid to Education. (1973). *Voluntarism, Tax Reform, and Higher Education.* Council for Financial Aid to Education.

Council of Economic Advisers. (2011). *Economic Report of the President.* United States Government Printing Office.

Cunningham, B. M., and Cochi-Ficano, C. K. (2002). The Determinants of Donative Revenue Flows from Alumni of Higher Education: An Empirical Inquiry. *Journal of Human Resources,* 37(3), 540-569.

Department for Education and Skills. (2004). *Increasing Voluntary Giving to Higher Education: Task Force Report to Government.* Available from: http://webarchive. nationalarchives.gov.uk/, 2013. 11. 27.

Drezner, N. D. (2006). Recessions and Tax-Cuts: Economic Cycles' Impact on Individual Giving, Philanthropy, and Higher Education. *International Journal of Educational Advancement,* 6(4), 289-305.

Drezner, N. D. (2011). *Philanthropy and Fundraising in American Higher Education: AEHE.* John Wiley & Sons.

Durney, L. J. (1991). *The Impact of Tax Reform and Related Donor Behavior on Fund-raising at Small, Private Liberal Arts Colleges* (Doctoral disseratation). Columbia University Teachers College, New York.

江原武一 (1994)『現代アメリカの大学 ―ポスト大衆化をめざして』玉川大学出版部.

Ehrenberg, R. G., and Smith, C. L. (2001). *The Sources and Uses of Annual Giving at Private Research Universities* (NBER Working Paper No. 8307). National Bureau of Economic Research. Retrieved from http://www.nber.org/papers/

w8307, 2013. 10. 23.

Ehrenberg, R. G., and Smith, C. L. (2003). The Sources and Uses of Annual Giving at Selective Private Research Universities and Liberal Arts Colleges. *Economics of Education Review*, 22(3), 223-235.

Falaris, E. M., and Peters, H. E. (1998). Survey Attrition and Schooling Choices. *Journal of Human Resources*, 33(2), 531-554.

福井文威 (2010)「米国高等教育財政における寄付と税制度 ―1960年代〜 70年代の連邦税法をめぐる大学団体の動きに着目して」『大学財務経営研究』7, 157-172.

福井文威 (2011)「高等教育機関における寄付者の行動要因 ―米国の実証研究サーベイ」『大学経営政策研究』1, 103-127.

福井文威 (2012)「米国の高等教育財政における個人寄付の時系列分析 ―資本市場と連邦寄付税制の役割に着目して」『高等教育研究』15, 201-220.

Gasman, M. (2002). An Untapped Resource: Bringing African Americans into the College and University Giving Process. *International Journal of Educational Advancement*, 2(3), 280-292.

Gianneschi, M. E. (2004). *The Effect of Changes in State Appropriations on Voluntary Giving to State Supported Universities* (Doctoral dissertation). The University of Arizona, Tucson.

*Giving USA: The Annual Report on Philanthropy for the Year 2011* (2012). Chicago: Giving USA Foundation. Retrieved from http://www.givingusareports.org/, 2013. 8. 20.

*Giving USA: The Annual Report on Philanthropy for the Year 2012 Data Tables* (2013). Chicago: Giving USA Foundation. Retrieved from http://www.givingusareports.org/, 2013. 8. 20.

Gottfried, M. A., and Johnson, E. L. (2006). Solicitation and Donation: An Econometric Evaluation of Alumni Generosity in Higher Education. *International Journal of Educational Advancement*, 6(4), 268-281.

Gladieux, L. E., King, J. E., and Corrigan, M. E. (2005). The Federal Government and Higher Education. In P. G. Altbach, R. O. Berdahl, and P. J. Gumport (eds.), *American Higher Education in the Twenty-First Century: Social, Political, and Economic Challenges* (pp. 163-197). Johns Hopkins University Press.

Grant, B., and Sword H. (2010). *Overall Education Journal Ranking by QScore, Impact Factor and ERA Journal Ranking*. Centre for Academic Development, The University of Auckland.

Grant, J. H., and Lindauer, D. L. (1986). The Economics of Charity Life-Cycle Patterns of Alumnae Contributions. *Eastern Economic Journal*, 12(2), 129-141.

Grunig, S. D. (1995). The Impact of Development Office Structure on Fund-raising Efficiency for Research and Doctoral Institutions. *Journal of Higher Education*,

66(6), 686-699.

Hager, W. E. (1970). *AASCU: The First Ten Years. A Brief History of the Colleges and Universities*. American Association of State Colleges and Universities.

Hannah, S. B. (1996). The Higher Education Act of 1992: Skills, Constraints, and the Politics of Higher Education. *Journal of Higher Education*, 67(5), 498-527.

Harrison, W. B. (1995). College Relations and Fund-raising Expenditures: Influencing the Probability of Alumni Giving to Higher Education. *Economics of Education Review*, 14(1), 73-84.

Higher Education Funding Council for England. (2012). *Review of Philanthropy in UK Higher Education: 2012 Status Report and Challenge for the Next Decades*. Available from: http://www.hefce.ac.uk/pubs/rereports/year/2012/philanthropyreview/, 2013. 11. 27.

廣瀬淳子 (2004)『アメリカ連邦議会 —世界最強議会の政策形成と政策実現』公人社.

Hoechle, D. (2007). Robust Standard Errors for Panel Regressions with Cross-sectional Dependence. *Stata Journal*, 7(3), 281-312.

Holmes, J. (2009). Prestige, Charitable Deductions and other Determinants of Alumni giving: Evidence from a Highly Selective Liberal arts College. *Economics of Education Review*, 28(1), 18-28.

Holmes, J. A., Meditz, J. A., and Sommers, P. M. (2008). Athletics and Alumni Giving: Evidence from a Highly Selective Liberal Arts College. *Journal of Sports Economics,* 9(5), 538-552.

本間正明 (1993)『フィランソロピーの社会経済学』東洋経済新報社.

細谷圭 (2010)「医療支出と高齢化に関する Red Herring 仮説の検討 —マクロデータによるアプローチ」『東北学院大学経済学論集』174, 59-84.

Hoyt, J. E. (2004). *Understanding Alumni Giving: Theory and Predictors of Donor Status*. In 44th Annual Forum of the Association for Institutional Research (AIR).

Humphreys, B. R., and Mondello, M. (2007). Intercollegiate Athletic Success and Donations at NCAA Division I institutions. *Journal of Sport Management,* 21(2), 265-280.

H&R Block. (2013). Tax Tips & Caluculators. Retrieved from http://www.hrblock.com/taxes/tax_tips/tax_planning/amt.html, 2013. 6. 1.

井原徹 (2006)「早稲田大学における寄付金戦略」『IDE現代の高等教育 —大学の寄付金戦略』484, 27-31.

石田秀樹・大槻健太郎・杉崎正彦・中野秋子・福島真司 (2011a)「米国大学の同窓会と寄付募集 (1) 米国国務省主催インターナショナル・ビジター・リーダーシップ・プログラムによる訪米報告」『大学マネジメント』6(10), 27-34.

石田秀樹・大槻健太郎・杉崎正彦・中野秋子・福島真司 (2011b)「米国大学の同窓会と寄付募集 (2) 米国国務省主催インターナショナル・ビジター・リー

ダーシップ・プログラムによる訪米報告」『大学マネジメント』6(11), 25-33.

伊藤学司 (2006)「大学に対する寄附金政策」『IDE現代の高等教育 —大学の寄付金戦略』484, 11-15.

伊藤邦雄 (2006)「一橋大学の寄付戦略 —歴史と現状」『IDE現代の高等教育 —大学の寄付金戦略』484, 35-40.

James, E., and Rose-Ackerman, S. (1986). *The Nonprofit Enterprise in Market Economies.* Harwood Academic Publishers. (田中敬文 (1993) (訳)『非営利団体の経済分析 —学校、病院、美術館、フィランソロピー』多賀出版).

Jenny, H. H., and Allan, M. A. (1975). Philanthropy in Higher Education: Its Magnitude, Its Nature, and Its Influence on College and University Finance. In The Commission on Private Philanthropy and Public Needs (ed.), *Research Papers* (pp. 515-594).

Jones, D., Mortimer, K. P., Brinkman, P. T., Lingenfelter, P. E., L'Orange, H. P., Rasmussen, C., and Voorhees, R. A. (2003). *Policies in Sync: Appropriations, Tuition, and Financial Aid for Higher Education.* Western Interstate Commission for Higher Education.

金子元久 (1999)「学歴主義社会と市場志向の教育改革」『市場重視の教育改革』(八代尚宏編) 日本経済新聞社、73-96.

金子元久 (2006)「政策と制度に関する研究の展開」『大学論集』36, 221-235.

金子元久 (2010)「高等教育財政のパラダイム転換」『大学財務経営研究』7, 3-28.

金子元久 (2012)「高等教育財政の展望」『高等教育研究』15, 9-27.

柏木茂雄 (1993)「米国の予算制度」『調査月報』83(1), 1-89.

片山英治 (2005)『米国大学の寄付募集戦略 —現地調査報告 (公益法人レポート・シリーズ)』5(8), 野村證券株式会社.

片山英治・小林雅之・両角亜希子 (2007)『わが国の大学の寄付募集の現状 —全国大学アンケート結果(東大—野村 大学経営ディスカッションペーパー)』2, 東京大学大学総合教育研究センター.

片山英治・劉文君・小林雅之・服部英明 (2009)『東京大学基金を支える寄付法人に聞く —東京大学基金への寄付に関するアンケート (法人編) から (東大—野村 大学経営ディスカッションペーパー)』10, 東京大学大学総合教育研究センター.

Kirkwood, J. B., and Mundel, D. S. (1975). Role of Tax Policy in Federal Support for Higher Education. *Law and Contemporary Problems*, 39(4), 117-155.

喜多村和之 (1990)『大学淘汰の時代 —消費社会の高等教育』中央公論社.

喜多村和之 (1994)『現代アメリカ高等教育論 —1960年代から1990年代へ』東信堂.

北村行伸 (2005)『パネルデータ分析』岩波書店.

小林雅之・片山英治・羽賀敬・両角亜希子 (2008)『アメリカの大学の財務戦略 —4大学現地調査報告 (東大—野村 大学経営ディスカッションペーパー)』5,

東京大学大学総合教育研究センター.

国立大学財務・経営センター (2008)『国立大学法人経営ハンドブック 第3集』国立大学財務・経営センター.

Leslie, L., Drachman, S. S., Conrad, C. F., and Ramey, G. W. (1983). Factors Accounting for Variations Over Time in Voluntary Support for Colleges and Universities. *Journal of Education Finance*, 9(2), 213-225.

Leslie, L. L., and Ramey, G. (1988). Donor Behavior and Voluntary Support for Higher Education Institutions. *Journal of Higher Education*, 59(2), 115-132.

Lindahl, W. E., and Conley, A. T. (2002). Literature Review: Philanthropic Fundraising. *Nonprofit Management and Leadership,* 13(1), 91-112.

Lindsey, V. W. (2003). The Charitable Contribution Deduction: A Historical Review and a Look to the Future. *Nebraska Law Review*, 81, 1056-1096.

Liu, Y. (2006). Determinants of Private Giving to Public Colleges and Universities. *International Journal of Educational Advancement,* 6(2), 119-140.

Liu, Y. (2007). *Institutional Characteristics and Environmental Factors that Influence Private Giving to Public Colleges and Universities: A Longitudinal Analysis.* VDM Verlag Dr. Mueller.

劉文君・片山英治・小林雅之・服部英明 (2009)『東京大学基金を支える寄付者の方々に聞く ―東京大学基金への寄付に関するアンケート（個人編）から（東大―野村 大学経営ディスカッションペーパー）』11, 東京大学大学総合教育研究センター.

Marr, K. A., Mullin, C. H., and Siegfried, J. J. (2005). Undergraduate Financial Aid and Subsequent Alumni Giving Behavior. *The Quarterly Review of Economics and Finance*, 45(1), 123-143.

丸山文裕 (2002)『私立大学の経営と教育』東信堂.

増井良啓 (2003)「寄付金控除 ―米国における1970年代初頭の論争を中心として」『日税研論集』52, 161-181.

Mazodier, P., and Trognon, A. (1978). Heteroscedasticity and Stratification in Error Components Models. *Annales de l'insée*, 30/31, 451-482.

McDaniel, P. R. (1971). Federal Matching Grants for Charitable Contributions: A Substitute for the Income Tax Deduction. *Tax Law Review*, 27, 377-413.

Meer, J., and Rosen, H. S. (2009). The Impact of Athletic Performance on Alumni Giving: An Analysis of Microdata. *Economics of Education Review*, 28(3), 287-294.

目黒純一 (2006)「地方私立大学の寄付金戦略」『IDE現代の高等教育 ―大学の寄付金戦略』484, 48-53.

蓑谷千凰彦 (2007)『計量経済学大全』東洋経済新報社.

Monks, J. (2003). Patterns of Giving to One's Alma Mater among Young Graduates from Selective Institutions. *Economics of Education Review*, 22(2), 121-130.

Morgan, J. N., Dye, R. F., and Hybels, J. H. (1977). Results from Two National Surveys of Philanthropic Activity. In The Commission on Private Philanthropy and Public Needs (ed.), *Research Papers* (pp. 157-323).

森亘 (2006)「大学と寄付」『IDE現代の高等教育 —大学の寄付金戦略』484, 2-3.

両角亜希子 (2010)『私立大学の経営と拡大・再編 —1980年代後半以降の動態』東信堂.

Mulnix, M. W., Bowden, R. G., and López, E. E. (2002). A Brief Examination of Institutional Advancement Activities at Hispanic Serving Institutions. *Journal of Hispanic Higher Education*, 1(2), 174-190.

長岡和範 (2006)『アメリカの連邦税入門　第2版』(金児昭 監修) 税務経理協会.

仲西正・伊藤昇・中上晶代 (2013)「卒業生への効果的な寄付募集モデルの開発 —立命館大学における在学時の取組みに即した依頼の在り方」『大学行政研究』8, 143-158.

Nash, M., and Curti, R. (1965). *Philanthropy in the Shaping of American Higher Education*. Rutgers University Press.

National Association of State Universities and Land Grant Colleges. (1966). *Margin for Excellence : The Role of Voluntary Support in Public Higher Education*. National Association of State Universities and Land Grant Colleges.

National Association of State Universities and Land Grant Colleges. (1969). *Margin for Excellence and Opportunity : The Impact of Private Investment on Public Colleges and Universities*. National Association of State Universities and Land Grant Colleges.

National Center for Education Statistics. (1999). *Digest of Education Statistics*. U.S. Department of Education Institute of Education Sciences National Center for Education Statistics. Retrieved from http://nces.ed.gov/programs/digest/1999menu_tables.asp, 2013. 8. 20.

National Center for Education Statistics. (2006). *Digest of Education Statistics*. U.S. Department of Education Institute of Education Sciences National Center for Education Statistics. Retrieved from http://nces.ed.gov/programs/digest/2006menu_tables.asp, 2013. 8. 20.

National Center for Education Statistics. (2008). *Digest of Education Statistics*. U.S. Department of Education Institute of Education Sciences National Center for Education Statistics. Retrieved form http://nces.ed.gov/programs/digest/2008menu_tables.asp, 2013. 8. 20.

National Center for Education Statistics. (2011). *Digest of Education Statistics*. U.S. Department of Education Institute of Education Sciences National Center for Education Statistics. Retrieved from http://nces.ed.gov/programs/digest/2011menu_tables.asp, 2013. 8. 20.

National Center for Education Statistics. (2012). *Digest of Education Statistics*. U.S.

Department of Education Institute of Education Sciences National Center for Education Statistics. Retrieved from http://nces.ed.gov/programs/digest/2012menu_tables.asp, 2013. 8. 20.

National Center for Education Statistics. (2013). *Glossary*. U.S. Department of Education Institute of Education Sciences National Center for Education Statistics. Retrieved from http://nces.ed.gov/ipeds/glossary/, 2013. 8. 20.

National Center for Education Statistics. (2016). *Digest of Education Statistics*. U.S. Department of Education Institute of Education Sciences National Center for Education Statistics. Retrieved from http://nces.ed.gov/programs/digest/2016menu_tables.asp, 2017. 9. 30.

Nehls, K. K. (2008). Presidential Transitions during Capital Campaigns. *International Journal of Educational Advancement*, 8, 198-218.

日本銀行調査統計局 (2013)『資金循環の日米欧比較』日本銀行.

西井泰彦 (2006)「私立大学財政と寄付金」『IDE現代の高等教育 ―大学の寄付金戦略』484, 16-23.

Odendahl, T. (1987). *America's Wealthy and the Future of Foundations*. Foundation Center.

大場淳 (2009)「日本における高等教育の市場化」『教育學研究』76(2), 185-196.

大竹文雄・岡村和明 (2000)「少年犯罪と労働市場 ―時系列および都道府県別パネル分析」『日本経済研究』40, 40-65.

沖本竜義 (2010)『経済・ファイナンスデータの計量時系列分析』朝倉書店.

Okunade, A. A., Wunnava, P. V. (2007). *Giving to the University: A Micropanel Data Model of Business Executive Alumni and Friends of the Alma Mater*. Retrieved from http://community.middlebury.edu/~wunnava/Recent_Papers/Giving_Jan07.pdf, 2013. 10. 20.

Okunade, A. A., Wunnava, P. V., and Walsh Jr, R. (1994). Charitable Giving of Alumni: Micro-Data Evidence from a Large Public University. *American Journal of Economics and Sociology*, 53(1), 73-84.

Olsen, K., Smith, A. L., and Wunnava, P. V. (1989). An Empirical Study of the Life-Cycle Hypothesis with Respect to Alumni Donations. *The American Economist*, 33(2), 60-63.

O'Neil, J., and Schenke, M. (2007). An Examination of Factors Impacting Athlete Alumni Donations to their Alma Mater: a Case Study of a U.S. University. *International Journal of Nonprofit and Voluntary Sector Marketing*, 12(1), 59-74.

O'Neil, C. J., Steinberg, R. S., and Thompson, G. R. (1996). Reassessing the Tax-Favored Status of the Charitable Deduction for Gift of Appreciated Assets. *National Tax Journal*, 49(2), 215-233.

Oster, S. M. (2001). *The Effect of University Endowment Growth on Giving: Is There*

*Evidence of Crowding Out?* Yale School of Management Working Paper No. ES-10. Available at SSRN: http://ssrn.com/abstract=271597.

Peloza, J., Steel, P. (2005). The Price Elasticities of Charitable Contributions: A Meta-analysis. *Journal of Public Policy & Marketing*, 24(2), 260-272.

Pratt, J. W., and Kulsrud, W. N. (2011). *Individual Taxation 2012 6ᵗʰ Edition*. Custom Pub. Co.

Proper, E. (2009). Bringing Educational Fundraising Back to Great Britain: A Comparison with the United States. *Journal of Higher Education Policy and Management,* 31(2), 149-159.

Reed, S. W., and Reed B. (2007). A Primer on the Art and Science of Fund-raising in Higher Education. (片山英治・小林雅之・劉文君 (2008) (訳)『高等教育機関のための寄付募集入門 ―アートとサイエンス (東大―野村 大学経営ディスカッションペーパー)』6, 東京大学大学総合教育研究センター .)

Roberts, R. D. (1984). A Positive Model of Private Charity and Public Transfers. *Journal of Political Economy*, 92(1), 136-148.

Robinson, D. K. (1985). Federal Tax Policy and Higher Education: Assessing Recent Developments. *New Directions for Institutional Research*, 45, 27-44.

Rudolph, F. (1962). *The American College and University: a History*. University of Georgia Press. (阿部美哉・阿部温子 (2003) (訳)『アメリカ大学史』玉川大学出版部.)

Salamon, L. M. (1995). *Partners in Public Service: Government Nonprofit Relations in the Modern Welfare State*. Johns Hopkins University Press. (江上哲 (2007) (監訳)『NPOと公共サービス ―政府と民間のパートナーシップ』ミネルヴァ書房.)

佐藤直人 (2006)「玉川学園の寄付金戦略」『IDE現代の高等教育 ―大学の寄付金戦略』484, 44-48.

佐藤慎一 (2006)「寄付金戦略 ―東京大学の場合」『IDE現代の高等教育 ―大学の寄付金戦略』484, 31-35.

Sears, J. B. (1922). *Philanthropy in the History of American Higher Education*. Government Printing Office.

Shadoian, H. L. (1989). *A Study of Predictors of Alumni Philanthropy in Public Colleges* (Doctoral disseratation). University of Connecticut, Connecticut.

Sharron, W. H. (1971). *External Funding: Federal and Private*. A Speech Presented to the Presidents of North Carolina Community Junior Colleges, Sixth Annual Conference.

渋谷博史 (2005)『20世紀アメリカ財政史 [ III ] ―レーガン財政からポスト冷戦へ』東京大学出版会 .

渋谷雅之 (2006)「中・小規模国立大学法人の寄附金事情 ―徳島大学の場合」『IDE現代の高等教育 ―大学の寄付金戦略』484, 40-43.

私学高等教育研究所 (2010)『私学高等教育データブック2010』私学高等教育研究所.

島一則 (2006)「国立大学における寄附金の現状」『IDE現代の高等教育 —大学の寄付金戦略』484, 65-69.

Simone, S. A. (2009). *Examining the Influence of Selectivity on Alumni Giving at Public Universities: A Dynamic Panel Modeling Approach* (Doctoral dissertation). University of Maryland, Baltimore.

Smith, C. L., and Ehrenberg, R. G. (2003). Sources and Uses of Annual Giving at Private Research Universities. *New Directions for Institutional Research*, 119, 67-79.

新日本監査法人 (2008)『諸外国の税制等に関する調査研究事業報告書　平成19年度文部科学省諸外国の税制等に関する調査研究事業』新日本監査法人.

Steinbach, S. E. (1975). *Tax Reform 1975: Issues Facing Hihger Education.* American Council on Education.

Steinberg, R. (1991). Does Government Spending Crowd Out Donations? *Annals of Public and Cooperative Economics*, 62(4), 591-612.

Sun, X., Hoffman, S. C., and Grady, M. L. (2007). A Multivariate Causal Model of Alumni Giving: Implications for Alumni Fundraisers. *International Journal of Educational Advancement, 7*(4), 307-332.

田中敬文 (1988)「非営利組織（NPO）の経済行動」『経済学研究年報』28, 37-45.

田中敬文 (1994)「私立大学は非営利団体か否か?」『日本教育社会学会大会発表要旨集録』46, 137-138.

田中義郎 (2006)「アメリカ大学のファンドレイジング —フィランソロピーの制度化の賜物」『IDE 現代の高等教育 —大学の寄付金戦略』484, 54-59.

Tax Foundation. (2010). *Federal Capital Gains Tax Collections, 1954-2009.* Retrieved from http://taxfoundation.org/article/federal-capital-gains-tax-collections-1954-2009, 2013. 11. 18

Tax Foundation. (2013). *Federal Individual Income Tax Rates History, 1862-2013.* Retrieved from http://taxfoundation.org/article/us-federal-individual-income-tax-rates-history-1913-2013-nominal-and-inflation-adjusted-brackets, 2013. 11. 18

Taylor, A. L., and Martin Jr, J. C. (1995). Characteristics of Alumni Donors and Nondonors at a Research I, Public University. *Research in Higher Education*, 36(3), 283-302.

Thomas, J. A., and Smart, J. (2005). *The Relationship between Personal and Social Growth and Involvement in College and Subsequent Alumni Giving.* Annual Forum of the Association for Institutional Research (AIR) 45th.

戸村理 (2011)「明治中期〜大正期慶應義塾の寄附募集事業から見た経営実態に関する実証分析」『教育學研究』78(2), 187-198.

Toutkoushian, R. K. (2001). Trends in Revenues and Expenditures for Public and

Private Higher Education. In M. B. Paulsen, and J. C. Smart (eds.), *The Finance of Higher Education: Theory, Research, Policy, and Practice* (pp. 11-38). Algora Publishing.

富山優一 (2006)「慶應義塾の寄付制度について」『IDE現代の高等教育 ―大学の寄付金戦略』484, 23-26.

Tsunoda, K. (2010). Asian American Giving to US higher education. *International Journal of Educational Advancement*, 10(1), 2-23.

筒井淳也・平井裕久・水落正明・秋吉美都・坂本和靖・福田亘孝 (2011)『Stata で計量経済学入門 第2版』ミネルヴァ書房.

Turner, S. E., Meserve, L. A., and Bowen, W. G. (2001). Winning and Giving: Football Results and Alumni Giving at Selective Private Colleges and Universities. *Social Science Quarterly*, 82(4), 812-826.

U.S. Census Bureau. (2008). *Private Philanthropy Funds by Source and Allocation: 1970 to 2005*. Retrieved from http://www.census.gov/compendia/statab/2008/tables/08s0562.xls, 2013. 10. 1.

若菜雅幸 (2013)『アメリカの税金について』http://www.wakanacpa.com/, 2013. 7. 1.

Walton, A., and Gasman, M. (2007). Philanthropy, Volunteerism & Fundraising in Higher Education. In A. Walton, and M. Gasman (eds.), *Philanthropy, Volunteerism & Fundraising in Higher Education* (pp. xxiii-xxiv). Pearson Custom Publishing.

Warr, P. G. (1982). Pareto Optimal Redistribution and Private Charity. *Journal of Public Economics*, 19(1), 131-138.

Weerts, D. J., and Ronca, J. M. (2007). Profiles of Supportive Alumni: Donors, Volunteers, and Those Who "Do It All". *International Journal of Educational Advancement*, 7(1), 20-34.

Weerts, D. J., and Ronca, J. M. (2008). Characteristics of Alumni Donors Who Volunteer at their Alma Mater. *Research in Higher Education*, 49(3), 274-292.

Weerts, D. J., and Ronca, J. M. (2009). Using Classification Trees to Predict Alumni Giving for Higher Education. *Education Economics*, 17(1), 95-122.

White, D. E. (2002). Why Do People Donate to Charity? In J. M. Greenfield (ed.), *The Nonprofit Handbook: Fund Raising* (pp. 347-360). John Wiley & Sons Inc.

Willemain, T. R., Goyal, A., Deven, M. V., and Thukral, I. S. (1994). Alumni Giving: The Influences of Reunion, Class, and Year. *Research in Higher Education*, 35(5), 609-629.

Wooldridge, J. M. (2002). *Econometric Analysis of Cross Section and Panel Data*. The MIT press.

Wooldridge, J. M. (2009). *Introductory Econometrics: A Modern Approach Fourth Edition*. South Western Cengage Learning.

Wunnava, P. V., and Lauze, M. A. (2001). Alumni Giving at a Small Liberal Arts

College: Evidence from Consistent and Occasional Donors. *Economics of Education Review*, 20(6), 533-543.

山内直人 (1997)『ノンプロフィット・エコノミー —NPOとフィランソロピーの経済学』日本評論社.

Yoo, J. H., and Harrison, W. B. (1989). Altruism in the "Market" for Giving and Receiving: A Case of Higher Education. *Economics of Education Review*, 8(4), 367-376.

### 米国連邦議会年鑑

Budget Adopted After Long Battle. (1991). In N. Skene (ed.), *CQ Almanac 1990* (46th ed.). Washington, DC.

Bush Vetoes First of Two Major Tax Bills. (1993). In N. Skene (ed.), *CQ Almanac 1992* (48th ed.). Washington, DC.

Bush Vetoes Year's Second Tax Bill. (1993). In N. Skene (ed.), *CQ Almanac 1992* (48th ed.). Washington, DC.

Congress Enacts Sweeping Overhaul of Tax Law. (1987). In N. Skene (ed.), *CQ Almanac 1986* (42th ed.). Washington, DC.

Tax 'Extenders' Clear at Session's End. (1992). In N. Skene (ed.), *CQ Almanac 1991* (47th ed.). Washington, DC.

The Democrats' Economic Agenda. (1994). In N. Skene (ed.), *CQ Almanac 1993* (49th ed.). Washington, DC.

### 米国連邦議会議事録

Boren, D. L., Senator. (OK). "Statements on Introduced Bills and Joint Resolutions." *Congressional Record* 139:29 (March 10, 1993), p. S2610. Available from: ProQuest® Congressional; Accessed: 2013. 8. 30.

Ford, W. D., Representative. (MI). "Economic Growth Acceleration Act of 1992." *Congressional Record* 138:25 (Feburary 27, 1992), p. H683. Available from: ProQuest® Congressional; Accessed: 2013. 8. 30.

Moynihan, D. P., Senator. (NY). "Tax Fairness and Economic Growth Act." *Congressional Record* 138:33 (March 10, 1992), p. S3000. Available from: ProQuest® Congressional; Accessed: 2013. 8. 30.

### 米国連邦議会公聴会議事録

*Comprehensive Tax Reform: Hearing Before the Committee on Ways and Means of the House of Representatives.* 99th Cong. 1 (1985).

*Impact, Effectiveness, and Fairness of the Tax Reform Act of 1986: Hearing Before the Committee on Ways and Means of the House of Representatives.* 101[th] Cong. 1 (1990).

*Miscellaneous Revenue Issues: Hearing Before the Subcommittee on Select Revenue Measures of the Committee on Ways and Means of the House of Representatives.* 101[th] Cong. 2 (1990).

*Permanent Extension of Certain Expiring Tax Provisions: Hearing Before the Committee on Ways and Means of the House of Representatives.* 102[th] Cong. 2 (1992).

*State of the U.S. Economy, Federal Budget Policy, and the President's Budget Proposals for Fiscal Year 1992 and Beyond, Including Estimated Costs of Operation Desert Storm and Expiring Tax Provisions: Hearing Before the Committee on Ways and Means of the House of Representatives.* 102[th] Cong. 1 (1991).

*Tax Reform Proposals* XI*: Hearing Before the Committee on Finance of the U.S. Senate.* 99th Cong. 1 (1985).

## 米国連邦議会調査局（CRSレポート）

Talley, L. A. (May 17, 1993). Charitable Contributions of Appreciated Assets (CRS Report No. 93-498 E).

Zimmerman, D. (September 29, 1986). Charitable Contributions and the Tax Reform Act of 1986 (CRS Report No. 86-970 E).

## 米国連邦政府文書

Reagan, R. (1984). *Adress Before a Joint Session of the Congress on the State of the Union.* Available from: Ronald Reagan Presidential Library & Museum. http://www.reagan.utexas.edu/archives/speeches/1984/12584e.htm, 2013. 6. 1.

Staff of the Joint Committee on Internal Revenue Taxation and Committee on Finance. (December 3, 1970). *General Explanation of the Tax Reform Act of 1969.*

Staff of the Joint Committee on Taxation. (December 29, 1981). *General Explanation of the Economic Recovery Tax Act of 1981.*

Staff of the Joint Committee on Taxation. (July 15, 1986). *Comparison of Tax Reform Provisions of H.R. 3838 as Passed by the House and the Senate.*

Staff of the Joint Committee on Taxation. (August 29, 1986). *Summary of Conference Agreement on H.R. 3838 (Tax Reform Act of 1986).*

Staff of the Joint Committee on Taxation. (May 4, 1987). *General Explanation of the Tax Reform Act of 1986.*

Staff of the Joint Committee on Taxation. (February 6, 1992). *Summary of Revenue Proposals in the President's Fiscal Year 1993 Budget.*

Staff of the Joint Committee on Taxation. (October 1, 1992). *Comparison of Revenue-Related Provision of H.R. 11 (Revenue Act of 1992) as Passed By the House and Senate.*

Staff of the Joint Committee on Taxation. (March 8, 1993). *Summary of the President's Revenue Proposals.*

Staff of the Joint Committee on Taxation. (July 14, 1993). *Comparison of Revenue Provisions of H.R. 2264 (Omnibus Budget Reconciliation Act of 1993) as Passed by the House and the Senate.*

Staff of the Joint Committee on Taxation. (August 23, 1993). *Summary of the Revenue Provisions of The Omnibus Budget Reconciliation Act of 1993 (H.R. 2264).*

U.S. Department of the Treasury. (1984). *Tax Reform for Fairness, Simplicity, and Economic Growth.*（塩崎潤 (1984)（訳)『公平・簡素および経済成長のための"税制改革"―レーガン大統領に対する財務省報告』(アメリカ財務省編) 今日社.)

U.S. Department of the Treasury. (1985) . *The President's Tax Proposals to the Congress for Fairness, Growth, and Simplicity.* Available from: U.S. Department of the Treasury. http://www.treasury.gov/resource-center/tax-policy/Pages/tax-reform-pres85index.aspx, 2013. 6. 1.

U.S. Department of the Treasury. (1992). *General Explanations of the President's Budget Proposals Affecting Receipts.* Washington, DC: U.S. Department of the Treasury.

U.S. Department of the Treasury, Internal Revenue Service. (2011). *Tax-Exempt Status for Your Organizations* (IRS Publication No. 557). Washington, DC: U.S. Government Printing Office.

U.S. Department of the Treasury, Internal Revenue Service. (2012a). *Alternative Minimum Tax-Individuals* (IRS Publication Form 6251). Washington, DC: U.S. Government Printing Office.

U.S. Department of the Treasury, Internal Revenue Service. (2012b). *U.S. Individual Income Tax Return* (IRS Publication Form 1040). Washington, DC: U.S. Government Printing Office.

U.S. Department of the Treasury, Internal Revenue Service. (2013a). *2012 Instructions for Form 6251* (IRS Publication No. Inst 6251). Washington, DC: U.S. Government Printing Office.

U.S. Department of the Treasury, Internal Revenue Service. (2013b). *2012 Instructions for Schedule A* (IRS Publication Form 1040). Washington, DC: U.S. Government Printing Office.

U.S. Department of the Treasury, Internal Revenue Service. (2013c).*Charitable Contributions* (IRS Publication No. 526). Washington, DC: U.S. Government Printing Office.

U.S. Department of the Treasury, Internal Revenue Service. (2013d). *Public Charities.* http://www.irs.gov/Charities-&-Non-Profits/Charitable-Organizations/Public-Charities, 2013. 10. 20.

U.S. Department of the Treasury, Internal Revenue Service. (2013e). *Topic 556 – Alternative Minimum Tax.* http://www.irs.gov/taxtopics/tc556.html, 2013. 8.

29.

U.S. Department of the Treasury, Internal Revenue Service. (2013f). *Your Federal Income Tax for Individuals* (IRS Publication No. 17). Washington, DC: U.S. Government Printing Office.

U.S. House of Representatives. (October 27, 1990). *Omnibus Budget Reconciliation Act of 1990 Conference Report* (Report No. 101-964).

U.S. House of Representatives. (March 20, 1992). *Tax Fairness and Economic Growth Act of 1992 Conference Report* (Report No. 102-461).

U.S. House of Representatives. (October 5, 1992). *Revenue Act of 1992 Conference Report* (Report No. 102-1034).

## 新聞記事

Biemiller, L. (February 15, 2012). Gifts to Colleges Rose 8.2% in 2011, Survey Finds. *Chronicle of Higher Education.*

Cooper, K. J. (April 7, 1991). Public Colleges in Most States Cut Budgets This Year; Recession Brings End to Decade of Growth, Survey Finds; Further Reductions Expected. *Washington Post*, p. A4. Retrieved from LexisNexis Academic database.

Liswood, L. A. (August 25, 1975). Tax Reform: a Danger to Philanthropy Caltech President Calls Charitable Giving Key to Educational Diversity. *Los Angeles Times*, p. 23A. Retrieved from LexisNexis Academic database.

Milius, P. (June 1, 1972). Democrats Act on Tax Loopholes. *The Washington*, p. A1.

McMillen, L. (November 11, 1987). Painting's Auction Seen as Signal of Art-Gift Slump. *Chronicle of Higher Education*, vol.34, no.11, p. 31-32.

Nash, N. C. (October 18, 1990). The Budget Battle; An Old Tax on the Upper Income Takes Center Stage. *New York Times*, Sec. D; p. 25, column. 1. Retrieved from LexisNexis Academic database.

Rasky, S. F. (October 16, 1990). Senate Panel Adopts Tax Change on Gifts of Art and Manuscripts. *New York Times*, Sec. A; p. 1, Column. 4. Retrieved from LexisNexis Academic database.

Reif, R. (September 3, 1987). Van Gogh's 'Irises' to Be Sold. *New York Times*, Sec. C; p. 21, Column 1. Retrieved from LexisNexis Academic database.

Reif, R. (September 7, 1987). Tax Law and Art Gifts. *New York Times*, Sec. 1; p. 9, Column 1. Retrieved from LexisNexis Academic database.

Trescott, J. (March 13, 1993). Moynihan and the Art of Tax Breaks; Museums, Colleges Would Gain From Property Gift Deduction. *Washington Post*, p. B1. Retrieved from LexisNexis Academic database.

# あとがき

　本書は、これまで学会機関誌や紀要などに発表した以下の論文（「米国高等教育財政における寄付と税制度 —1960年代〜70年代の連邦税法をめぐる大学団体の動きに着目して」『大学財務経営研究』第7号 (2010年) 国立大学財務・経営センター、「高等教育機関における寄付者の行動要因 —米国の実証研究サーベイ」『大学経営政策研究』第1号 (2011年) 東京大学大学院教育学研究科大学経営・政策コース、「米国の高等教育財政における個人寄付の時系列分析 —資本市場と連邦寄付税制の役割に着目して」『高等教育研究』第15集 (2012年) 玉川大学出版部) 他をまとめ、2014年4月に東京大学大学院教育学研究科に提出した博士論文『米国の高等教育における個人寄付の拡大に関する研究』である。この度、上梓するにあたり情報を更新するため、必要に応じて加筆を施したが、全体の論旨そのものに変わりは無い。

　他の本と同じように、本書も様々な方の協力、過去の叡智の恩恵を受けながら生まれたものである。特に本書を執筆するにあたり、お世話になった方々に心からの感謝の言葉を申し上げたい。

　本研究をまとめるにあたり、大学院の指導教官であった山本清先生（東京大学大学院教育学研究科教授）には修士課程入学以来今日に至るまで、終始、懇切丁寧なご指導を頂いた。先生の鋭利なご指摘を頂きながら何とか本書の完成を見るに至ったというのが、私の偽ることのない率直な気持ちである。お忙しい中、繰り返し繰り返し、最後まで詳細に本稿に目を通して下さった。

　また、そもそも大学院に進学し、この研究を手掛けてみたいといった私の動機は、金子元久先生（東京大学名誉教授、筑波大学大学研究センター教授）のご研究に依るところが多くあった。その意味で、本研究に取り組むきっかけを与えて下さったのは金子先生であり、本書で使用した幾つかの貴重な資料や情報も提供して下さった。金子先生のご指導がなければ、この研究の着想には至らなかったように思う。また、大学院在籍中に政策担当者と研究者が集

う貴重な研究会にも加えて下さり、研究の世界のみならず、今後の高等教育政策・大学経営を考えていく上で重要な事柄を数多く学ばせて頂いた。

両角亜希子先生（東京大学大学院教育学研究科准教授）には、学部学生の頃より大学院進学についてご相談に乗って頂き、進学後は、様々な研究発表や有益な研究活動の機会を与えて下さった。平素の論文指導は元より、先生より頂いたこのような機会により、授業だけでは学び得ない内容や方法をたくさん学ばせて頂いたように思う。小方直幸先生（東京大学大学院教育学研究科教授）には、普段の論文指導に加え、私の拙い質問にも時間を惜しむことなく、いつも研究室で長時間にわたり研究相談に乗って頂いた。小林雅之先生（東京大学大学総合教育研究センター教授）には、社会調査や統計学の授業を通じて、多くのことを学ばせて頂いた。小林先生の授業を通じて、統計を通じて社会現象を説明する面白さを教えて頂いたように思う。橋本鉱市先生（東京大学大学院教育学研究科教授）には、修士課程時に文献購読の授業を通じてご指導を頂いて以来、折に触れて力強く元気づけて下さり、貴重なアドバイスを頂いた。

また、米澤彰純先生（東北大学インスティテューショナル・リサーチ室長・教授）は、私が慶應義塾大学の学部時代に高等教育研究に関心を持つきっかけを作って下さった方である。大学院進学後も、終始心にかけて下さり、翻訳の仕事や他の研究プロジェクトなどを通じてご指導を頂き今日に至っている。坂本和靖先生（群馬大学社会情報学部准教授）には、慶應義塾大学パネルデータ設計・解析センターが主催するパネルデータ解析セミナーを通じてパネル分析の手法を学ばせて頂いた。一受講生であった私に対しても、お忙しい中、本稿で用いた統計分析に関する手法や表記方法についてご専門の立場から多くのコメントを寄せて頂いたことは、この研究の完成には不可欠であった。水田健輔教授（大正大学教授）には、まだ本研究が初期段階であった当初に、日本高等教育学会の研究交流集会において討論者として示唆に富む多くのコメントを頂いた。

東京大学大学院教育学研究科教育学部図書室の内田久美子氏には、本稿で使用した米国の高等教育機関の寄付収入に関するデータを収集する上で、大

あとがき　*277*

変お世話になった。米国大使館レファレンス資料室の鈴木佐和子氏には、米国政府や連邦議会の資料を収集するに当たってご協力頂いた。また、インディアナ大学図書館、デューク大学図書館、アイオワ大学図書館、教育支援カウンシル、米国大使館には様々な資料の貸出しに協力して頂いた。

　なお、本研究は、JSPS科研費（日本学術振興会特別研究員奨励費：課題番号24-8389、若手B：課題番号17K14015）の助成を受けて行われたものである。

　今振り返ると、博士課程という時代は、自ら主体的に研究を進め、時機に応じて発生する課題に対しても、自ら判断しながら研究を進めていかなければならない時間も大変多いように思う。時として、それは孤独と思えることもあったが、そのような中にあって、特に研究室の先輩・同期の存在は、私にとって研究を進める上で大きな励みとなった。この他、私の大学院生活をサポートして頂いた大学経営・政策コース事務室の初山舞美氏、山崎珠美氏、またここでお一人お一人名前を挙げることはしないが、多くの方々の協力を忘れることは出来ない。

　現在の職場である政策研究大学院大学の科学技術イノベーション政策研究センター（SciREXセンター）では、科学技術イノベーション政策の視点から大学の効果的な在り方を検討するプロジェクト（イノベーションシステムを推進する公的研究機関の制度的課題の特定と改善）に参画させて頂いている。政策研究大学院大学に来なければ、ここまで本研究を政策的な動きに反映させる機会は得られなかったと思う。私の研究に着目し、お声がけを頂いた上山隆大先生（内閣府総合科学技術・イノベーション会議議員、前政策研究大学院大学副学長）にも深甚なる感謝を申し上げたい。

　末筆ながら、現在の厳しい出版事情にもかかわらず、本書の刊行の意義を認めて、出版をお引き受けくださった東信堂の下田勝司社長にも心からの謝意を送りたい。

　こうした方々に支えられながら、本書は刊行するに至った。もちろん、本書の内容の責任は全て私にある。大学と寄付の問題は、今後、日本において、ますます重要になっていくに違いない。それに伴い、研究も常に進化していかなければならないであろう。寄付という現象は、制度・経済・経営・教

育・心理等、様々な事象が絡み合う複雑な問題であり、その全体像を捉えるにあたって本研究はその一里塚に過ぎないが、本書がこの分野の今後の学術研究の発展に少しでも貢献出来たならば、これほど嬉しいことはない。

今、あらためて私の活動を公私にわたって支えて下さった方々に感謝申し上げるとともに、ご縁の有難さを深く受け止めながら、今後の活動を通じて、この学恩に精一杯一歩一歩応えていきたいと思う。

そして最後に、いつも私を支えてくれる家族に深く感謝をしたい。


2017年11月
政策研究大学院大学の研究室にて

福井文威

## 事項索引

### 数字

1917年戦時蔵入法（War Income Tax
Revenue Act of 1917） 97
1969年税制改革法（Tax Reform Act of
1969） 98-99, 102
1981年経済再生法（Economic Recovery
Tax Act of 1981） 122
1986年税制改革法（Tax Reform Act of
1986） 121, 135-136, 162, 187, 208,
220
1990年包括予算調整法（Omnibus
Budget Reconciliation Act of 1990）121,
138, 148-151
1991年税制延長法（Tax Extension Act of
1991） 154
1993年包括予算調整法（Omnibus
Budget Reconciliation Act of 1993） 121
138, 154, 162, 187, 208, 220

### 欧字

Economics of Education Review 23
International Journal of Educational
Advancement 23
Journal of Higher Education 23
Research in Higher Education 23
U.S. News & World Report 32, 44

### あ行

アーラム・カレッジ 92
IDE大学協会 6
遺贈 102, 107-108, 116
一般教書演説 124-125
イデオロギー 31
インターンシップ 40
インフレ 92, 105-107, 109, 120
ヴァンダービルト大学129-130, 143, 145
ウェイン州立大学 155
ウェストブルック・カレッジ 138-139

英国 9-10, 20, 22, 79
英国高等教育審議会 10
SATスコア 32-33
NPO学会 5
NPO研究 5-6
NPO法人 6
大きな政府 100-101, 163
大口寄付 106, 131
オハイオ州立大学 129-130, 132, 134

### か行

カーター政権 122
カーネギー分類 209-210
下院歳入委員会129, 135, 140-141, 150,
156
学習行動 40, 45
学生運動 93
学生教員比率 32
学問の自由 104, 108
学歴 37
家計所得 180, 220, 230, 234, 236, 239,
241
課税所得 15, 69, 72
家族構成 38, 45
株価 11, 14-15, 18, 44-46, 179-180,
182, 186-187, 196-197, 208, 219-
220, 231-232, 234, 237, 239, 241,
248, 250
株式市場 243
仮代替ミニマム税 71-72
カリフォルニア工科大学 103, 109
環境要因（environmental factors） 27, 45,
204
カンザス大学 91
関連事業収入 51
ギヴィング・USA 142, 144
機関要因（institutional factors）11, 14-15,
18, 27, 45, 201-207, 230, 240, 242,
247, 250

| | |
|---|---|
| 機関レベルの研究 | 26, 46 |
| 企業寄付 | 30-33, 60, 116, 123, 136 |
| 基金運用益 | 51-52 |
| 帰属意識 | 43, 45 |
| 期待理論 | 39, 43 |
| 寄付 | 51-52, 56-59 |
| 寄付勧誘率 | 33-34, 217-218, 230, 233, 236-238 |
| 寄付の租税価格 (price of giving) | 28, 46, 183-186, 196 |
| 寄付文化 | ii |
| 寄付募集 | 7-8, 11, 20, 25, 29, 33-34, 43, 48, 94 |
| 基本財産 | 34, 45, 55, 218, 230, 233, 236, 238, 241 |
| キャピタルゲイン | 77-78, 97, 99, 101, 113, 130-131, 135, 162 |
| キャピタルゲイン課税 | 28, 78, 102, 122, 251 |
| キャンプベルスヴィル大学 | 130, 132 |
| 教育・一般収入 | 56, 65 |
| 教育活動を目的とする団体 (educational organization) | 75 |
| 教育技能省 (Department for Education and Skills) | 10, 20 |
| 教育サービス関連収入 | 51-52 |
| 教育財政支援カウンシル | 100, 107 |
| 教育支援カウンシル | 26, 58, 143-144 |
| 教育成果 | 29 |
| 拒否権 | 154, 157-159 |
| キリスト教 | 22, 38, 79 |
| クラウディング・アウト | 28-29, 34, 45 |
| クラウディング・イン | 29-30 |
| クリントン政権 | 154, 159, 162 |
| 経営機能強化論 | 25 |
| 景気 | 14, 30-31, 179-180 |
| 経済財政運営と改革の基本方針2017 (骨太の方針) | iii, 255 |
| 経済財政諮問会議 | i |
| 経済指標 | 30 |
| 経済要因 | 11, 14-15, 18, 201-203, 205-207, 209, 219-220, 230, 236, 239, 241-242, 247, 250 |
| 研究開発 | 123 |
| 研究成果 | 29 |
| 現金 | 76 |
| 高所得者 | 102, 111-112, 118, 137, 164, 188 |
| 公正市場価格 | 77-78, 97, 99, 101-102, 108, 113, 136, 164, 181, 184-185, 251 |
| 公聴会 | 67, 121, 129-130, 133, 135, 140, 150-151, 164, 249 |
| 高等教育学会 (Association for the Study of Higher Education) | 23 |
| 高等教育研究 | 15, 17, 25, 252 |
| 高等教育財政支出 | 28-29, 45, 88 |
| 高等教育史 | 81 |
| 高等教育セクター | 118 |
| 高等教育物価指数 (higher education price index) | 105, 186, 213 |
| 項目別控除 (itemized deduction) | 69-72, 76-77, 116, 123, 125-127, 135-136 |
| コーネル大学 | 146 |
| ゴーマン・レポート | 32 |
| 小口寄付 | 127 |
| 個人寄付 | 3, 12, 17-18, 59-61, 63-64, 180, 186, 197, 214, 247-249 |
| 個人レベルの研究 | 26, 46, 48 |
| 固定効果モデル | 223-224, 226 |
| コミュニティカレッジ | 36, 93, 95-96 |
| 婚姻状況 | 38 |

## さ行

| | |
|---|---|
| 財市場 | 51-52 |
| 在籍者数 | 215, 230, 232, 235, 237, 240 |
| 財団寄付 | 32, 35, 60 |
| 財務省 | 126, 141-145 |
| 産業革命 | 79 |
| サンタフェ・カレッジ | 95 |
| 時価額 | 15 |
| シカゴ大学 | 106 |

索引 281

資質要因 (capacity variables) 36, 45
市場からの独立 110
市場化 i, 3-4
慈善寄付 (charitable contribution) 68,
　　70-71, 73, 183
慈善寄付控除 11-14, 17-18, 36, 44-47,
　　68-69, 72-75, 78, 80, 96-99, 101,
　　108, 111, 116, 120-121, 126, 131,
　　137, 158, 163-164, 178, 207, 242,
　　247-251, 253
質問紙調査 26
資本市場 52, 231
社会的交換理論 (social exchange theory)
　　39-41
社会的便益 32
社会の多元性 108
修学資金貸付制度 55
宗教 38, 41, 45
宗教団体 118, 137
州税 112
州政府補助金 51-52
州立大学 35, 82-84, 86-90
州立大学協会 83
州立大学・国有地付与大学 84
州立博士研究型大学 210, 213-214, 237,
　　251
就労状況 45
授業料 35, 50, 52, 55, 57, 88
取得価格 77-78, 136, 184-185, 188
純教育・一般収入 56-57, 66
純正な税制 (tax purity) 114
上院財政委員会 129-130, 133, 135, 140,
　　156
奨学金 32-33, 41-42, 45, 55
職業 37
女子学生 35
所得 36-37, 45
所得移転 111
所得控除 71-72, 77, 184, 188, 251
所得調整項目 69, 165
私立学士型大学 210, 213, 235, 251

私立修士型大学 210, 213-214, 232, 251
私立大学 35
私立博士研究型大学 210, 213-214, 229,
　　251
進学率 85
人種 38, 45
人的控除 69, 72, 165
スタンフォード大学 8
ステファン大学 130
正課外活動 41, 45
税額控除 69, 71-72, 77, 95, 165
政策要因 11, 14-15, 18, 201-207, 209,
　　220, 230-231, 234, 236, 239, 241-
　　242, 247, 250
政治思想 100-101
税制度 27, 31, 44-47
税制の論理 (tax logic) 114
税逃れ (tax loopholes) 101, 111, 128, 131
税の簡素化 129
税の公平性 100-102, 104, 111-113, 120,
　　125, 128-129, 137, 142, 164
性別 38, 45
節税 125
専攻 37
全米州立大学・国有地付与大学協会
　　82-83, 89-91, 103
全米私立大学カウンシル 103
全米大学経営管理者協会 103
全米独立カレッジ・大学協会 144
総所得 69
卒業生 212
卒業生イベント 42
卒業生寄付 30, 32-33, 35
卒業生寄付勧誘数 217
卒業生支部 42
卒業生数 31, 216-217, 230, 232,
　　236-237, 240
ソロリティ 41

## た行

代替ミニマム課税所得 72

代替ミニマム税 (alternative minimum tax)
　71-72, 127-128, 130-131, 135-136,
　　140-141, 143-145, 147-148, 156,
　　　162, 188
大学スポーツ　　44
大学団体　67-68, 78, 80
大学の威信　32, 43
大学の規模　31, 45
大学の質　32
大学の設置形態　35, 45
大学ランキング　44
卓越した大学　91
タフツ大学　129-132
単位根　189-190, 192
小さな政府　122
地方政府補助金　51-52
中央教育審議会　6
中等後教育機関総合データシステム
　（Integrated Postsecondary Education
　System）　209
チュレイン大学　114
調整総所得　69, 76-77
通常所得資産 (ordinary income property)
　76-77, 123
定額控除 (standard deduction)　69-73,
　　116, 123, 127, 130, 133, 136
定常性過程　188
デューク大学　130
投資理論 (investment theory)　39, 43-44
同窓会　42, 44, 167
特定非営利法人　6
トリニティ・カレッジ　149-150

## な行

内閣府総合科学技術・イノベーション会
　議　iii, 255
内国蔵入庁　69, 127
内国蔵入法　73-76, 183
ニードベース　42
ニクソン政権　98
ニューヨーク大学　146

年齢　37, 45

## は行

ハーバード大学　129, 133
バッファロー大学　113
パネルデータ　47, 201, 203, 209, 242,
　　250
パブリック・チャリティ　75-76, 98-99,
　　102, 183
非営利団体　12, 20, 24, 47-48, 63-64,
　　118, 126, 164, 249
美術館　148-149, 156-157
美術品　139-140, 147, 156
ピッツバーグ大学　113
病院収入　51
評価性資産　15, 18, 46-47, 76-78, 97,
　99, 101-102, 108, 116-118, 120-121,
　126-127, 130, 132, 135-137, 140,
　144, 151, 153, 156, 158, 160, 162,
　164, 181, 184, 186, 188, 196-197,
　207, 242, 248-251
評価性資産価格　185
評価性資産寄付106-107, 113, 128, 131,
　　156
評価性資産寄付控除180, 196, 220, 232,
　　234, 236-237, 239, 241
評価性資産寄付控除制限期　188,
　　193-194, 220
ファイラー委員会　24, 82, 114-117,
　　119-120, 122
プーリング回帰モデル　223, 226
福祉国家　55, 100, 120, 249
扶養者控除　69, 72
フラタニティ　41
プロテスタント　38
米国科学アカデミー　84
米国カレッジ協会　103, 109, 111
米国カレッジ広報協会　103
米国議会調査局　137
米国教育カウンシル　103, 106, 131,
　　149-150

| | |
|---|---|
| 米国高等教育協会 | 92 |
| 米国コミュニティ・ジュニアカレッジ協会 | 103 |
| 米国大学協会 | 103-104, 106, 108-109, 111, 143 |
| 変量効果モデル | 223-224, 226 |
| 包括所得税 | 124 |
| 保護者 | 212 |
| ボランタリズム | 4-5, 101, 126 |
| ボランティア | 41, 94 |

### ま行

| | |
|---|---|
| マイノリティ | 35, 38 |
| 満足度 | 40, 45 |
| ミシガン大学 | 117 |
| ミネソタ大学 | 130 |
| 民間財団 | 75-76, 98-99, 102, 167 |
| 民間資金 | 51-52, 56-58 |
| メリットベース | 42 |
| 免税債 | 156, 160 |
| 免税団体（exempt organization） | 73, 75 |

### や行

| | |
|---|---|
| 有形動産（tangible personal property） | 147-149, 151, 154, 156 |

| | |
|---|---|
| 誘発要因（inclination variables） | 36, 39 |
| ユダヤ教 | 38 |
| ヨーロッパ | 109-110 |

### ら行

| | |
|---|---|
| ラテンアメリカ | 109-110 |
| リーマンショック | 59-60 |
| リベラルアーツカレッジ | 13, 36, 92, 130, 132, 138 |
| 寮 | 41 |
| 両院協議会 | 135 |
| レーガン政権 | 120-122, 124-125, 137-138, 249 |
| 連邦遺産税 | 102, 207 |
| 連邦寄付税制 | 13-14, 17, 67, 182, 185-186, 196-197, 249, 252 |
| 連邦キャピタルゲイン課税 | 181, 184-185, 187, 195-196, 207, 220-221, 231, 234, 236, 239, 241 |
| 連邦所得税 | 28, 44, 69-72, 95, 122, 133, 136, 181, 183-185, 187, 195-196, 220-221 |
| 連邦政府補助金 | 51-52 |
| 連邦法人税 | 28, 207 |

# 人名索引

| | |
|---|---|
| アール・チェイト | 115 |
| ウィリアム・アンドリュー | 139 |
| ウィリアム・フォード | 156 |
| ウィリアム・フレンゼル | 140 |
| ウィルバー・ミルズ | 101 |
| ヴィンセント・ヴァン・ゴッホ | 138 |
| エドワード・ジェニングス | 129-130 |
| クリントン大統領 | 159, 162-163 |
| ケネス・ギデオン | 141 |
| ケネス・ケラー | 130 |
| ケネス・ポープ | 130 |
| ジーン・マイヤー | 129 |
| ジェイムズ・センセンブレナー | 140 |

| | |
|---|---|
| シェルドン・シュタインバッハ | 106 |
| ジム・シュワード | 146 |
| シャロン・ハービー | 95 |
| ジュリアン・レヴィ | 106 |
| ジョー・ワイアット | 129-130, 143, 145-146 |
| ジョン・ブラデマス | 146 |
| ジョン・ペイソン | 138-139 |
| ジョン・ロックフェラー3世 | 24, 114 |
| セオドア・ロブマン3世 | 115 |
| ダニエル・モイニハン | 140, 147-148, 156, 158, 161-163 |
| ダン・ロステンコウスキ | 161-162 |

| | | | |
|---|---|---|---|
| チャールズ・クロトフェルター | 130, 133 | マイク・マンスフィールド | 101 |
| デイヴィッド・ボーレン | 140, 150, 160 | マルガリータ・エステベス・アベ | i |
| ドナルド・リーガン | 124-125 | マルグリット・テイラー | 130 |
| トマス・ダウニー | 140, 150-151 | メアリー・アラン | 115 |
| トマス・マーネイン | 130 | ランドラム・ボリング | 92-93, 95 |
| ハーバート・ロンゲネッカー | 114 | レイモンド・マクグラス | 146 |
| パトリシア・マグァイア | 149-151 | レーガン大統領 | 124 |
| ハロルド・ブラウン | 109, 112 | ロイド・ベンツェン | 161 |
| ハンス・ジェニー | 115 | ローレンス・リンゼイ | 129, 133 |
| フォートニー・ピート・スターク | 146 | ロックフェラー3世 | 80 |
| ブッシュ大統領 | 154, 158-159 | ロバート・カステン | 140 |
| フランク・ローズ | 146 | ロバート・ロセンズウェイグ | 143 |

**著者紹介**

**福井　文威**(ふくい　ふみたけ)

1985年、神奈川県生まれ。慶應義塾大学総合政策学部卒業。東京大学大学院教育学研究科博士課程修了。博士(教育学)。日本学術振興会特別研究員、政策研究大学院大学ポストドクトラルフェローを経て、現在、政策研究大学院大学助教授。その他、日本高等教育学会国際委員会委員、大学IR総研研究員などをつとめる。

米国高等教育の拡大する個人寄付

2018年1月10日　　初　版第1刷発行　　　　　　〔検印省略〕

＊定価はカバーに表示してあります。

著者Ⓒ福井文威　発行者 下田勝司　　　　　　印刷・製本／中央精版印刷株式会社

東京都文京区向丘1-20-6　郵便振替00110-6-37828
〒113-0023　TEL 03-3818-5521(代)　FAX 03-3818-5514

発　行　所
株式
会社 **東信堂**

Published by TOSHINDO PUBLISHING CO., LTD.

1-20-6, Mukougaoka, Bunkyo-ku, Tokyo, 113-0023, Japan

E-Mail : tk203444@fsinet.or.jp  http://www.toshindo-pub.com

ISBN978-4-7989-1472-5　C3037　Ⓒecho Fumitake Fukui

# 東信堂

- 転換期を読み解く――大学再生への具体像――潮木守一 時評・書評集　潮木守一　二六〇〇円
- 大学再生への具体像――大学とは何か【第二版】　潮木守一　二六〇〇円
- フンボルト理念の終焉?――現代大学の新次元　潮木守一　二五〇〇円
- いくさの響きを聞きながら――横須賀そしてベルリン　潮木守一　二四〇〇円
- 「大学の死」、そして復活　潮木守一　二八〇〇円
- 大学教育の思想――学士課程教育のデザイン　絹川正吉　二八〇〇円
- 大学教育の在り方を問う　絹川正吉　二六〇〇円
- 北大 教養教育のすべて　山田宣夫　二三〇〇円
- エクセレンスの共有を目指して　小笠原正明 編著　二四〇〇円
- 国立大学戦略経営論　安藤厚、細川敏幸 編著
- 国立大学法人の形成　大﨑仁　二六〇〇円
- 国立大学・法人化の行方――自立と格差のはざまで　天野郁夫　三六〇〇円
- 転換期日本の大学改革――アメリカと日本　江原武一　三六〇〇円
- 大学は社会の希望か――大学改革の実態からその先を読む　江原武一　二六〇〇円
- 大学の管理運営改革――日本の行方と諸外国の動向　江原武一　三六〇〇円
- 大学経営とマネジメント　新藤豊久　二五〇〇円
- 大学戦略経営の核心　篠田道夫　三六〇〇円
- 戦略経営Ⅲ大学事例集　篠田道夫　三六〇〇円
- 大学戦略経営論　篠田道夫　三六〇〇円
- 中長期計画の実質化によるマネジメント改革　篠田道夫　三四〇〇円
- 米国高等教育の拡大する個人寄付　福井文威　三六〇〇円
- 大学の財政と経営　丸山文裕　三三〇〇円
- 私立大学マネジメント　(社)私立大学連盟編　四七〇〇円
- 私立大学の経営と拡大・再編――一九八〇年代後半以降の動態　両角亜希子　四二〇〇円
- 学長奮闘記――学長変われば大学変えられる　岩田年浩　二〇〇〇円
- 大学の発想転換――体験的イノベーション論二五年　坂本和一　二〇〇〇円
- 30年後を展望する中規模大学――マネジメント・学習支援・連携　市川太一　二五〇〇円
- 大学のカリキュラムマネジメント　中留武昭　三三〇〇円
- 戦後日本産業界の大学教育要求――経済団体の教育言説と現代の教養論　飯吉弘子　五四〇〇円
- アメリカの大学教育政策　高野篤子　三三〇〇円
- アメリカ連邦政府による大学事務職員のための高等教育システム論――大学生経済支援政策　犬塚典子　三八〇〇円
- ［新版］大学管理運営職の養成――より良い大学経営専門職となるために　山本眞一　一八〇〇円

〒113-0023　東京都文京区向丘1-20-6　　TEL 03-3818-5521　FAX03-3818-5514　振替 00110-6-37828
Email tk203444@fsinet.or.jp　URL·http://www.toshindo-pub.com/

※定価：表示価格（本体）＋税

**東信堂**

- ネオリベラル期教育の思想と構造 ―書き換えられた教育の原理 / 福田誠治 / 六二〇〇円
- 世界の外国人学校 / 福田誠治編 / 三八〇〇円
- アメリカ 間違いがまかり通っている時代 ―公立学校の企業型改革への批判と解決法 / D・ラヴィッチ著 末藤美津子訳 / 三八〇〇円
- 教育による社会的正義の実現 ―アメリカの挑戦 / D・ラヴィッチ著 末藤美津子訳 / 六四〇〇円
- 学校改革抗争の100年 ―20世紀アメリカ教育史（1945―1980） / W・J・リース著 末藤・宮本・佐藤訳 / 五六〇〇円
- アメリカ公立学校の社会史 ―コモンスクールからNCLB法まで / W・J・リース著 小川佳万・浅沼茂監訳 / 四六〇〇円
- アメリカ学校財政制度の公正化 / 竺沙知章 / 三四〇〇円
- 現代アメリカの教育アセスメント行政の展開 ―マサチューセッツ州（MCASテスト）を中心に / 北野秋男編 / 四八〇〇円
- アメリカ公民教育におけるサービス・ラーニング / 唐木清志 / 三四〇〇円
- ［増補版］現代アメリカにおける学力形成論の展開 ―スタンダードに基づくカリキュラムの設計 / 石井英真 / 四六〇〇円
- ハーバード・プロジェクト・ゼロの芸術認知理論とその実践 ―内なる知性とクリエティビティを育むハワード・ガードナーの教育戦略 / 池内慈朗 / 四六〇〇円
- アメリカにおける学校認証評価の現代的展開 / 浜田博文編著 / 二八〇〇円
- アメリカにおける多文化的歴史カリキュラム / 桐谷正信 / 三六〇〇円
- 現代ドイツ政治・社会学習論 / 大友秀明 / 六五〇〇円
- 現代教授「事実教授」の展開過程の分析 / 宇都宮明子 / 二八〇〇円
- 現代教育制度改革への提言 上・下 / 日本教育制度学会編 / 各二八〇〇円
- 日本の教育をどうデザインするか / 山口満編著 / 二八〇〇円
- 現代日本の教育課題 ―二一世紀の方向性を探る / 村田翼夫・上田学編著 / 三八〇〇円
- バイリンガルテキスト現代日本の教育 / 村田翼夫・上田学・岩槻知也編著 / 三六〇〇円
- 人格形成概念の誕生 ―近代アメリカの教育 / 田中智志 / 三八〇〇円
- 社会性概念の構築 ―アメリカ進歩主義教育の概念史 / 田中智志 / 二〇〇〇円
- グローバルな学びへ ―協同と刷新の教育 / 田中智志編著 / 二〇〇〇円
- 学びを支える活動へ ―存在論の深みから / 田中智志編著 / 二〇〇〇円
- 社会形成力育成カリキュラムの研究 / 西村公孝 / 六五〇〇円
- 社会科は「不確実性」で活性化する ―未来を開くコミュニケーション型授業の提案 / 吉永潤 / 二四〇〇円

〒113-0023　東京都文京区向丘1-20-6　TEL 03-3818-5521　FAX03-3818-5514　振替 00110-6-37828
Email tk203444@fsinet.or.jp　URL:http://www.toshindo-pub.com/

※定価：表示価格（本体）＋税

# 東信堂

多様性と向きあうカナダの学校 ……………………………………… 児玉奈々 二八〇〇円
―移民社会が目指す教育

カナダの女性政策と大学 ……………………………………………… 犬塚典子 三九〇〇円

多様社会カナダの「国語教育」〈カナダの教育3〉 ……………… 関口礼子編著 三八〇〇円

21世紀にはばたくカナダの教育〈カナダの教育2〉 …… 浪田克之介他編著 二八〇〇円

ケベック州の教育〈カナダの教育1〉 ………………………… 小林順子他編著 二八〇〇円

トランスナショナル高等教育の国際比較―留学概念の転換 …… 小林順子 二〇〇〇円

チュートリアルの伝播と変容―イギリスからオーストラリアの大学へ … 杉本均編著 三六〇〇円

［新版］オーストラリア・ニュージーランドの教育 …… 青木麻衣子・佐藤博志編著 二〇〇〇円

開発教育研究の継承と新たな展開 …………………………………… 竹腰千絵 二八〇〇円

オーストラリアのグローバル教育の理論と実践 ……………………… 木村裕 三六〇〇円

戦後オーストラリアの高等教育改革研究 …………………………… 杉本和弘 五八〇〇円

オーストラリアの教員養成とグローバリズム ……………………… 本柳とみ子 三六〇〇円
―グローバル社会を生き抜く力の育成に向けて

自律的学校経営とアカウンタビリティ ……………………………… 佐藤博志 三八〇〇円
―オーストラリア学校経営改革の研究
―多様性と公平性の保証に向けて

オーストラリアの言語教育政策 …………………………………… 青木麻衣子 三八〇〇円
―多文化主義における「多様性と」「統一性」の揺らぎと共存

英国の教育 ………………………………………………………… 日英教育学会編 三四〇〇円

イギリスの大学―対位線の転移による質的転換 …………………… 秦由美子 五八〇〇円

統一ドイツ教育の多様性と質保証―日本への示唆 ……………… 坂野慎二 二八〇〇円

ドイツ統一・EU統合とグローバリズム ……………………………… 木戸裕 六〇〇〇円
―教育の視点からみたその軌跡と課題

教育における国家原理と市場原理 …………………………………… 斉藤泰雄 三八〇〇円
―チリ現代教育史に関する研究

中央アジアの教育とグローバリズム ……………………… 川野辺敏・嶺井明子編著 三二〇〇円

インドの無認可学校研究―公教育を支える「影の制度」 ………… 小原優貴 三二〇〇円

タイの人権教育政策の理論と実践 …………………………………… 馬場智子 二八〇〇円
―人権と伝統的な多様な文化との関係

バングラデシュ農村の初等教育制度受容 ………………………… 日下部達哉 三六〇〇円

マレーシア青年期女性の進路形成 ………………………………… 鴨川明子 四七〇〇円
―東アジアにおける留学生移動のパラダイム転換

東南アジアの国際化と「英語プログラム」の日韓比較 ………… 嶋内佐絵 三六〇〇円

〒 113-0023　東京都文京区向丘 1-20-6
TEL 03-3818-5521　FAX03-3818-5514　振替 00110-6-37828
Email tk203444@fsinet.or.jp　URL·http://www.toshindo-pub.com/

※定価：表示価格（本体）＋税

# 東信堂

放送大学に学んで
——未来を拓く学びの軌跡　　　　　　　放送大学中国・四国ブロック学習センター編　　　　二〇〇〇円

ソーシャルキャピタルと生涯学習　　　J・フィールド／矢野裕俊監訳　　二五〇〇円

NPOの公共性と生涯学習のガバナンス　　高橋満　　二八〇〇円

コミュニティワークの教育的実践　　　高橋満　　二〇〇〇円

学級規模と指導方法の社会学⊠実態と教育効果　　山崎博敏　　二二〇〇円

高等専修学校における適応と進路
——後期中等教育のセーフティネット　　伊藤秀樹　　四六〇〇円

「夢追い」型進路形成の功罪
——高校改革の社会学　　　　　　　　荒川葉　　二八〇〇円

進路形成に対する「在り方生き方指導」の功罪
——高校進路指導の社会学　　　　　　望月由起　　三六〇〇円

教育から職業へのトランジション
——若者の就労と進路職業選択の社会学　　中西啓喜　　二四〇〇円

学力格差拡大の社会学的研究
——小中学生への追跡的学力調査結果が示すもの　　山内乾史編著　　二六〇〇円

教育と不平等の社会理論
——再生産論をこえて　　　　　　　　小内透　　三二〇〇円

マナーと作法の社会学　　　　　　　　加野芳正編著　　二四〇〇円

マナーと作法の人間学　　　　　　　　矢野智司編著　　二〇〇〇円

〈シリーズ 日本の教育を問いなおす〉

拡大する社会格差に挑む教育　　　　　西村和雄・大森不二雄編／倉元直樹・木村拓也編　　二四〇〇円

混迷する評価の時代
——教育評価を根底から問う　　　　　西村和雄・大森不二雄編／倉元直樹・木村拓也編　　二四〇〇円

教育における評価とモラル　　　　　　戸村和雄之編　　二四〇〇円

《大転換期と教育社会構造：地域社会変革の学習社会論的考察》

第1巻　教育社会史——日本とイタリアと　　小林甫　　七八〇〇円

第2巻　現代的教養Ⅰ——生活者生涯学習の地域的展開　　小林甫　　六八〇〇円

第2巻　現代的教養Ⅱ——技術者生涯学習の生成と展望　　小林甫　　六八〇〇円

第3巻　学習力変革——地域自治と社会構築　　小林甫　　近刊

第4巻　社会共生力——東アジアと成人学習　　小林甫　　近刊

〒113-0023　東京都文京区向丘1-20-6
TEL 03-3818-5521　FAX03-3818-5514　振替 00110-6-37828
Email tk203444@fsinet.or.jp　URL:http://www.toshindo-pub.com/

※定価：表示価格（本体）＋税

# 東信堂

附属新潟中式「3つの重点」を生かした確かな学びを促す授業
—教科独自の眼鏡を育むことが「主体的の対話的で深い学び」の鍵となる!　新潟大学教育学部 附属新潟中学校 編著　二〇〇〇円

ICEモデルで拓く主体的な学び
—成長を促すフレームワークの実践　杵磨昭孝　二〇〇〇円

社会に通用する持続可能なアクティブラーニング
—ICEモデルが大学と社会をつなぐ　土持ゲーリー法一　二五〇〇円

ポートフォリオが日本の大学を変える
—ティーチング/ラーニング/アカデミック・ポートフォリオの活用　土持ゲーリー法一　二五〇〇円

ティーチング・ポートフォリオ　授業改善の秘訣　土持ゲーリー法一　二〇〇〇円

ラーニング・ポートフォリオ　学習改善の秘訣　土持ゲーリー法一　二五〇〇円

「主体的学び」につなげる評価と学習方法
—カナダで実践されるーICEモデル　S・ヤング&R・ウィルソン著 土持ゲーリー法一 監訳　二五〇〇円

主体的学び　別冊　高大接続改革　主体的学び研究所編　一八〇〇円

主体的学び　創刊号　主体的学び研究所編　一八〇〇円

主体的学び　2号　主体的学び研究所編　一六〇〇円

主体的学び　3号　主体的学び研究所編　一六〇〇円

主体的学び　4号　主体的学び研究所編　一六〇〇円

主体的学び　5号　主体的学び研究所編　一八〇〇円

主体的学び　主体的学び研究所編　一八〇〇円

## 溝上慎一 監修　アクティブラーニング・シリーズ（全7巻）

① アクティブラーニングの技法・授業デザイン　安永悟編　二四〇〇円

② アクティブラーニングとしてのPBLと探究的な学習　溝上慎一・成田秀夫編　一六〇〇円

③ アクティブラーニングの評価　松下佳代・石井英真編　一六〇〇円

④ 高等学校におけるアクティブラーニング：理論編【改訂版】　溝上慎一編　一六〇〇円

⑤ 高等学校におけるアクティブラーニング：事例編　溝上慎一編　一六〇〇円

⑥ アクティブラーニングをどう始めるか　成田秀夫　一六〇〇円

⑦ 失敗事例から学ぶ大学でのアクティブラーニング　亀倉正彦　一六〇〇円

アクティブラーニングと教授学習パラダイムの転換　溝上慎一　三二〇〇円

大学のアクティブラーニング　河合塾編著　二四〇〇円

「学び」の質を保証するアクティブラーニング
—3年間の全国大学調査から　河合塾編著　二〇〇〇円

「深い学び」につながるアクティブラーニング
—全国大学の学科調査報告とカリキュラム設計の課題　河合塾編著　二八〇〇円

アクティブラーニングでなぜ学生が成長するのか
—経済系・工学系の全国大学調査からみえてきたこと　河合塾編著　二八〇〇円

---

〒113-0023　東京都文京区向丘1-20-6　TEL 03-3818-5521　FAX03-3818-5514　振替 00110-6-37828
Email tk203444@fsinet.or.jp　URL·http://www.toshindo-pub.com/

※定価：表示価格（本体）＋税

# 東信堂

- 責任という原理──科学技術文明のための倫理学の試み〔新装版〕　H・ヨナス著／加藤尚武監訳　四八〇〇円
- 主観性の復権──心・身体問題から『責任という原理』へ　H・ヨナス著／盛永・木下・馬渕・山本訳　四八〇〇円
- ハンス・ヨナス「回想記」　宇佐美・滝口訳　二〇〇〇円
- 生命の神聖性説批判　H・クーゼ著／飯田・石川・小野谷・片桐・水野訳　四八〇〇円
- 生命科学とバイオセキュリティ──デュアルユース・ジレンマとその対応　四ノ宮成祥・河原直人編著　二四〇〇円
- 医学の歴史　今井道夫監訳／石渡隆司訳　四六〇〇円
- 安楽死法：ベネルクス3国の比較と資料　盛永審一郎監修　二七〇〇円
- 死の質──エンド・オブ・ライフケア世界ランキング　丸祐一・小野谷・加奈恵・飯田訳　一二〇〇円
- バイオエシックスの展望　今井道夫監訳　三二〇〇円
- 生命の問い──生命倫理学と死生学の間で　松坂・坂井悦宏編著　二〇〇〇円
- 生命の淵──バイオシックスの歴史・哲学・課題　大林雅之　二〇〇〇円
- 今問い直す脳死と臓器移植〔第2版〕　澤田愛子　二〇〇〇円
- キリスト教から見た生命と死の医療倫理　浜口吉隆　四〇〇〇円
- 動物実験の生命倫理──個体倫理から分子倫理へ　大上泰弘　二三八一円
- 医療・看護倫理の要点　水野俊誠　二〇〇〇円
- テクノシステム時代の人間の責任と良心　山本・盛永訳　三五〇〇円
- 原子力と倫理──原子力時代の自己理解　小笠原道雄編　一八〇〇円
- 科学の公的責任──科学者と私たちに問われていること　小笠原・野平編訳　一八〇〇円
- 歴史と責任──科学者は歴史にどう責任をとるか　小笠原・野平編訳　一八〇〇円

（ジョルダーノ・ブルーノ著作集）より

- カンデライオ　加藤守通訳　三二〇〇円
- 原因・原理・一者について　加藤守通訳　三二〇〇円
- 傲れる野獣の追放　加藤守通訳　四八〇〇円
- 英雄的狂気　加藤守通訳　三六〇〇円
- ロバのカバラ──ジョルダーノ・ブルーノにおける文学と哲学　N・オルディネ／加藤守通監訳　三六〇〇円

〒113-0023　東京都文京区向丘1-20-6
TEL 03-3818-5521　FAX03-3818-5514　振替 00110-6-37828
Email tk203444@fsinet.or.jp　URL:http://www.toshindo-pub.com/

※定価：表示価格（本体）＋税

# 東信堂

- オックスフォード キリスト教美術・建築事典 — P&L・マレー著 中森義宗監訳 — 三〇〇〇〇円
- イタリア・ルネサンス事典 — J・R・ヘイル編 中森義宗監訳 — 七八〇〇円
- 美術史の辞典 — 中森義宗・P・デューロ他／清水忠訳他 — 三六〇〇円
- 涙と眼の文化史——中世ヨーロッパの標章と恋愛思想 — 徳井淑子 — 三六〇〇円
- 青を着る人びと — 伊藤亜紀 — 三五〇〇円
- 社会表象としての服飾——近代フランスにおける異性装の研究 — 新實五穂 — 三六〇〇円
- 書に想い 時代を讀む — 河田悌一 — 一八〇〇円
- 日本人画工 牧野義雄——平治ロンドン日記 — ますこ ひろしげ — 五四〇〇円
- 美を究め美に遊ぶ——芸術と社会のあわい — 荻野厚志編著 — 二八〇〇円
- バロックの魅力 — 小穴晶子編 — 二六〇〇円
- 新版 ジャクソン・ポロック — 藤枝晃雄 — 二六〇〇円
- 西洋児童美術教育の思想——ドローイングは豊かな感性と創造性を育むか？ — 要真理子 前田茂監訳 — 三六〇〇円
- ロジャー・フライの批評理論——知性と感受性の間で — 要真理子 — 四二〇〇円
- レオノール・フィニ——境界を侵犯する新しい種 — 尾形希和子 — 二八〇〇円

## 〔世界美術双書〕

- バルビゾン派 — 井出洋一郎 — 二〇〇〇円
- キリスト教シンボル図典 — 中森義宗 — 二〇〇〇円
- パルテノンとギリシア陶器 — 関隆志 — 二三〇〇円
- 中国の版画——唐代から清代まで — 小林宏光 — 二三〇〇円
- 象徴主義——モダニズムへの警鐘 — 中村隆夫 — 二三〇〇円
- 中国の仏教美術——後漢代から元代まで — 久野美樹 — 二三〇〇円
- 日本の南画 — 浅野春男 — 二三〇〇円
- セザンヌとその時代 — 武田光一 — 二三〇〇円
- 画家とふるさと — 小林忠 — 二三〇〇円
- ドイツの国民記念碑——一八一三—一九一三年 — 大原まゆみ — 二三〇〇円
- 日本・アジア美術探索——一九一三年 — 永井信一 — 二三〇〇円
- インド、チョーラ朝の美術 — 袋井由布子 — 二三〇〇円
- 古代ギリシアのブロンズ彫刻 — 羽田康一 — 二三〇〇円

〒113-0023　東京都文京区向丘 1-20-6
TEL 03-3818-5521　FAX03-3818-5514　振替 00110-6-37828
Email tk203444@fsinet.or.jp　URL:http://www.toshindo-pub.jp/

※定価：表示価格（本体）＋税